新型活页式教材·校企合作

市场营销

主　编　张天琪
副主编　胡军珠　杨　欣　姜　晓　甄　卞
参　编　游　静　高洁芝　郑晓英　陈山山
王海和　刘艳军

中国财富出版社有限公司

图书在版编目（CIP）数据

市场营销 / 张天琪主编 . —北京：中国财富出版社有限公司，2023.12

ISBN 978-7-5047-8046-1

Ⅰ.①市… Ⅱ.①张… Ⅲ.①市场营销学 Ⅳ.①F713.50

中国国家版本馆 CIP 数据核字（2024）第 012079 号

策划编辑 谷秀莉　**责任编辑** 王才识　刘康格　**版权编辑** 武　玥
责任印制 梁　凡　**责任校对** 卓闪闪　**责任发行** 于　宁

出版发行 中国财富出版社有限公司
社　址 北京市丰台区南四环西路 188 号 5 区 20 楼　**邮政编码** 100070
电　话 010－52227588 转 2098（发行部）　010－52227588 转 321（总编室）
010－52227566（24 小时读者服务）　010－52227588 转 305（质检部）
网　址 http://www.cfpress.com.cn　**排　版** 宝蕾元
经　销 新华书店　**印　刷** 宝蕾元仁浩（天津）印刷有限公司
书　号 ISBN 978-7-5047-8046-1/F·3789
开　本 787mm×1092mm　1/16　**版　次** 2025 年 4 月第 1 版
印　张 19　**印　次** 2025 年 4 月第 1 次印刷
字　数 394 千字　**定　价** 49.00 元

前 言

市场营销管理作为现代企业运营的核心职能之一，涉及面广且专业性强，涵盖市场分析、消费者行为研究、数字营销、产品策划、品牌策划等多个学科领域。市场营销无论是在推动消费升级、引导产业转型方面，还是在塑造品牌认同、激活商业生态等方面，均发挥着越来越重要的作用。当前，市场营销已从传统销售工具升级为连接社会需求与企业创新的战略中枢，成为数字经济时代社会进步与企业发展的核心驱动力。如何通过精准的市场定位、创新的营销策略以及科学的客户关系管理，有效提升企业的市场竞争力和客户满意度，已成为市场营销从业者需要深入研究的理论与实践课题。

本教材立足新时代职业教育立德树人、产教融合、德技并修的要求，对标《教育强国建设规划纲要（2024—2035 年）》及第二期“双高计划”“开发优质新形态教材”的目标，紧密联系数字经济时代市场营销岗位新需求，在保留现有市场营销教材优点的基础上，吸取了近年来市场营销学科理论研究成果、实用技术和工具，丰富和完善教材内容。

特色 1 以“认知—分析—决策—执行”四阶能力培养链重构知识结构体系。教材分四个层级、十大项目：基础认知层解读营销本质、市场形态（项目一和项目二）；战略分析层掌握市场调查方法与市场定位技术（项目三至项目五）；策略设计层系统构建 4P 营销组合工具应用能力（项目六至项目九）；创新应用层拓展新媒体营销、私域流量运营等新技能（项目十）。

特色 2 关注职业能力导向的学生特色培养。针对职业院校学生认知规律，设计“案例导入—任务知识—任务工单”三级递进模式。每个项目均设计了学习目标、思维导图等，每个任务均设有学习表单、随堂测试、任务工单、任务评价等，并配套有二维码资源；强化学生市场调查分析、策略制定、数字营销等核心职业能力。

特色 3 教材内容注重产教融合的校企双元开发。联合中农富通等企业共建教学资源，嵌入新业态案例，优化实训任务，建立“校企双导师”数字化实训平台，实现企业真实案例、行业新标准、新法规的同步更新，确保教学内容与行业新动向动态接轨。

特色 4 构建“价值引领+职业伦理+文化自信”的课程思政体系，通过系列思政案例，培养学生诚信经营、合规营销的职业品格。

此外，本书配有电子教学资源，如教学 PPT、随堂测试答案及其他拓展资料，如有需要，可登录中国财富出版社官网（www. cfpress. com. cn）下载。

本教材编写成员理论和实践经验丰富，既有来自高校的专业教师，也有来自企业的一线管理人员。其中，张天琪担任主编，胡军珠、杨欣、姜晓、甄卞担任副主编，游静、高洁芝、郑晓英、陈山山、王海和、刘艳军参与编写。

本教材的编写得到了北京农业职业学院物业管理专业相关领导及北京中农富通等企业的支持和帮助，同时参考了已出版的有关教材内容以及许多专家、学者的论著，吸取了他们重要的研究成果和材料，在此谨向他们表示衷心的感谢！由于水平有限，不足之处在所难免，希望广大读者批评、指正。

编 者

2025 年 3 月

目 录

1 项目一 走进市场营销

3 任务一 认识市场与市场营销
15 任务二 树立正确的营销观念
27 任务三 对话营销理论

38 项目二 分析各类市场

40 任务一 分析组织市场
49 任务二 分析消费者市场

62 项目三 分析市场营销环境

64 任务一 宏观环境分析
73 任务二 微观环境分析
81 任务三 营销环境分析——SWOT 分析法

90 项目四 市场调查

92 任务一 撰写市场调查方案
101 任务二 设计调查问卷
109 任务三 撰写调查报告

118 项目五 制定STP策略

120 任务一 市场细分

131 任务二 目标市场
143 任务三 市场定位

152 项目六 制定产品策略

154 任务一 设计产品组合
165 任务二 设计品牌与包装
175 任务三 开发新产品

188 项目七 制定价格策略

190 任务一 选择定价方法
199 任务二 制定定价策略

208 项目八 分销渠道策略

210 任务一 制定分销渠道设计方案
221 任务二 选择与管理分销渠道商
231 任务三 评估与调整分销渠道方案

242 项目九 促销策略

244 任务一 认知促销方式
253 任务二 策划促销活动

264 项目十 新媒体营销

266 任务一 认识新媒体营销
275 任务二 选择新媒体营销平台
285 任务三 运用新媒体营销技能

298 参考文献

项目一　走进市场营销

学习目标

1. 知识目标

- 掌握市场、市场营销基本概念
- 掌握5种市场营销观念的产生条件、特征等
- 掌握不同需求下的市场营销管理
- 了解4P、4C、4R、4V理论

2. 能力目标

- 能实地感知某区域市场及市场营销现象
- 能够结合企业实际区分不同的营销观念
- 能够正确理解4P、4C、4R、4V理论精髓

3. 思政目标

- 辩证思维，与时俱进的发展观
- 爱护环境，绿色营销
- 了解悠久历史，提高文化自信

思维导图

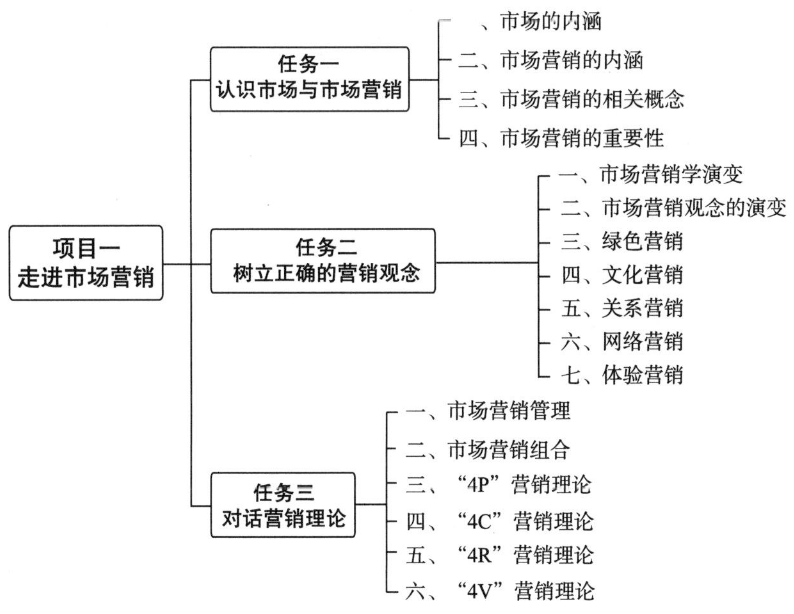

▶ 案例导入

“市场”跟随着时代的发展不断变化，并孵化出众多知名品牌，成就了很多大型企业。市场，顾名思义，就是相关从业者从事经营或者发展的平台或者舞台。聪明的企业，都会摸着市场的脉搏跟随着变化的节奏进行战略调整，如阿里巴巴、三只松鼠，这些企业的成功并不是简单地因为某个人能力非常出众，而是出色的能力及适合市场的需求和时代的需要的成就。

目前，传统的企业面临着巨大的发展困境，只要是没有跟上市场发展轨迹的企业，基本消失了，反之，则蒸蒸日上。现今，新媒体发展迅猛并且有和传统渠道二分天下的势头，从2000年前后起步的1.0的传统电商（淘宝、京东、拼多多等）到2.0的直播（快手、抖音等），再到3.0时代（元宇宙），遵循市场发展规律是大势所趋，学会坚持稳固的企业底盘，不断地寻求新的机遇和突破才是王道。

很多企业在某个领域可能刚刚有了一点点市场份额，就不断地进行经销商变革，给渠道大力度压货，不断地变换策略，这样的做法无疑是自掘坟墓。有些企业选择了更为保守的经营策略，坚持不上市，不搞互联网，市场份额不断下降。我们每一个从业者，都要清楚地认知：尊重市场不只是要顺应它，更需要驾驭它、引领它。

资料来源：中国营销传播网，有删减。

请思考：

1. 你认为什么是市场？
2. 案例中提到的市场是指“商品交换的场所”吗？

任务一　认识市场与市场营销

任务描述

项目名称	项目一　走进市场营销	任务名称	任务一　认识市场与市场营销
学习目标	知识目标	1. 掌握市场、市场营销基本概念 2. 熟悉需要、欲望、需求等相关基本概念 3. 了解市场营销活动的各种关系	
	能力目标	能实地感知某区域市场及市场营销现象	
	思政目标	辩证思维，与时俱进的发展观	
任务内容	本任务引导学生掌握市场、市场营销的基本概念，了解市场营销活动的各种关系，熟悉需要、欲望、需求等相关基本概念。本任务通过讲述基本概念，让学生走进市场，结合实际生活了解与研讨所在城市商业街某些店家开展市场营销活动的情况，实际认知与体验市场营销，提高学生收集、分析资料的能力和交流沟通能力		
任务准备	学习市场及市场营销基本概念，查询市场及市场营销相关资料，为实地认知与体验市场营销现象作准备		

任务知识

市场是生产力发展到一定阶段的产物，并随着商品经济的发展而发展。“市场”作为商品经济的范畴，在不同时期和从不同角度来理解，有着不同的内涵。

一、市场的内涵

（一）市场的概念

1. 市场是商品交换的场所

“市场是商品交换的场所”，这是从地理的角度把市场理解为特定的空间，市场是买方、卖方、商品聚集和交换的特定空间，例如，王府井百货商店、韩村河的农村集市等，这种理解通常被认为是市场的狭义概念。随着通信、计算机、网络、大数据和云计算等现代科学技术的发展和应用，市场是商品交换的场所这一概念又具有了现代意义。

2. 市场是商品交换关系的总和

“市场是商品交换关系的总和”，这是从社会整体的角度理解的。随着社会生产和社会分工的发展，商品流通范围日益扩大，商品交换日益频繁，人们对交换的依赖程度日益加深，市场已成为人们各种经济关系的桥梁和纽带。交换关系既包括商品在流通领域中进行交换时，买卖双方、卖方与卖方、买方与买方、买卖双方各自与中间商、中间商与中间商之间发生的关系，也包括商品在流通过程中促进或发挥辅助作用的一切机构、部门（如银行、保险公司、运输部门、海关等）与商品的买卖双方之间的关系。社会各部门之间的联系，都是通过错综复杂的交换关系来实现的。所以，市场已成为一个国家国民经济发展状况的综合反映和集中表现。

总而言之，从市场营销的角度来看，卖方构成产业，买方构成市场，它们的关系如图 1-1 所示。卖方和买方通过 4 个流程连接起来，卖方把商品服务和信息传送到市场，买方把服务及信息传送到产业。在现代经济中，市场的概念更加丰富。因此，“市场是商品交换关系的总和”被理解为市场的广义概念。

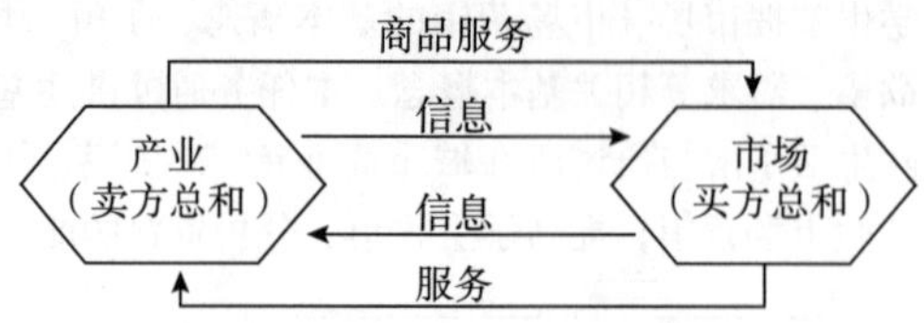

图 1-1 简单的营销系统

3. 市场是某种商品的现实购买者和潜在购买者需求的总和

“市场是某种商品的现实购买者和潜在购买者需求的总和”，这是从卖方（也就是企业）的角度来理解市场的。市场营销学产生于买方市场，它是站在卖方的角度去研究如何适应并满足买方的需求，以达到卖方的经营目标。因此，这一含义的市场正是该学科所要研究的市场。从市场营销角度看，卖方构成行业，同行业的卖方是竞争对手，买方才构成市场。

现实的市场包括 3 个构成因素：有某种需要的人、为满足这种需要的购买力和购买欲望。用一个简单的公式可以表示为：市场 = 人口 + 购买力 + 购买动机。市场的这 3 个构成因素，互相联系，互相制约，缺一不可。

人口是构成市场的最基本条件；购买力是构成现实市场的物质基础；购买动机支配着人们的购买行为，这是购买力得以实现的必不可少的条件。

因此，从企业的角度看，市场是某商品需求的总和，是人口、购买力、购买动机 3 个因素的统一。在市场构成的 3 个因素中，人口和购买力是企业无法改变的。但是，购买动机是企业通过营销手段可以改变的，因此，潜在市场是企业应研究和发掘的。

总之，狭义上的市场，是买卖双方进行商品交换的场所。广义的市场是商品交换关系的总和。市场是商品经济条件下社会分工和商品交换的产物，是某种商品的现实购买者和潜在购买者需求的总和，也是商品生产和商品买卖关系的总和。

（二）市场的分类

在市场经济条件下，构成市场的各种要素以各种方式组合在一起，形成若干个不同意义上的相对独立的市场，而各个独立的市场之间又在某种程度上相互关联、相互制约，这样就形成了功能较为齐全、联系纷繁复杂且多样化的现代市场体系（见图 1–2）。

市场分类

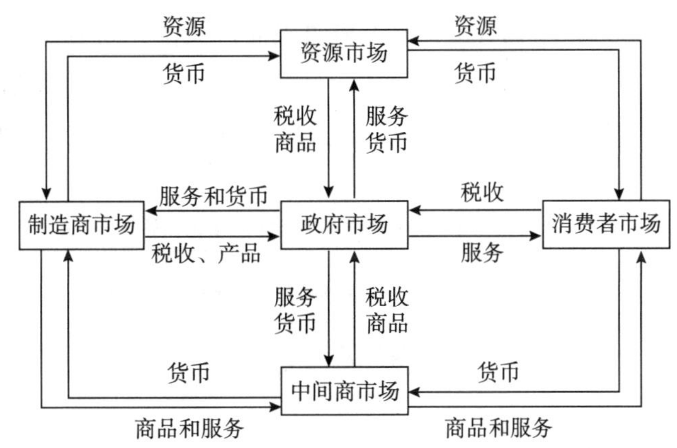

图 1–2　现代市场体系

随着互联网的发展，人们的交易活动开始通过网络进行，且日益频繁，市场的概念从传统的物理概念转变为数字概念，这也是现代市场体系中极其重要的一部分。现代市场体系是多层次、多要素、全方位的有机系统，其实质是各种经济关系的具体体现和综合反映。为了更加全面地了解现代市场体系，我们从不同的角度对市场进行了分类（见图 1–3）。

市场分类

- **按市场主体地位分类**：卖方市场、买方市场
- **按购买者购买动机分类**：组织市场、消费者市场
- **按构成市场交易对象的商品形态分类**：商品市场、资金市场、技术市场、信息市场、房地产市场、服务市场
- **按竞争程度分类**：不完全竞争市场、完全竞争市场、完全垄断市场、寡头垄断市场
- **按市场的地理位置或空间范围分类**：国内市场、国际市场
- **按商品流通的交易形式分类**：现货市场、期货市场

图 1–3　市场分类

二、市场营销的内涵

（一）市场营销的概念

国内外众多学者用不同的方法、从不同的角度对市场营销进行了定义，社会实践中，对市场营销的理解也是见仁见智，尽管表述不一，但在以下要点上是一致的：第一，市场营销是以满足消费者的需求为中心的研究；第二，市场营销是站在企业的角度对消费者的研究。

市场营销活动的各种关系

"现代营销之父"菲利普·科特勒给市场营销下的定义强调了营销的价值导向：市场营销是个人或组织通过创造并同他人或组织交换产品和价值，以获得其所欲之物的一种社会活动过程。本书认同菲利普·科特勒教授给市场营销下的定义。市场营销活动的各种关系如图 1-4 所示。

- **市场营销活动的各种关系**
  - **市场营销活动的主体是企业**（最具典型意义的营销主体）
  - **市场营销活动的客体是市场，是消费者，是企业的顾客**
  - **市场营销的媒体是产品**。既包括具有实物形态的有形产品，也包括不具有实物形态的无形产品
  - **市场营销的核心概念是交换**。当人们决定以交换方式来满足需要或欲望时，就存在市场营销了
  - **市场营销的目的是满足交换各方的需要**。市场营销的目的既要企业盈利，又要使消费者需要得到满足
  - **市场营销的手段是整体营销**。整体营销的思想是按照消费者的需要来安排企业经营活动
  - **市场营销的原则是价值规律和等价交换**

图 1-4　市场营销活动的各种关系

（二）关于市场营销的理解

1. 要区别宏观市场营销与微观市场营销

宏观市场营销是一种社会的经济活动过程，其目的在于求得社会生产与需要之间的平衡，满足社会需要，实现社会目标。其着眼点是市场营销的总体功能和作用（即社会效益），以及社会对市场营销活动的控制，如资源的有效运用、产品的合理分配、市场营销的道德与法律问题。微观市场营销是一种企业的经济活动过程，其目的在于满足目标顾客的需要，实现企业目标。当代国内外大量的、典型的市场营销学都属于

微观市场学的范畴。

2. 市场营销与推销或销售的区别

市场营销要求企业的一切经济活动都必须以购买者的需要为转移，即企业只能生产那些适销对路的、能卖出去的东西。事实上，如果企业生产的产品社会并不需要，那无论企业怎样营销都是无济于事的。现代企业的市场营销活动包括市场营销研究、产品开发、定价、分销、宣传报道、促销、推销、售后服务等。推销仅仅是现代企业营销活动的一个并非最重要的组成部分。美国市场营销学权威菲利普·科特勒指出："推销不是市场营销的最重要部分。推销只是'市场营销冰山'的尖端。推销是企业的市场营销人员的职能之一，但不是其最重要的职能。"正是如此，如果企业不重视市场营销研究，不按购买者的需要来设计和生产产品，无视定价的合理性、渠道选择的准确性和促销的有效性等市场营销工作，那么，企业的产品是不能顺利推销出去的。而如果搞好市场营销，产品的推销便是容易的事情。

三、市场营销的相关概念

1. 需要、欲望与需求

（1）需要

需要，是指人类最基本的生活需要，如人们为了生存，有食物、衣服、房屋等生活需要以及对安全、归属感、尊重和自我实现等方面的心理需要。需要是人类所固有的本性，没有需要，市场营销就完全没有必要。有远见的企业并不是完全被动地去满足消费者的需要，而是会努力创造性地激发和刺激目标市场上的消费者产生更多需要。

（2）欲望

欲望，是指消费者深层次的需要，是对具体满足物的愿望。不同背景下，消费者欲望的满足方式不同。人的欲望受社会因素如职业、团体、家庭等影响，因此，欲望会随着社会条件的变化而变化。人们的需要是有限的，但欲望是无穷的，正是这种无止境的欲望才构成了人类社会生存和发展的原动力。企业虽然无法激发人们的基本需要，但可以利用各种营销手段来激发人们的欲望，并开发及销售特定的商品或服务来满足欲望。

（3）需求

需求指消费者有支付能力并愿意购买某种物品时产生的欲望。可见，消费者的欲望在有购买力作后盾时就变成需求。企业营销活动的目标就是了解消费者的需求、引导消费者的需求、满足消费者的需求，从中获得利益，得到发展。企业必须高度重视研究市场需求，尤其是研究需求的发展趋势。

需要、欲望和需求是有区别的：需要早就存在于市场营销活动出现之前，市场营销者并不创造需要；市场营销者和社会上的其他因素共同影响着人们的欲望并试图向人们指出何种特定产品可以满足其特定需求，进而通过使产品富有吸引力、适应消费者的支付能力来影响需求。

2. 产品及相关的效用、价值和顾客满意

（1）产品

产品是指用来满足顾客需求的任何东西。产品包括有形与无形的、可触摸与不可触摸的。有形产品是为顾客提供服务的载体，如手机。无形产品是指通过其他载体提供的服务，如理发。营销者的任务：一是推销实体产品；二是提供实体产品中所包含的各种服务。市场营销者应切记销售产品是为了满足顾客需求，如果只注意产品而忽视顾客需求，就会产生"市场营销近视症"。

（2）效用

效用是指消费者从产品的购买和使用中所感受到的好处，是消费者对某产品满足其需要的整体评价，如产品的速度、安全、方便、美观、节约、可靠等性能。如果消费者认为产品各方面都让自己得到较好满足，则认为这种产品效用高。

（3）价值

价值是指顾客对产品或服务满足其某种需要的能力的评价。这里提到的价值和政治经济学中的价值有所不同，这里的价值严格来说是顾客让渡价值，政治经济学中的价值是广义的价值，是指凝结在商品中的无差别的人类劳动，这个价值高低的衡量标准是人类的劳动时间，也就是劳动时间越长价值越高。顾客让渡价值是指企业转移的、顾客感受得到的实际价值。它的一般表现为顾客购买总价值与顾客购买总成本之间的差额，差额越大，让渡价值越大，顾客越满意。

（4）顾客满意

顾客满意是顾客通过比较对产品或服务可感知的效果与他的期望所形成的愉悦或失望的感觉状态。如果产品的感知使用效果低于期望，那么，顾客就是不满意的；如果感知使用效果等于期望，就是满意的；如果感知使用效果超出了期望，顾客就会非常满意。因此，企业不仅要为顾客提供产品，更要使顾客感到在交换过程中价值的实现程度比较高，这样才可能促使市场交易顺利实现，建立企业的稳定市场。

3. 交换和交易

（1）交换

人们有了欲望或需求，企业亦将产品生产出来，还不能称为市场营销，产品只有通过交换才使市场营销产生。交换指从他人处取得需要之物且以其某种东西作为回报的行为。交换是市场营销活动的核心。市场营销的目的就是使交换顺利实现，而要进行交换，必须具备以下 5 个条件：至少要有两方；每一方都拥有可用于交换的东西；每一方都有信息沟通与交换的能力；每一方都能自由决定是否交换；每一方都认为与对方进行交换是有价值的。当人们决定以交换的方式来满足欲望或需求时，就存在市场营销了。人们通过自给自足或自我生产或偷抢或乞求方式获得产品都不是市场营销，只有通过等价交换，买卖双方彼此获得所需的物品，才是市场营销。

（2）交易

交换是一个过程，而不是一种事件。在交换过程中，如果双方达成一项协议，则称为发生了交易行为。交易是交换的基本组成部分。

4. 市场营销者

市场营销者是指从事市场营销活动的人，市场营销者既可以是卖方，也可以是买方。在交换活动中，对交换双方来说，如果一方比另一方更积极主动地寻求交换，则前者称为营销者，后者称为潜在顾客。

四、市场营销的重要性

（一）市场营销对企业的重要性

1. 创造竞争优势

随着市场竞争的不断加剧，每个企业都面临着许多挑战，其中之一就是如何发现并保持企业的持续竞争优势。市场营销恰恰为企业提供了创造竞争优势的途径，企业可以通过市场调查与分析、STP（市场细分、目标市场和市场定位三者的简称）、市场营销组合策略等战略要素来创造竞争优势。

2. 与相关利益者共赢

传统的营销是先有生意后有关系，买卖双方发现有交易的机会时才会建立合作的关系。交易完成，双方的关系亦随之结束。而著名市场学学者韦伯斯特认为，竞争激烈的商业社会已经进入一个“关系营销”的年代，已不再是一种单纯的交易行为，所有的交易都应先有关系后有生意，它们之间存在因果关系。例如，企业与供应商、企业与分销商、企业与顾客、企业与股东、企业与内部员工等就存在这种关系。成功的企业需要维持及突出其与相关利益者之间深厚的关系，这样才能巩固市场地位。而维系这种关系的基础是双方互信、互诺、互利，以对等的身份寻求共同利益，期望共赢。

3. 维持市场份额并使之增长

在竞争激烈的行业，尤其像家电业那样成熟的行业，市场规模的增长率低，企业谋求销售额增长的途径往往是夺得竞争对手的市场份额。因此，企业要获得更大的市场份额，就得通过开发新产品、新渠道等营销策略来扩大销售。

4. 加强企业货币价值形态的转换

企业生产经营活动的正常进行离不开货币资金、储备资金、生产资金和商品资金这 4 种价值形态的正常转换。其中，商品资金向货币资金转换是最为关键的一环。而这一环节的实现离不开市场营销，没有市场营销，企业的商品资金就很难顺利转换成货币资金，企业就难以维持正常的生产经营活动。

（二）市场营销对个人的重要性

1. 实现消费者个性化需求的满足

随着消费者需求层次和品位的不断提升与分化，消费者的个性化需求变得越来越突出。面对个性化的市场需要，市场营销不再是面向所有顾客“分销”产品，而是为特定的顾客提供个性化的产品。顺应消费者的个性化需求，设计、创造、构建诸如“一对一营销”“定制营销”等具有自身特色的、较理想的营销终端，使零售业态更加丰富，如近几年出现的网上商店、特许经营店、品牌专卖店等。事实表明，不能满足顾客个性化需求的市场营销，是不可能获得竞争优势的。

2. 体现营销人员的能力，使营销人员获得晋升机会

在企业所有岗位中，市场营销岗位非常重视业绩数据。无论有多么高的学历，无论有多么好的口才，没有良好销售业绩的营销人员就会失去晋升机会。在“数据论英雄、业绩看成败”的营销时代，销售额意味着业绩与能力。

在企业其他工作领域中，晋升不是一件容易的事，除了工作业绩，还要考核工龄、学历、政治面貌等指标。但是，在企业市场营销领域，晋升的机会对每个人来说都是平等的，规则也都是透明的。营销人员只要有了突出的销售业绩，就能摘下相应的那顶桂冠，戴在自己的头上。

（三）市场营销对社会的重要性

1. 对社会生产的影响

生产决定交换，交换也反过来影响生产。市场营销作为生产和消费的中间环节，相当于生产者和消费者的中介。以从事商品流通为专门职责的商业为例，其任务不但是把各类商品及时地供应给消费者，而且要经常地、及时地向生产部门提供市场信息，反映消费者的需求，使生产部门能按照社会需要灵活地组织生产经营活动，保证消费者购买到满意的物品。

2. 对经济的影响

从宏观角度来看，市场营销是社会商品流通的一部分，解决了生产者与消费者在时空分离、信息分离、商品所有权分离、产品估价差异、产品供需质量和数量差异等方面的矛盾，促进经济不断发展。

学习表单

需要、欲望、需求各概念的区别与联系

概念	区别	联系
需要		
欲望		
需求		

随堂测试

随堂测试

任务工单

<table>
<tr><td rowspan="2">第（ ）组</td><td>姓名</td><td></td><td></td><td></td><td></td><td></td><td></td></tr>
<tr><td>学号</td><td></td><td></td><td></td><td></td><td></td><td></td></tr>
<tr><td>任务名称</td><td colspan="7">认识市场与市场营销</td></tr>
<tr><td>任务目的</td><td colspan="7">实地感知某区域市场及市场营销现象，能够对市场进行分类并了解该市场的营销方式与特点，感知市场营销的重要性</td></tr>
<tr><td>任务描述</td><td colspan="7">以小组为单位，走访商业街及周边的商铺、超市等，实地感知市场及市场营销现象，能够对市场进行分类并了解该市场的营销方式与特点。根据了解到的信息，整理出一份简短的调查报告，说明该营销方式的现实意义并在课堂上讨论分析。
每组应提交一份 Word 文档并制作 PPT，由各组选派的代表进行陈述，教师与各组组长组成的评估小组对其进行评估。
考核点：写出 5 个以上市场及市场营销现象</td></tr>
<tr><td>任务实操</td><td colspan="7">（任务呈现形式：□Word 文字版　□视频　□小组现场完成图片　□Excel 表格）</td></tr>
</table>

任务评价

本任务完成后，由任课教师主导，采用学习过程评价与学习结果评价相结合的形式，综合运用自我评价、小组评价及教师评价 3 种方式，由教师确定 3 种评价方式的权重，计算出学生本次任务的考核评价得分。

任务完成考核评价表

<table>
<tr><td>班级</td><td></td><td>学生姓名</td><td></td></tr>
<tr><td>项目名称</td><td>项目一　走进市场营销</td><td>任务名称</td><td>任务一　认识市场与市场营销</td></tr>
<tr><td colspan="4">自我评价</td></tr>
<tr><td rowspan="4">评价内容与分值</td><td>对知识技能的掌握程度（20 分）</td><td rowspan="4">成绩（分）</td><td></td></tr>
<tr><td>学习表单完成情况（20 分）</td><td></td></tr>
<tr><td>任务工单完成情况（40 分）</td><td></td></tr>
<tr><td>小组内工作胜任情况（20 分）</td><td></td></tr>
<tr><td colspan="2">合计</td><td colspan="2">分</td></tr>
<tr><td colspan="4">小组评价</td></tr>
<tr><td rowspan="4">评价内容与分值</td><td>本小组本次任务完成质量（30 分）</td><td rowspan="4">成绩（分）</td><td></td></tr>
<tr><td>个人本次任务完成质量（30 分）</td><td></td></tr>
<tr><td>个人参与小组活动的态度（20 分）</td><td></td></tr>
<tr><td>个人的合作精神和沟通能力（20 分）</td><td></td></tr>
<tr><td colspan="2">合计</td><td colspan="2">分</td></tr>
<tr><td colspan="4">教师评价</td></tr>
<tr><td rowspan="4">评价内容与分值</td><td>本小组本次任务完成质量（30 分）</td><td rowspan="4">成绩（分）</td><td></td></tr>
<tr><td>个人本次任务完成质量（30 分）</td><td></td></tr>
<tr><td>个人小组活动参与度（20 分）</td><td></td></tr>
<tr><td>个人对本次任务的贡献度（20 分）</td><td></td></tr>
<tr><td colspan="2">合计</td><td colspan="2">分</td></tr>
<tr><td colspan="4">总成绩＝自我评价×20%＋小组评价×30%＋教师评价×50%＝　　分</td></tr>
</table>

任务二　树立正确的营销观念

任务描述

<table>
<tr><td>项目名称</td><td>项目一　走进市场营销</td><td>任务名称</td><td>任务二　树立正确的营销观念</td></tr>
<tr><td rowspan="3">学习目标</td><td>知识目标</td><td colspan="2">1. 掌握市场营销学、市场营销管理哲学（市场营销观念）概念
2. 掌握 5 种市场营销观念的产生条件、特征等
3. 了解市场营销学的产生和发展
4. 熟悉绿色营销、关系营销、网络营销、体验营销等现代营销观念</td></tr>
<tr><td>能力目标</td><td colspan="2">能够结合企业实际区分不同的营销观念</td></tr>
<tr><td>思政目标</td><td colspan="2">爱护环境，绿色营销</td></tr>
<tr><td>任务内容</td><td colspan="3">本任务引导学生掌握市场营销学、市场营销管理哲学（市场营销观念）概念以及 5 种市场营销观念的产生条件、特征等，了解市场营销学的产生和发展，熟悉绿色营销、关系营销、网络营销、体验营销等现代营销观念。
学习本任务，能让学生走进市场营销学，学生应能够结合企业实际区分不同的营销观念，实地体验不同营销观念带来的不同结果，提高分析能力</td></tr>
<tr><td>任务准备</td><td colspan="3">学习市场及市场营销基本概念，查询市场及市场营销相关资料，为实地认知与体验市场营销现象作准备</td></tr>
</table>

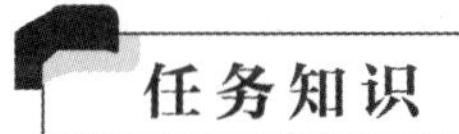

一、市场营销学演变

（一）市场营销学

市场营销学的研究对象是市场营销活动及其规律，即研究企业如何识别、分析评价、选择和利用市场机会，从满足目标市场顾客需求出发，有计划地组织企业的整体活动，通过交换，将产品从生产者手中转向消费者手中，以实现企业营销目标。

（二）市场营销学的产生和发展

19 世纪末至 20 世纪初，随着自由资本主义向垄断资本主义过渡，资本主义商品经济高速发展，资本主义基本矛盾——社会化大生产与生产资料私人占有之间的矛盾越来越尖锐化，市场上的商品日益增多，而劳动者具有支付能力的需求相对减少，产品滞销，这就迫使资本家不得不关心自己产品的销路问题。一些资产阶级经济学家为了迎合资本家垄断市场、追求更大利润的需要，开始着手研究市场营销问题。

在生产力水平低下的年代，商品的供应并不充足，供给的一方并不担心产品卖不出去，反倒是需求的一方，为了抢购到需要的产品，甚至要排队、动用特殊手段。但随着生产力水平的提高、经济的发展，产品供应充足，供求关系发生了改变，供给开始大于需求，这就意味着某些企业的产品卖不出去了，企业开始变得焦虑并转变观念，讨好消费者。如何设计出更适销对路的产品？怎么制定更合理的价格？选择什么样的渠道能让产品更顺利地到达消费者手中？企业迫切地需要一门理论来指导实践活动。与此相适应，市场营销学开始创立。市场营销学的发展，在资本主义国家大体可以分成 4 个阶段（见表 1-1）。

表 1-1　　市场营销学的发展阶段

阶段	时间	特点
创立阶段	19 世纪末到 20 世纪 30 年代	①体系和概念都不成熟，真正现代市场营销学的原理和概念尚未形成，没有形成独立的学科体系，只着重研究推销方法的实用性，主要内容是产品分销和广告。②研究活动基本上局限在大学里，没有干预企业主争夺市场的业务活动，所以，没有产生广泛的社会影响
应用阶段或发展阶段	20 世纪 30 年代到 20 世纪 40 年代	①初步形成了理论体系，但其研究对象仍然局限于商品推销术和广告术，以及推销商品的组织机构和推销策略等，还没有超出商品流通的范围。②市场营销学走出大学讲坛，得到全社会的重视
革命阶段	20 世纪 40 年代到 20 世纪 60 年代末	突破了流通领域，深入生产领域和消费领域，参与了企业的生产经营管理，真正形成了现代市场营销学的一次革命和飞跃。这个变化被西方学者称为“市场营销革命”，并把它与资本主义工业革命相提并论，甚至认为这是商品销售、企业经营的“哥白尼中心说”
成熟阶段	20 世纪 70 年代至今	市场营销学的研究引进了社会学、经济学、心理学、管理学、信息论、控制论、系统论、预测科学、经济数学等学科内容，从而开拓了更加广泛的研究领域

二、市场营销观念的演变

（一）市场营销观念的演变类型

1. 生产观念

生产观念是指导销售者行为的古老的观念之一。这种观念产生于20世纪20年代前。企业经营哲学不是从消费者需求出发，而是从企业生产出发。生产观念是在生产力和科学技术还比较落后、发展比较缓慢时产生的。

（1）产生条件

社会生产力水平较低，市场产品供应不足，企业一般只生产单一品种的产品，市场需求是被动的，没有多少选择余地，企业生产的产品不论数量多少、品质优劣都能销售出去并获得利润。竞争不是在卖方之间展开，而是在买方之间进行，产品根本不愁没有销路。生产观念是在社会总体处于卖方市场条件下产生的，是一种重生产、轻市场的观念。

（2）基本思想

以生产为中心，中心任务是集中一切力量改善设备和工艺，增加产量。在企业经营管理中的具体表现：能生产什么就卖什么。

（3）生产观念的最大问题

它假定需求完全是被动的，生产左右并决定着需求，顾客完全没有选择，这显然只适用于供给严重不足或完全由计划分配产品的情况。而在一个竞争市场中，奉行生产观念的企业只有在它的产品碰巧与顾客需求一致时才可能侥幸成功，否则，很可能是生产得越多积压就越严重，亏损也越大。随着科学技术的发展、劳动生产率的提高以及市场供求形势的变化，生产观念的适用范围必然会受到极大的限制。

2. 产品观念

出现产品观念，是由于消费者的购买力有所提高，市场竞争也在深化，但在总体上还处于卖方市场阶段。产品观念认为消费者最喜欢高质量、多功能和具有某种特色的产品，企业应致力于生产优良产品并不断改进，只要产品好就会顾客盈门。但是，这些努力并不是以消费者的实际需求为根据的，而是充满了主观想象的成分。这种观念是以产品为中心，而不是以市场为中心。

3. 推销观念

推销观念是在卖方市场向买方市场转化过程中形成的一种市场营销观念。这种观念认为，顾客不会主动地购买，而是具有购买惰性和抗衡心理，只有采用强有力的推销措施，顾客才会买更多的产品。产品销售能否成功，关键取决于企业的推销能力。

推销观念的立足点是对已经产出的产品进行强力推销，它和生产观念的特点有相同之处，都是先有产品后有顾客。所以，推销观念的本质是在生产观念的基础上形成并延伸的经营思想，并未脱离以生产为中心、“以产定销”的范畴，所以，它仍然属于一种传统的市场营销导向。只是从生产观念发展到推销观念，提高了销售工作在企业经营管理中的地位，并使企业更多地了解市场情况，为企业转变为市场营销观念创造了条件，这是经营指导思想的一个进步。“我卖什么，你就买什么”是其典型表现。

4. 市场营销观念

20 世纪 50 年代初，美国等发达资本主义国家市场，尤其是其中的消费品市场，已成为或将成为名副其实的买方市场。随着社会经济的发展和科技的进步，人们的收入水平、文化生活水平迅速提高，这对产品品牌、质量、式样等都提出了更高的要求，因此，企业只有认真分析和研究市场需求，研制生产与消费者需求相一致的产品，才能在激烈的市场竞争中得以生存和发展，市场营销观念由此应运而生。

市场营销观念认为，实现企业各项目标的关键在于精准把握目标市场的需求和欲望，比竞争对手更高效地传送目标市场所期望的商品或服务，进而比竞争者更有效地满足目标市场的需求和欲望。其座右铭是“顾客需要什么，我们就生产供应什么”，因而将过去“一切从企业出发”的旧观念转变为“一切从顾客出发”的新观念，即企业的一切活动都围绕消费者的需要进行。

市场营销观念是在买方市场条件下作为对传统观念的挑战而出现的一种崭新的企业经营哲学，其产生是企业经营思想的一次根本性变革。从本质上说，市场营销观念是一种以顾客欲望和需求为导向的哲学，是消费者主权论在企业市场营销管理中的体现。

5. 社会营销观念

社会营销观念产生于 20 世纪 70 年代的西方资本主义国家，是对市场营销观念的补充和完善。它强调企业进行营销决策时必须正确处理好企业利润、消费者需求的满足和社会利益三者的关系，求得三者的相互协调。

全球环境破坏、资源短缺、人口增加、通货膨胀和忽视社会服务等问题的日益严重，要求企业顾及消费者整体与长远利益即社会利益的呼声越来越高。社会又向企业提出新的要求，即企业不但要满足目标消费者的需求，而且要考虑广大消费者和社会的长远利益。社会营销观念要求市场营销者在制定市场营销政策时统筹兼顾这三方面的利益。这样，企业才具有强大的生命力。

（二）传统营销观念和现代营销观念的比较

市场营销观念的发展经历了生产观念、产品观念、推销观念、市场营销观念和社会营销观念 5 种类型，这 5 种观念的产生和存在都有其历史背景和必然性，都是与一定的条件相联系、相适应的。市场营销观念的提及被视为市场营销学的一次革命，通常人们把生产观念、产品观念和推销观念叫作传统营销观念，把市场营销观念、社会营销观念叫作现代营销观念。传统营销观念和现代营销观念在市场特征、出发点、手段、策略及目标等方面存在质的区别，具体如表 1-2 所示。

表 1-2　5 种企业经营观念的区别

	营销观念	市场特征	出发点	手段	策略	目标
传统营销观念	生产观念	卖方市场	企业的生产	提高产量，降低成本	以产定销	增加生产，获得利润
	产品观念	卖方市场	企业的产品	提高质量，增加功能	以高质量取胜	提高质量，获得利润
	推销观念	卖方市场向买方市场转化过程	企业的销售	推销与促销	以多销售取胜	扩大销量，获得利润
现代营销观念	市场营销观念	买方市场	消费者需求	整体市场营销	以比竞争对手更高效地满足消费者需求取胜	满足需求，获得利润
	社会营销观念	买方市场	消费者需求，社会利益	整体市场营销	以满足消费者需求和利益取胜	满足需求，增进社会利益获得利润

当前，众多企业正在从经营型向经营服务型转变，因而，企业为了求得生存和发展，必须树立具有现代意识的市场营销观念、社会营销观念。但是，由于受我国经济发展不平衡等诸多因素的影响，目前我国仍有许多企业以产品观念和推销观念为导向，所以我国目前处于多种营销观念并存的阶段。

三、绿色营销

伴随着现代工业的大规模发展，人类以空前的规模和速度毁坏自己赖以生存的环境，给自己的生存和发展造成严重威胁。大自然的报复促使人类猛醒，绿色需求便逐步由潜在转化为现实，对消费需求的满足转向物质、精神、生态等多种需求和价值并重。有支付能力的绿色需求是绿色营销赖以形成的推动力，也决定了绿色市场的规模与发展。

绿色营销观念认为，企业在营销活动中要顺应时代可持续发展的战略要求，注重地球生态环境保护，促进经济与生态环境协调发展，以实现企业利益、消费者利益、社会利益及生态环境利益的协调统一，并以此为中心，对产品进行构思、设计和销售。从这些界定中可知，绿色营销是以满足消费者和经营者的共同利益为目的的社会绿色需求管理，是以保护生态环境为宗旨的绿色市场营销模式，它将企业自身利益、消费者利益和环境保护利益三者统一起来，形成以“绿色需求—绿色研发—绿色生产—绿色产品—绿色价格—绿色市场开发—绿色消费”为主线的设计、制造和消费链条。其主要内容包括树立绿色营销观念、设计绿色产品、制定绿色产品的价格、制订绿色营销的渠道策略、搞好绿色营销的促销活动5个方面。

四、文化营销

文化营销是企业营销人员及其他相关人员在企业核心价值观念的影响下形成的营销观念和塑造的营销形象，以及营销观念和营销形象在具体的市场运作过程中形成的一种营销模式。文化营销强调企业的理念、宗旨、目标、价值观、职员行为规范、经营管理制度、企业环境、组织力量、品牌个性等文化元素，其核心是理解人、尊重人、以人为本，调动人的积极性与创造性，关注人的社会性。在文化营销观念下，企业的营销活动一般为奉行一些原则：给予产品、企业、品牌以丰富的、个性化的文化内涵。

企业向消费者推销的不仅仅是单一的产品，产品在满足消费者物质需求的同时还满足其精神上的需求，给消费者以文化上的享受，满足他们高品位的消费需求。这就要求企业转变营销方式，进行文化营销。

五、关系营销

在传统的市场营销理论中，企业内部资源是可控因素，而企业外部环境被视为“不可控因素”，其暗含的假设是，当企业在市场营销中面临各种壁垒或舆论障碍时，就只得听天由命了，无法控制和改变。因为此时传统的营销组合策略已不足以打开市场。要打开市场，企业除了需要运用产品、价格、分销及促销四大营销策略，还必须有效运用政治和公共关系这两种手段。这种策略思想就是菲利普·科特勒提出的“大市场营销”，关系营销便是从中衍生、发展而来的。

关系营销是以系统论为基本思想，将企业置身于社会经济大环境中来考察企业市场营销活动的，其认为企业营销是一个与消费者、竞争对手、供应者、分销商、政府机构和社会组织发生互动作用的过程，从而形成了企业内部关系、企业与竞争对手关系、企业与消费者关系、企业与供销商关系和企业与影响者关系等。关系营销将建立与发展同所有利益相关者之间的关系作为企业营销的关键变量，把正确处理这些关系作为企业营销的核心。

六、网络营销

20 世纪 90 年代初，网络的飞速发展在全球范围内掀起了互联网应用热潮，其强大的连接、传输、互动、存取各类信息的功能，使互联网具备了商业交易与互动沟通能力。网络营销是指企业以现代营销理论为基础，利用互联网（包括企业内部网和外部网）技术和功能，最大限度地满足消费者需求，达到开拓市场、增加营利目标的经营过程。它是直销的最新形式，网络营销下互联网替代了传统媒介，其实是利用互联网对产品的售前、售中和售后各环节进行跟踪服务，网络营销自始至终贯穿于企业经营的全过程，包括市场调查、客户分析、产品开发、销售策略、反馈信息等。简单地说，网络营销就是以互联网为传播手段，通过对市场的循环营销传播，满足消费者需求和商家需求的过程。网络营销对商品的销售、营销决策的理性化、电子商场的兴旺发达、网络广告的发展都有着积极作用。网络营销的程序主要包括以下几个步骤：

（1）企业网上信息发布

企业网上信息发布是网络营销的起点，网上发布的信息能够长期保存，而且修改成本也很低，多媒体制作技术可以完美结合文字、图像、色彩、声音、动作，给观者留下深刻印象。

（2）网上市场调研

通过调研获取市场信息，从中发现消费者需求动向，从而为企业细分市场提供依据，是企业开展日常市场营销的重要内容。

（3）网络分销联系

企业通过互联网构筑虚拟专用网络并将分销渠道的内部网与其连接，可及时了解渠道网络成员的产品购销情况和产品销售状况，便于调整产品、及时补货、优化库存结构、分析市场特征和调整市场营销策略。

（4）网上直接销售

网络营销可以不通过中间分级渠道而直接通过媒体连接企业与消费者，利用网络进行销售。

网络营销职能的实现需要借助一种或多种网络营销手段，常用的网络营销方法有网络广告、交换链接、信息发布、邮件列表、许可 E-mail 营销、个性化营销、会员制营销、病毒性营销等。

七、体验营销

所谓体验营销，是指企业以消费者为中心，通过对事件、情景的安排以及特定体验过程的设计，让消费者在体验中产生美妙而深刻的印象并获得最大程度上的精神满足的过程。人们的物质生活水平达到一定程度后，心理方面的需求就会成为其消费行为的主要影响因素。在消费需求日趋个性化、多样化的今天，消费者已经不仅仅关注产品或服务本身所带来的价值，更重视在消费过程中获得的体验。

体验营销认为，消费者消费时是理性与感性兼具的，企业应高度关注消费者在消费前、消费中和消费后的体验，这是成功经营的关键。因此，企业制订营销策略时要从消费者的感官、情感、思考、行动和联想 5 个方面进行设计。体验营销是一种满足心理需求的营销活动，它通常是和营造一种氛围、制造一种环境、设计一种场景、完成一个过程、作出一项承诺紧密结合在一起的，而且它要求顾客积极主动地参与。因此，企业在实施体验营销的过程中，各个部门需要有高度的协调性，每个业务环节都要注重营销的一致性和整体性。

学习表单

5 种市场营销观念的典型表现

市场营销观念	典型表现
生产观念	
产品观念	
推销观念	
市场营销观念	
社会营销观念	

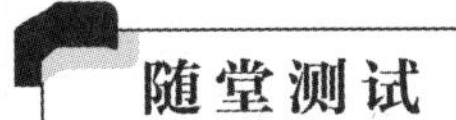

随堂测试

任务工单

<table>
<tr><td rowspan="2">第（ ）组</td><td>姓名</td><td></td><td></td><td></td><td></td><td></td><td></td></tr>
<tr><td>学号</td><td></td><td></td><td></td><td></td><td></td><td></td></tr>
<tr><td>任务名称</td><td colspan="7">树立正确的营销观念</td></tr>
<tr><td>任务目的</td><td colspan="7">能够根据资料正确区分不同的营销观念</td></tr>
<tr><td>任务描述</td><td colspan="7">以小组为单位，根据教师给的资料（见二维码），对案例的营销观念进行分类，并结合实际再次举例、分析，说明该营销观念的现实意义，在课堂上讨论分析。
星巴克的营销观　　马狮百货集团营销观
每组应提交一份 Word 文档并制作 PPT，由各组选派的代表陈述，教师与各组组长组成的评估小组对其进行评估。
考核点：资料中主要的营销观念分类准确，并能说出该营销观念的现实意义</td></tr>
<tr><td>任务实操</td><td colspan="7">（任务呈现形式：□Word 文字版　□视频　□小组现场完成图片　□Excel 表格）</td></tr>
</table>

任务评价

本次任务完成后，由任课教师主导，采用学习过程评价与学习结果评价相结合的形式，综合运用自我评价、小组评价及教师评价 3 种方式，由教师确定 3 种评价方式的权重并计算出学生本次任务的考核评价得分。

任务完成考核评价表

班级		学生姓名	
项目名称	项目一　走进市场营销	任务名称	任务二　树立正确的营销观念
自我评价			
评价内容与分值	对知识技能的掌握程度（20 分）	成绩（分）	
	学习表单完成情况（20 分）		
	任务工单完成情况（40 分）		
	小组内工作胜任情况（20 分）		
合计		分	
小组评价			
评价内容与分值	本小组本次任务完成质量（30 分）	成绩（分）	
	个人本次任务完成质量（30 分）		
	个人参与小组活动的态度（20 分）		
	个人的合作精神和沟通能力（20 分）		
合计		分	
教师评价			
评价内容与分值	本小组本次任务完成质量（30 分）	成绩（分）	
	个人本次任务完成质量（30 分）		
	个人小组活动参与度（20 分）		
	个人对本次任务的贡献度（20 分）		
合计		分	
总成绩＝自我评价×20%＋小组评价×30%＋教师评价×50%＝			分

任务三　对话营销理论

任务描述

项目名称	项目一　走进市场营销	任务名称	任务三　对话营销理论
学习目标	知识目标	1. 掌握不同需求下的市场营销管理 2. 掌握市场营销组合、4P 理论的概念 3. 了解 4P、4C、4R、4V 理论	
	能力目标	能够正确理解 4P、4C、4R、4V 理论精髓	
	思政目标	了解悠久历史，提高文化自信	
任务内容	本任务引导学生掌握不同需求下的市场营销管理、市场营销组合，以及 4P、4C、4R、4V 理论。 学习本任务，让同学们走进市场营销学，能够结合企业实际区分不同的营销观念，实地体验不同营销观念带来的不同结果，提高学生分析能力		
任务准备	学习市场营销管理基本知识，了解营销理论，查询营销理论运用相关资料，为运用营销理论作准备		

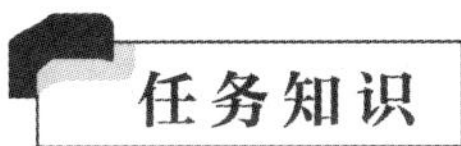

一、市场营销管理

市场营销管理的实质是需求管理。在不同的需求状况下，市场营销管理的任务有所不同。

1. 负需求

市场全部或大部分顾客对某种商品或服务持否定的态度被称为否定需求或负需求。面对这种情形，市场营销管理的任务是分析市场为何不喜欢这种产品，在对人们否定的原因有较充分了解的前提下，通过企业自身营销策略的调整，如改变产品或服务的设计、降低价格或进行宣传，扭转顾客对商品或服务的抵制态度，实行扭转性营销，把负需求变为正需求。

2. 无需求

市场对某种商品或服务表现得毫无兴趣或漠不关心被称为无需求。通常情况下，针对新商品和新的服务项目，人们因不了解而没有需求；对于非生活必需的装饰品、赏玩品等，消费者在没有见到它们以前也不会产生需求。因此，市场营销管理的任务就是弄清楚商品或服务与消费者之间的关系，通过各项促销宣传活动，设法让人们了解产品或服务，实行刺激性营销，激发消费者的购买兴趣，使无需求变为有需求。

3. 潜在需求

多数消费者感到市场上现有的商品或服务已经不能适应自己的需求，渴望有新的、性能更优越的商品和服务出现，这种情况被称作潜在需求。在这种情况下，市场营销管理的任务是估量潜在市场的规模和发展前景，实行开发性营销，通过开发新商品和新的服务项目，将潜在需求变为现实需求，为自己创造新的市场机会。

4. 下降需求

人们对商品和服务的兴趣，总会有减退的时候，在这种情况下，市场营销管理的任务是分析市场衰退的原因，在市场仍有价值的基础上实行恢复性营销，通过重新定位，挖掘其内在价值，使已下降的需求重新回升，再创市场销售新高潮，延续其市场生命周期。

5. 不规则需求

某些商品或服务的消费需求是不规则的，有明显的淡季和旺季之分，因此，市场营销管理的任务是设法调节需求与供给的矛盾，实行同步性营销，灵活运用价格策略、促销策略，引导和改变消费者的消费习惯和消费方式，达到减少需求大幅度波动的目的，使供求趋于协调同步。

6. 饱和需求

当前市场对企业商品或服务的需求在数量上、时间上同预期的最大需求一致，被称为饱和需求。一般来说，这是企业追求的最理想需求状态和水平。但是，饱和需求是动态的，它常常因消费者偏好和兴趣的改变或同行业者的竞争而发生变化。市场营销管理的任务是设法保持现有的需求水平和销售水平，防止出现下降趋势；实行维护性营销，保持产品质量稳定，严格控制企业成本，及时发现消费者偏好的变化，维持现有的需求水平，维持企业自身的竞争地位。

7. 过度需求

市场对某种商品或服务的需求量超过了企业所能供给和所愿供给的水平，企业面临着巨大压力的情况称为过度需求。在这种情况下，市场营销管理的任务是设法长期或暂时降低消费者需求水平，实行限制性营销，通常采取提高价格、减少促销活动和服务项目、劝导节约等措施，其目的不是杜绝某方面的需求，而是通过企业行为来协调市场需求。

8. 有害需求

有些商品或服务对消费者、社会公众或供应者有害而无益，对这种商品或服务的需求就是有害需求。此时，市场营销管理的任务是为了消费者的长远利益实行抵制性营销或禁售。抵制性营销与限制性营销不同：限制性营销是限制过度需求，而不是否定商品或服务本身；抵制性营销则是强调商品或服务本身的有害性，从而抵制这种商品和服务的生产和经营。

二、市场营销组合

市场营销组合是营销学中的一个重要概念。市场营销组合是企业针对目标市场的需要状况，对自己可控制的各种营销因素进行优化组合和综合运用，使之协调配合，扬长避短，发挥优势，以实现企业营销目标的过程。

"市场营销因素组合"是美国哈佛大学教授尼·鲍敦于1964年提出的，同年，美国伊·杰罗姆·麦卡锡教授概括、简化出易于记忆的4PS理论①，后被世人广泛应用。此理论认为，市场营销因素组合策略可视为一个大系统，它由相互联系的产品策略、定价策略、销售渠道策略以及促销策略4个子系统组成，每个子系统又有其独立的结构。

营销观念的演进是从低级到高级、从简单到复杂、从片面到全面、从感性到理性的。时代和观念改变了，相应的营销理论也在改变："4P"理论通过满足现实的相同或相近的顾客需求来实现获利最大化；"4C"理论通过满足现实的和潜在的个性化需求来培养顾客忠诚度；"4R"理论则通过适应需求变化并创造需求来追求各方互惠利益的最大化。20世纪90年代中后期，随着高科技产业的迅速崛起，高科技企业、高技术产品和服务不断涌现，营销观念和营销方式也不断丰富与发展，形成了目前最高级的、以满足消费者绿色需求为核心的"4V"理论。

三、"4P"营销理论

自20世纪50年代末由美国伊·杰罗姆·麦卡锡提出以来，"4P"理论对市场营销理论和实践产生了深刻的影响，被营销经理们奉为营销理论中的经典。

1. 产品策略

产品策略指企业向市场提供有关产品的策划与决策。产品与服务是市场营销因素组合中至关重要的因素，它包括产品种类、产品规格、质量标准、产品包装、产品特色、物理特性、心理特性、产品外观式样、产品商标和产品的维修、安装、指导、担保、承诺等连带服务措施。

2. 价格策略

价格策略主要指企业评估顾客需求、分析成本，从而确定一个既吸引顾客，又能使

---

① 产品（Product）、分销地点或渠道（Place）、价格（Price）、促销（Promotion），这4种营销因素因其英文字头都是P，再加上策略（Strategy），所以简称为4PS（或4P）。

市场营销各因素达成最佳组合的价格。价格是一个非常重要的敏感因素，价格策略主要是考虑与定价有关的内容，包括定价基础、折扣力度、损耗程度、支付期限、商业信用条件等相关问题。

3. 渠道策略

渠道策略主要指企业的产品或服务，经由市场交换过程顺利转移到顾客的最佳途径。选择合理营销渠道和组织商品实体流通，来实现其营销目标，已日益受到企业的普遍重视，因为大量的市场营销职能是在营销渠道中完成的。渠道策略包括区域分布、中间商选择、营业场所、网点设置、运输储存及配送中心、服务标准等因素的组合运用。

4. 促销策略

促销策略主要指企业利用信息传播手段传递“合适的产品在适当的时候以适当的价格出售”的信息。它包含了企业与市场沟通的所有方法，其中包括人员推销、广告、营业推广、公共关系等因素的组合运用。

在动态的市场营销环境中，上述4个基本因素相互依存，处于同等地位。在企业的实践活动中，只有它们相互结合、形成一个统一的整体才是有意义的。

四、“4C”营销理论

“4C”① 理论由美国著名学者劳特朋教授提出，“4C”理论坚持以顾客为导向，始终围绕“顾客需要什么”“如何才能更好地满足顾客”两大主题进行持续的改进，以追求顾客满意为目标。它是一种由外而内的拉动型营销模式，它宣传的是“请消费者注意”而非“消费者请注意”。

1. 瞄准消费者需求

要了解、研究、分析消费者的需求，而不是先考虑企业能生产什么产品。

2. 消费者所愿意支付的成本

要了解消费者为满足需求愿意付出多少钱（成本），而不是先给产品定价。

3. 消费者的便利性

要考虑在消费者购物等交易过程中如何给消费者提供方便，而不是先考虑销售渠道的选择和策略。

4. 与消费者沟通

在以消费者为中心实施营销过程中，沟通是十分重要的，通过互动、沟通等方

---

① “4C”指消费者（Consumer）、成本（Cost）、便利（Convenience）和沟通（Communication）。

式，不断整合企业内外营销，把消费者和企业双方的利益有机地整合在一起。

五、"4R"营销理论

美国的 Don E. Schultz 提出了关于"4R"策略的营销新理论，阐述了一个全新的营销四要素：与消费者建立关联（Relevance）、反应（Reaction）、关系（Relation）和回报（Reward）。

1. 与消费者建立关联

要想提高消费者的忠诚度，赢得长期而稳定的市场，就要通过某些有效的方式在业务、需求等方面与消费者建立关联，形成一种互助、互求、互需的关系。

2. 提高市场反应速度

对经营者来说，最现实的问题不在于如何控制和实施计划，而在于如何及时地倾听消费者的需求，并及时答复和迅速做出反应，从而满足消费者的需求。

3. 与消费者的关系营销

抢占市场的关键已转变为与消费者建立长期而稳固的关系，必须优先与创造企业75%～80%利润的那部分重要消费者建立牢固关系。

4. 以回报消费者及股东为目的

营销目标必须注重产出，注重企业在营销活动中的回报。一切营销活动都必须以为消费者及股东创造价值为目的。

六、"4V"① 营销理论

进入 20 世纪 90 年代，高科技产业迅速崛起，各类高科技企业、高技术产品与服务不断涌现，互联网、移动通信工具、发达的交通工具和先进的信息技术，使整个世界面貌焕然一新。沟通渠道的多元化，让原来那种企业和消费者之间信息不对称的状态得到改善，越来越多的跨国公司开始在全球范围进行资源整合。在这种背景下，营销观念、方式也不断丰富与发展，形成了独具风格的"4V"营销理论。

1. 差异化

从某种意义上说，培育消费者就是创造差异，有差异才能有市场。差异化一般分为产品差异化、市场差异化和形象差异化 3 个方面。

2. 功能化

产品在消费者中的定位有 3 个层次：一是核心功能，由产品的基本功能构成；二

---

① "4V"是差异化（Variation）、功能化（Versatility）、附加价值（Value）和共鸣（Vibration）。

是延伸功能，即功能向纵深方向发展；三是附加功能。

3. 附加价值

产品的价值有基本价值与附加价值两个组成部分。当代营销新理念的重心是附加价值。这要从 3 个方面入手：一是提高技术创新在产品中的附加价值；二是提高创新营销与服务在产品中的附加价值；三是提高企业文化或品牌在产品中的附加价值。

4. 共鸣

将企业的创新能力与消费者所珍视的价值联系起来，通过为消费者提供价值创新使之获得最大程度的满足。消费者稳定地得到这种“价值最大化”的满足之后，会自然而然地成为该企业的终身消费者。

学习表单

8 种需求的市场表现特征和营销任务

需求类别	市场表现特征	营销任务
负需求		
无需求		
潜在需求		
下降需求		
不规则需求		
饱和需求		
过度需求		
有害需求		

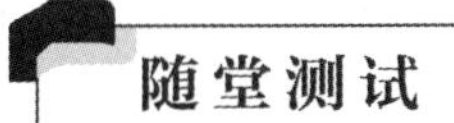

随堂测试

任务工单

<table>
<tr><td rowspan="2">第（ ）组</td><td>姓名</td><td></td><td></td><td></td><td></td><td></td><td></td></tr>
<tr><td>学号</td><td></td><td></td><td></td><td></td><td></td><td></td></tr>
<tr><td>任务名称</td><td colspan="7">对话营销理论</td></tr>
<tr><td>任务目的</td><td colspan="7">能够正确理解 4P、4C、4R、4V 理论</td></tr>
<tr><td>任务描述</td><td colspan="7">以小组为单位，正确理解 4P、4C、4R、4V 理论精髓，在课堂上讨论分析。
每组应提交一份 Word 文档并制作 PPT，由各组选派的代表进行陈述，教师与各组组长组成的评估小组对其进行评估。
考核点：正确理解 4P、4C、4R、4V 理论</td></tr>
<tr><td>任务实操</td><td colspan="7">（任务呈现形式：□Word 文字版 □视频 □小组现场完成图片 □Excel 表格）</td></tr>
</table>

任务评价

本次任务完成后，由任课教师主导，采用学习过程评价与学习结果评价相结合的形式，综合运用自我评价、小组评价及教师评价 3 种方式，由教师确定 3 种评价方式的权重并计算出学生本次任务的考核评价得分。

任务完成考核评价表

<table>
<tr><td>班级</td><td></td><td>学生姓名</td><td></td></tr>
<tr><td>项目名称</td><td>项目一　走进市场营销</td><td>任务名称</td><td>任务三　对话营销理论</td></tr>
<tr><td colspan="4">自我评价</td></tr>
<tr><td rowspan="4">评价内容与分值</td><td>对知识技能的掌握程度（20 分）</td><td rowspan="4">成绩（分）</td><td></td></tr>
<tr><td>学习表单完成情况（20 分）</td><td></td></tr>
<tr><td>任务工单完成情况（40 分）</td><td></td></tr>
<tr><td>小组内工作胜任情况（20 分）</td><td></td></tr>
<tr><td colspan="2">合计</td><td colspan="2">分</td></tr>
<tr><td colspan="4">小组评价</td></tr>
<tr><td rowspan="4">评价内容与分值</td><td>本小组本次任务完成质量（30 分）</td><td rowspan="4">成绩（分）</td><td></td></tr>
<tr><td>个人本次任务完成质量（30 分）</td><td></td></tr>
<tr><td>个人参与小组态度（20 分）</td><td></td></tr>
<tr><td>个人的合作精神和沟通能力（20 分）</td><td></td></tr>
<tr><td colspan="2">合计</td><td colspan="2">分</td></tr>
<tr><td colspan="4">教师评价</td></tr>
<tr><td rowspan="4">评价内容与分值</td><td>本小组本次任务完成质量（30 分）</td><td rowspan="4">成绩（分）</td><td></td></tr>
<tr><td>个人本次任务完成质量（30 分）</td><td></td></tr>
<tr><td>个人小组活动参与度（20 分）</td><td></td></tr>
<tr><td>个人对本次任务的贡献度（20 分）</td><td></td></tr>
<tr><td colspan="2">合计</td><td colspan="2">分</td></tr>
<tr><td colspan="4">总成绩＝自我评价×20%＋小组评价×30%＋教师评价×50%＝　分</td></tr>
</table>

思政园地

白圭是一名著名的经济谋略家和理财家。

白圭奉行“人弃我取，人取我与”的经营理念，为掌握市场的行情及变化规律，他经常深入市场，了解情况。白圭虽为富商，但生活俭朴，摒弃嗜欲，与他的奴仆们同甘共苦。

白圭把经商的理论概括为 4 个字：智、勇、仁、强。他说，经商发财致富，就要像伊尹、吕尚那样筹划谋略，像孙子、吴起那样用兵打仗，像商鞅推行法令那样果断。如果智能不能权变，勇不足以决断，仁不善于取舍，强不会守业，是没有资格谈论经商之术的。白圭的这些经商理论，为后世商人所效法和借鉴。

【讨论】

结合白圭的经营谋略，谈谈中国传统商业文化中“义利观”对当代商业活动的启示。

【思政融入】

白圭虽为富商，但生活俭朴，摒弃嗜欲，与奴仆同甘共苦，体现了中国传统商业文化中“重义轻利”的伦理观念。通过讨论，引导学生理解“义利观”在当代商业活动中的重要性，即在追求经济利益的同时注重社会效益和道德责任。结合白圭“人弃我取，人取我与”的经营方法，讨论企业如何在市场竞争中实现资源优化配置，同时兼顾社会责任和可持续发展，这种讨论有助于学生理解企业不仅是经济主体，更是社会主体。通过分析白圭的经营哲学，引导学生树立正确的价值观，培养学生的社会责任感和文化自信，使其认识到商业活动不仅是经济行为，更是文化传承和社会责任的体现。

项目二　分析各类市场

学习目标

1. 知识目标

- 掌握组织市场等相关概念
- 掌握影响生产企业购买行为、消费者购买行为的因素
- 熟悉组织市场、消费者市场特点
- 了解消费者的购买行为类型、购买决策过程

2. 能力目标

- 能够根据资料分析某生产企业购买行为的影响因素
- 能够以购买某产品为例，模拟家庭成员在购买中扮演的角色，分析影响因素、购买实施过程等

3. 思政目标

- 公平公正，阳光采购
- 小细节大文明，理性追星

思维导图

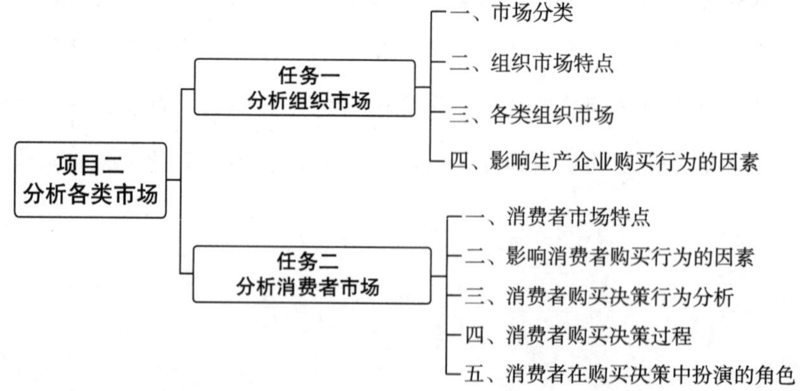

案例导入

1. 农产品流通结构

农产品批发市场已是我国农产品流通的主要渠道和业态。2021年，我国农产品批发市场占农产品流通市场比例的36.7%。

2. 市场数量

经过多年的建设和发展，农产品批发市场依旧是我国农产品市场体系的核心和枢纽，依旧在我国农产品流通领域发挥着核心作用。2008—2021年，我国亿元以上农产品批发市场数量呈现出先上升后下降的趋势，于2012年达到历年峰值，市场数量为1044个，截至2021年年底，全国亿元以上农产品批发市场数量为781个，较2020年减少10个。

3. 细分市场

从细分市场看，我国亿元以上农产品批发市场主要以蔬菜为主，2021年蔬菜批发市场数量达220个，占批发市场总数的28.17%。

4. 摊位数

自2008年以来，我国亿元以上农产品批发市场摊位数也呈现先升后降的走势。2020年，我国亿元以上农产品批发市场摊位数为45.73万个，到2021年，批发市场摊位数约为46.75万个。

5. 营业面积

近年来，我国亿元以上农产品批发市场营业面积呈现出波动变化趋势。据国家统计局数据，2021年全国亿元以上农产品批发市场营业面积达到4262.6万平方米，同比上升2.37%。

6. 交易情况

农产品批发市场具备商品集散、信息公示、结算、价格形成等综合配套服务功能。它通常出现在城市的周边地域或农产品集中产地，是非常重要的生活资料供给地和交换地，是农产品流通体系的重要环节，是满足居民生活必需品的重要保证，与居民生活息息相关。它发挥着产销调节、商品集散、价格形成、信息传递和质量控制等多方面的功能，担负着提高农产品流通效率、增加农民收入、促进农业产业化发展的重要使命。据全国城市农贸中心联合会数据，自2011年以来，我国农产品批发市场交易额及交易量整体上呈增长态势，2021年全国农产品批发市场交易额达5.81万亿元，成交量达9.8亿吨。

请思考：

农产品批发市场属于哪一类市场？有何特征？

任务一　分析组织市场

任务描述

<table>
<tr><td>项目名称</td><td>项目二　分析各类市场</td><td>任务名称</td><td>任务一　分析组织市场</td></tr>
<tr><td rowspan="3">学习目标</td><td>知识目标</td><td colspan="2">1. 掌握组织市场、生产者市场、中间商市场、政府采购市场基本概念
2. 熟悉组织市场特点
3. 掌握影响生产企业购买行为的因素
4. 了解生产企业的购买过程、政府采购方式</td></tr>
<tr><td>能力目标</td><td colspan="2">1. 能够根据资料的购买动机区分组织市场、生产者市场、中间商市场、政府采购市场
2. 能够根据资料分析生产企业购买行为的影响因素</td></tr>
<tr><td>思政目标</td><td colspan="2">公平公正，阳光采购</td></tr>
<tr><td>任务内容</td><td colspan="3">学习本任务，学生应能够根据购买动机区分组织市场、生产者市场、中间商市场、政府采购市场，能够根据资料分析企业购买行为的影响因素</td></tr>
<tr><td>任务准备</td><td colspan="3">学习组织市场相关知识，结合实际生活中遇到的案例，查询相关资料，为任务实施作准备</td></tr>
</table>

任务知识

一、市场分类

营销学认为，市场就是有能力、有购买欲望来买本企业商品的人，而按照人们购买动机的不同，市场又可以分为组织市场和消费者市场。组织市场又包括生产者市场、中间商市场、政府采购市场。如果购买者是生产商，采购产品作为原材料投入生产，这是工业采购，这类采购行为就属于生产者市场。如果购买者是中间商，采购产品再转售以赚取转售收益，那么这种行为属于商业采购，属于中间商市场。如果政府部门为执行其工作职能而采购产品，这类采购行为属于政府采购市场。如果购买者是为了个人生活需要而购买产品，则这类购买行为属于消费者市场。针对不同的购买者，他们关注的利益点不一样，这就需要营销人员学会针对不同的市场类型制定不同的营销策略。

二、组织市场特点

与消费者市场相比，组织市场（特别是工业企业市场）有许多鲜明的特点，主要概括如下：购买者比较少；购买批量大；买者在地理区域比较集中；消费品需求主导工业品需求；工业品需求价格弹性低；等等。

三、各类组织市场

（一）生产者市场

生产者市场是工业采购，通常由农业、林业、水产业、制造业、建筑业、通信业等从事物质生产的行业组成。

1. 生产企业的购买过程

工业购买者只有经过认识需求、判断需求项目的特征和数量、说明需求、寻找供应商、征求建议、选择供应商、选择订货程序、检查合同履行情况 8 个购买环节才算达成一次交易，每一个环节都是分析、评价、判断的过程。

2. 生产企业的购买类型

生产性购买所经历的购买阶段多少取决于生产者的购买类型。

（1）持续再购买。生产者的采购部门根据过去与许多供应商打交道的经验，从列在名单上的供应商里选择供货企业，并继续订购过去采购的同类产品。也就是说，这种购买是惯性化的、最简单的。生产者只需不断地检查合同履行情况即可。对这种类型的购买，作为供货一方的企业，要是已经入选，就要努力保持服务质量和服务水平，以稳定消费者队伍。而未入选的企业则应先设法争取一些订货，以后逐步争取更多订货。

（2）变动再购买。采购部门为了更好地完成采购任务，会适当改变采购的规格、价格等条件，或更换供应商，这种购买行为较为复杂，参与决策过程的有关人员也比较多。采购人员必须说明要求，检查合同履行情况。生产者的变动再购买，给未入选的供应商提供了市场机会，同时给已入选的供货企业造成了威胁，因为后者要设法拉拢现有消费者，保护既得利益。

（3）新购。即生产者第一次采购某种产品，此种情况最为复杂。生产者要对采购品种、规格、价格、交货条件和时间、服务要求、付款条件、订购数量、寻找和选择供应商等一一做出决策。采购的成本费用越高，风险越大，参与购买决策的人员和需要掌握的信息就越多。对待新购形式的消费者，供货一方企业应派出训练有素的推销人员，向他们提供所有必要的信息，帮助他们解决疑难问题。

3. 采购行为过程中的参与角色

生产者的购买通常不是个人决策而是集体决策的结果。供货企业有必要分析哪些人参与生产者的购买决策、他们对购买决策的相对影响力如何、每位成员的评选标准以及如何对可能的供应商进行评价等问题。参与购买决策的所有人员形成的组织，叫“采购中心”。其成员扮演着5种不同的角色：①使用者，产品购买以后实际操作、运用的人员。②影响者，他们协助解释规格，提供决策用的有关资料。③采购者，主要任务是选择供应商。④决策者，有权最后决定供应商和交易的人员。⑤信息控制者，有权或能够控制信息传递的人员。

4. 影响生产者购买时机的因素

（1）产品特性。产品的易腐性、价格、大小及消费频率等。例如，一家钢铁厂可能每天要运送矿石以应付日常生产所需，但只会按月或按季度订购办公用品用具，甚至几年才购买新的熔炉。

（2）存货政策。有的企业会增大采购批量以减少成本或求得价格折扣与优惠；也有的企业为降低存货占用大量资金所承受的产品报废、损毁等从而减少采购批量，增加购买次数。这都会影响生产者对购买时机的抉择。所以，供货企业应了解采购单位的存货政策，调整报价，提供适当的产品。

（3）经济前景。生产者对产业用品的需求，取决于市场对其加工制造的产品的需求，它们与经济现状和可能的走势有直接关系。

（二）中间商市场

中间商是购买商品再转售以获得利润的组织机构。中间商也称商业企业，从地域上说，商业企业比生产企业分散，但比消费者集中。除了少数的直销商品，大部分消费品需要通过商业企业转售给最终消费者。生产企业应当把商业企业视为最终消费者的代理采购商，而不应是生产企业的推销代理商。中间商采购者的类型可分为忠诚型采购者、机会型采购者、寻求最佳型采购者、创造型采购者、计较型采购者。

（三）政府采购市场

政府采购市场由各种为执行政府职能而采购或租用商品的中央、省、区及基层的政府单位组成，所有的企业都必须给予足够的重视。

1. 政府采购人员的购买决策

政府采购是建立在政府机构为达成国家及公众目标，所必须得到的产品和服务基础上的，且要遵守相关法律法规。政府采购也同其他组织的采购一样，需要就采购对象、采购数量、采购地点、支付款项以及相关服务等项内容做出决策。这里需要注意的是，政府采购会很注重那些能满足规格要求的最低成本出价者。

中华人民共和国政府采购法

2. 政府采购方式

政府采购主要受两个方面的影响：一是财政预算，它有规定金额、规定资金使用方向以及检查的作用；二是由于政府采购量大，属非私人性购买，所以要受到廉政建设的监督和公众的评论。因此，政府采购主要有两种方式，即公开招标和协议合同。

（1）公开招标。公开招标是指政府采购办事机构邀请合格的供应商对政府的购买项目进行投标。一般来说，中标者是出价最低的供应商。供应商投标时必须考虑产品的规格要求及政府能够接受的条件。在有些情况下，如按时或提前高质量完成任务，政府部门会给予供应商一定的奖励或其他优惠政策。

（2）协议合同。采购机构同一家或多家公司接触，并就项目和交易条件进行谈判，最后达成采购协议。这种采购方式主要用于复杂项目。供应商如果能将成本降下来，就可以获得巨大利润；但供应商的利润过高，合同就有可能要求公开复审或重新谈判。

大公司获得的政府合同能给小公司带来足量的分包机会。在此过程中，得到分包合同的企业必须与主体公司共担风险。可见，政府采购能为生产者市场创造很多延伸性需求。

四、影响生产企业购买行为的因素

1. 宏观环境因素

（1）国家在一定时期内的工农业生产状况如工业生产规模、产品结构等，会直接影响原材料工业的供应；农业生产规模、发展方向的变化，又直接关系化肥、农药、农用机械等产品的供需。

（2）基本建设的投资方向和规模。

（3）科学技术的发展趋势。科技发展关系企业新产品开发前景，对企业采购原材料影响极大，对于即将淘汰的老产品，企业不会多备原材料。

（4）政治法律环境的制约。国家在一定时期内提倡什么、反对什么，方针政策和法令中会有明确规定，企业采购将受政治法律环境的制约。

2. 企业内在因素

（1）业务目标。企业的产品方向、发展目标等，关系所采购原料或设备的性能、特点、质量、型号和标准化，直接影响企业的购买动机。

（2）营销策略。企业主要的市场营销策略，或者注重产品质量，或者注重产品价格，或者注重服务态度。每个企业因其营销特点不同，采购原材料时的考虑也不相同。

（3）采购制度。具体来说就是企业购买原材料是实行分散决策还是集中决策。有的企业采购面广泛，购买决策权不集中，由购买者自行决断；有的企业购买原材料是高度集中决策，采购目标也统一，购买者仅是具体办事人员。购买制度不同也会影响工业购买者动机。

3. 采购部门在企业中的地位

工业购买者是集团购买，每一购买行为的发生不仅仅是个人的作用，而是由提出购买、决策人决策、影响人提出建议、使用人提出具体要求、采购人员经办等多个环节构成的买卖行为，采购部门在其中起着关键的协调作用。因此，企业采购部门在企业内部的职权地位如何，采购部门负责人在企业中的地位、威望如何，对购买动机均有很大的影响。

4. 采购人员个人因素

在具体洽谈购买业务、现场交易的时候，采购人员个人因素对购买动机有直接影响。其年龄、文化素养、负责精神等影响着买卖交易的达成。例如，年龄较大的采购人员可能凭借经验选择性能稳定的产品，年轻的采购人员可能更注重产品的创新性。

学习表单

生产者市场、中间商市场、政府采购市场的典型案例

概念	典型案例
生产者市场	
中间商市场	
政府采购市场	

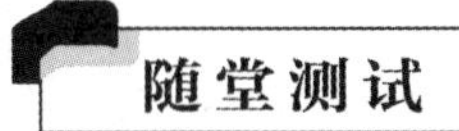

随堂测试

任务工单

<table>
<tr><td rowspan="2">第（ ）组</td><td>姓名</td><td></td><td></td><td></td><td></td><td></td><td></td></tr>
<tr><td>学号</td><td></td><td></td><td></td><td></td><td></td><td></td></tr>
<tr><td>任务名称</td><td colspan="7">分析生产企业购买行为的影响因素</td></tr>
<tr><td>任务目的</td><td colspan="7">能够根据资料分析企业购买行为的影响因素，为制订针对不同组织购买的营销策略作准备</td></tr>
<tr><td>任务描述</td><td colspan="7">某果汁企业要购买大量的水果作为原材料，请结合所学知识，分析影响企业购买行为的因素并在课堂上讨论分析。
每组应提交一份 Word 文档并制作 PPT，由各组选派的代表进行陈述，教师与各组组长组成的评估小组对其进行评估。
考核点：找出 5 个以上影响因素，分析有理有据、合情合理</td></tr>
<tr><td>任务实操</td><td colspan="7">（任务呈现形式：□Word 文字版　□视频　□小组现场完成图片　□Excel 表格）</td></tr>
</table>

任务评价

本次任务完成后，由任课教师主导，采用学习过程评价与学习结果评价相结合的形式，综合运用自我评价、小组评价及教师评价 3 种方式，由教师确定 3 种评价方式的权重并计算出学生本次任务的考核评价得分。

任务完成考核评价表

<table>
<tr><td>班级</td><td></td><td>学生姓名</td><td></td></tr>
<tr><td>项目名称</td><td>项目二　分析各类市场</td><td>任务名称</td><td>任务一　分析组织市场</td></tr>
<tr><td colspan="4">自我评价</td></tr>
<tr><td rowspan="4">评价内容与分值</td><td>对知识技能的掌握程度（20 分）</td><td rowspan="4">成绩（分）</td><td></td></tr>
<tr><td>学习表单完成情况（20 分）</td><td></td></tr>
<tr><td>任务工单完成情况（40 分）</td><td></td></tr>
<tr><td>小组内工作胜任情况（20 分）</td><td></td></tr>
<tr><td colspan="2">合计</td><td colspan="2">分</td></tr>
<tr><td colspan="4">小组评价</td></tr>
<tr><td rowspan="4">评价内容与分值</td><td>本小组本次任务完成质量（30 分）</td><td rowspan="4">成绩（分）</td><td></td></tr>
<tr><td>个人本次任务完成质量（30 分）</td><td></td></tr>
<tr><td>个人参与小组活动的态度（20 分）</td><td></td></tr>
<tr><td>个人的合作精神和沟通能力（20 分）</td><td></td></tr>
<tr><td colspan="2">合计</td><td colspan="2">分</td></tr>
<tr><td colspan="4">教师评价</td></tr>
<tr><td rowspan="4">评价内容与分值</td><td>本小组本次任务完成质量（30 分）</td><td rowspan="4">成绩（分）</td><td></td></tr>
<tr><td>个人本次任务完成质量（30 分）</td><td></td></tr>
<tr><td>个人小组活动参与度（20 分）</td><td></td></tr>
<tr><td>个人对本次任务的贡献度（20 分）</td><td></td></tr>
<tr><td colspan="2">合计</td><td colspan="2">分</td></tr>
<tr><td colspan="4">总成绩 = 自我评价×20%+小组评价×30%+教师评价×50% =　　分</td></tr>
</table>

任务二　分析消费者市场

任务描述

<table>
<tr><td>项目名称</td><td>项目二　分析各类市场</td><td>任务名称</td><td>任务二　分析消费者市场</td></tr>
<tr><td rowspan="3">学习目标</td><td>知识目标</td><td colspan="2">1. 掌握影响消费者购买行为的因素
2. 掌握消费者购买行为模式
3. 熟悉消费者市场的特点
4. 了解消费者的购买行为类型
5. 了解消费者购买决策过程及消费者在购买决策中扮演的角色</td></tr>
<tr><td>能力目标</td><td colspan="2">能够以购买某产品为例，模拟家庭成员在购买中扮演的角色，分析影响因素、购买实施过程等</td></tr>
<tr><td>思政目标</td><td colspan="2">小细节大文明，理性追星</td></tr>
<tr><td>任务内容</td><td colspan="3">本任务引导学生掌握影响消费者购买行为的因素、消费者购买行为模式，熟悉消费者市场的特点，了解消费者的购买行为类型，了解消费者购买决策过程及消费者在购买决策中扮演的角色等内容。
通过学习本任务，学生能够以购买某产品为例，模拟家庭成员在购买中扮演的角色，分析影响因素、购买实施过程等</td></tr>
<tr><td>任务准备</td><td colspan="3">先学习消费者市场相关知识，结合实际生活中遇到的案例，查询相关资料，为任务实施作准备</td></tr>
</table>

任务知识

一、消费者市场特点

为了最终的生活消费而购买产品的行为就属于消费者行为，这样的人和家庭就是消费者市场的组成者。因此，以消费为目的的购买者组成的消费者市场，是一个最终的市场。消费者市场具有以下特点：①分布的广泛性；②购买的频繁性；③需求的扩展性；④复杂的多变性；⑤消费的情感性；⑥可诱导性。

二、影响消费者购买行为的因素

影响消费者购买行为的因素可概括为四大类：社会因素、人文因素、个人因素和心理因素。其中，社会因素包括家庭、相关群体；人文因素包括主流文化和亚文化、社会阶层；个人因素包括稳定因素和随机因素；心理因素包括需要和动机、认知、学习行为等。

（一）社会因素

1. 家庭

家庭是消费者个人所归属的最基本团体。一个人从家庭中受到许多日常消费行为的影响。例如，父母对某一产品的购买倾向或多或少会对孩子以后的消费行为产生影响。

家庭成员的态度及参与程度也会影响消费者的购买行为。例如，购买大件物品时，通常家庭成员整体的参与程度较高，而小件日常用品，某单个家庭成员自己就可以决定；一个家庭中的孩子，虽然没有购买决定权，但有着很大的影响力，尤其是儿童用品，很多家长在购买时会参考孩子的意见。因此，企业推出的商品、做出的宣传就要考虑这些因素，有针对性地进行广告宣传。

2. 相关群体

相关群体指能够影响消费者购买行为的个人或集体。换言之，只要某一群人在消费行为上存在相互影响，就构成一个相关群体，无论他们是否相识或有无组织。相关群体中有影响力的人物称为“意见领袖”或“意见领导者”，他们的行为会引起群体内追随者、崇拜者的仿效。

按照对消费者的影响强度分类，相关群体可分为主要群体、次要群体和其他群体。主要群体指那些关系密切经常发生相互作用的非正式群体，如亲朋好友、邻居和同事等。这类群体对消费者影响最强。次要群体指较为正式但日常接触较少的群体，如专业协会和同业组织等。这些群体对消费者购买行为发生间接的影响。其他群体也称为渴望群体，指消费者不属于但渴望加入的群体。

相关群体对消费者购买行为的影响主要有 3 个方面：一是示范性，即相关群体的消费行为和生活方式为消费者提供了可供选择的模式；二是仿效性，即相关群体的消费行为引起人们仿效的欲望，影响人们的商品选择；三是一致性，即由于仿效而使消费行为趋于一致。这就不难解释企业为什么会花大把的资金请名人代言产品了，就是利用相关群体对消费者的影响，促使消费者购买。

（二）人文因素

1. 主流文化

主流文化是人类在长期的生活和实践中形成的语言、价值观、道德、风俗、知识、信仰、艺术等的总称，是人们在社会实践中形成的，是一种历史的沉淀，同时，主流文化是动态的，处于不断发展和变化之中。主流文化对消费者行为具有非常深远的影响。

2. 亚文化

每种文化之间有巨大的差异，而同一种文化内，也会受民族、宗教等诸多因素的影响，使人们的价值观念、风俗习惯和审美标准表现出不同的特征，这些同一种文化内的细分文化称为亚文化。通常把人们按民族、种族、地理、职业、性别、年龄、语言、文化与教育水平等划分为不同的亚文化群。在同一个亚文化群中的人们必然有某些相似的特点，以区别其他的亚文化群。俗话说“入乡随俗”，营销人员必须深入调查了解消费者的文化背景，有针对性地制订产品开发和营销策略，否则就会碰壁。

3. 社会阶层

社会阶层是指根据人们的收入、受教育程度、职业、社会地位及名望等因素划分的不同群体。同一社会阶层的人往往有着共同的生活方式、思维方式和生活目标，并互相影响购买行为，如美国市场营销学家和社会学家华纳从商品营销的角度，将美国社会分成六个阶层。既然社会有不同的阶层，其需求也具有相应的层次。即使收入水平相同的人，其所属阶层不同，生活习惯、思维方式、购买动机和消费行为也有着明显的差别。因此，企业的营销人员，可以根据社会阶层进行市场细分，进而选择自己的目标市场。

（三）个人因素

1. 稳定因素

这主要是指个人某些特征，诸如年龄、性别、种族、家庭收入、生活周期、职业等。稳定因素不仅能影响家庭决策，更能影响人决策的速度。在决策过程中，消费者购买行为部分地取决于稳定因素。例如，在收集信息阶段，一个人的年龄和收入就会影响信息来源的数量和类型以及用来收集信息所花费的时间。

2. 随机因素

随机因素是指消费者进行购买决策时所处的特定场合和具备的一系列条件。有时，消费者购买决策是在未预料的情况下做出的，例如，某人工资上调 20%，购买决策可能会比工资下调完成得快得多。随机因素对消费者行为的影响往往还是多方面的。

（四）心理因素

福特汽车公司曾推出了一种适合年轻人开的跑车，投放到市场后，居然有一些老年人购买。福特公司经过调查了解到，老年人购买这种跑车的原因是开这种跑车会感觉年轻了几十岁。由此可见，心理因素对消费者购买行为的影响。

1. 需要和动机

马斯洛的需求层次理论

需要产生动机，动机又引发行为。人的一切行为都是由需要和动机引起的。例如，饥饿会使人产生对食物的需要，从而促使人产生吃饭这一行为。而消费动机是一种升华到足够强度的动机，引导人去付诸行动。由于需要和动机有着不同的强度，在购买力有限的情况下，只有最强烈的那个动机会引发消费行为，比如，一个人饿了，可能想吃包子、米饭、面条，那么，哪一个食物对他的诱惑最大，他就会选择哪个。因此，企业的营销人员要不断地刺激消费者的需求，使消费者产生强烈的消费需要和动机，最终实现购买。

2. 认知

某轿车的失策

消费者有了购买动机后，就要采取购买行动，而采取什么样的行动则受到认知的影响。消费者的认知由感性认识和理性认识两个阶段组成。感觉和知觉属于感性认识的过程。感觉指人们通过感官对外界刺激形成的反应，知觉则是人脑对作用于感官的客观事物的整体反应。当消费者对商品有了一定的感性认识后，会进一步通过思维等对商品进行分析，这是理性认识阶段。

3. 学习行为

在日常生活里，人们接触事物、积累经验并由此改变自身行为的过程，都和学习脱不了干系。而这一过程，又会显著影响人们的消费行为。企业的营销人员应向消费者介绍、宣传有关产品内容，让消费者熟悉产品，从而产生购买决策。

三、消费者购买决策行为分析

（一）消费者购买行为模式

行为科学认为，人的消费购买行为是人的内在要素在受到外部因素刺激下，所作出的相应反应的结果，可以通过一个“刺激—反应”模式来说明。

消费者所受的外界刺激有两类。一类是企业的市场营销组合刺激，包括产品、价格、地点（渠道）、促销。另一类是经济、技术、政治和文化的环境因素所带来的刺激。在企业未了解消费者前，消费者对企业来说是一个黑箱，对消费者特征（文化、社会、个人、心理）和消费者作决策的过程无法了然，仅仅知道该黑箱在受到外界刺激后所产生的反应，表现在消费者作出的一系列购买决策上，即产品选择、品牌选择、经销商选择、购买时间和购买数量。企业营销人员的任务就是要通过刺激与反应，了解和把握黑箱中的情况，以便有针对性地采取策略。

（二）消费者的购买行为类型

消费者按照个性、购买习惯等的不同，可以分成不同的类型，他们在购买时呈现出不同的消费特征，在市场营销活动中，必须有针对性地对待。

1. 习惯型消费者

这类消费者习惯性购买某一品牌的产品，消费固定品牌的产品已经成了习惯。这类消费者品牌忠诚度非常高，是任何企业梦寐以求的消费者群体。日用消费品的购买者中存在较多的习惯型消费者。

2. 理智型消费者

理智型消费者购买商品非常认真谨慎，一般在购买前就对要买的商品进行调查和研究，所以在购买时已经心中有数，购买后也很少后悔。当购买房子、车子、家用电器等价值较高的产品时，往往理智型消费者居多，因为不管什么个性的人，在购买这些产品时都会比较冷静和理智，因此，销售这类产品应着重介绍产品的质量、性价比。

3. 经济型消费者

这类消费者对物美价廉的货物很感兴趣。他们在平时就很关心价格，对价格变化也特别敏锐，善于发现别人不易察觉的价格差异。因此，这类消费者能带来的利润较少，必须目标群体足够大，才能薄利多销。

4. 冲动型消费者

这类消费者容易受到外界的刺激，其他人说好的东西，有可能不加考虑就去购买，具有突然性。这类消费者容易受到各种宣传的影响，也是在现场促销中，最容易争取的消费者。

5. 模仿型消费者

这类消费者缺乏鲜明的个性，往往模仿他人的消费行为，看别人买什么自己就买什么。因此，企业可用能够引领时尚潮流的明星来代言产品，从而引起模仿型消费者的购买，也可以在超级卖场中，通过促销宣传吸引冲动型消费者、经济型消费者，从而使模仿型消费者购买产品。

6. **随机型消费者**

这类消费者缺乏购买计划，购买物品充满随机性。例如，在商店，这类消费者本来只想买一件物品，但走上一圈一定会抱回一堆东西。现场的促销和商品摆设，对这类消费者有较大的吸引力。

四、消费者购买决策过程

消费者购买决策往往是通过一个购买过程实现的，这个购买过程是消费者在购买动机的支配下，进行实际购买的行为过程，典型的购买决策一般包括以下五个阶段。五个阶段环环相扣，循序渐进。研究消费者购买决策过程，目的在于使营销者针对消费者购买行为的不同阶段采取相应的促销措施。

1. **认识需要**

消费者认识到自己有某种需要时，是决策过程的开始，这种需要可能是由内在的生理或心理活动引起的；也可能是受到外界的某种刺激引起的，例如，看到别人穿漂亮裙子，自己也想购买；或者是由内外两方面因素共同作用的结果。因此，营销者应注意不失时机地采取适当措施，唤起和强化消费者的需要。

2. **收集信息**

一般情况下，消费者希望马上满足消费需要。但在多数情况下，需要不能马上满足时，必然先进入消费者的记忆中，作为满足未来需要的必要信息。由于需要会使人产生注意力，因此，可能促使其积极寻找或接收信息，也就是借助于对产品所积累的认识不断收集有关产品的情报信息，以便完成从知觉到坚信的心理过程，促成购买决策。消费者信息的来源主要有以下 4 个方面。

（1）商业来源，包括商业广告、售货员的介绍、商品展览等各种企业营销提供的资料。

（2）公共来源，通过各种新闻媒介的报道、消费者权益组织的评价、官方公布的材料得到的信息。

（3）个人来源，主要指从家庭成员、朋友、邻居、同事处获得的信息。

（4）经验来源，指消费者在以往生活中的所见、所闻以及实际感受，这是消费者获取信息的基本来源。

3. **比较评估**

消费者得到的各种信息可能是重复的，甚至是互相矛盾的，因此消费者还要进行分析、评估和选择，这是决策过程中的决定性环节。这一阶段是消费者购买的前奏，对实施购买起决定作用。不同的消费者评价商品的标准和方法有很大差异，营销者应尽可能为消费者提供信息，帮助消费者了解商品属性，做出购买决策。

在消费者的评估选择过程中，有以下几点值得营销者注意：一是产品性能是消费者所考虑的首要问题；二是不同消费者对产品的各种性能给予的重视程度不同，或评估标准不同；三是多数消费者的评选过程是将实际产品同自己理想中的产品相比较。

4. **购买决策**

并非所有感到需要的人都会进行购买。有些人的需要在购买前的活动过程中会逐渐减退，或犹豫于“不确定”之中。消费者在采取购买行为前，须做出购买决策。购买决策是许多目的总抉择，包括购买何种商品、何种款式、多少数量、何处购买、以何价格购买、以何方式付款等等。因此，企业在消费者的购买决策阶段，一方面，要向消费者提供更多详细的有关产品的情报，便于消费者比较优缺点；另一方面，则应通过各种销售服务，创造方便消费者的条件，加深其对企业及商品的良好印象，促使消费者做出购买本企业商品的决策。消费者对商品信息进行比较和评选后，已形成购买意愿，然而从购买意图到决定购买之间，还要受到两个因素的影响：一是他人的态度，反对态度越强烈，或持反对态度者与购买者关系越密切，购买者修改购买意图的可能性就越大。二是意外的情况，如果发生了意外的情况——失业、涨价等，则很可能改变购买意图。

5. **购后行为**

消费者往往会通过亲自使用商品，或获取其他有关商品的信息对所购买的商品进行检验，以确认满意程度，作为以后类似购买活动的参考。消费者购后的满意程度取决于消费者对产品的预期性能与产品使用中的实际性能之间的对比。购买后的满意程度决定了消费者的购后活动、是否重复购买该产品以及对该品牌的忠诚度，并且还会影响到其他消费者，形成连锁效应。如果感到满意，则反应大体相同，即重复购买或带动他人购买该品牌。如果感到不满意，则会尽量减少购买，或可能将其不满意的情况诉诸公众，如向消费者协会投诉，向新闻媒体披露，甚至告上法庭等。这样的行为会对企业近期造成较大的损失，企业应当尽可能利用公共关系危机处理方式避免这样的情况出现。

总之，在消费者进行购买决策过程中，企业应努力挖掘自身潜力，创造一切可能条件，吸引消费者购买，并使之产生较高满意度。

五、消费者在购买决策中扮演的角色

消费者在购买决策中可能扮演下列五种角色中的一种或几种：发起者，第一个提议或想到去购买某种产品的人；影响者，有形或无形地影响最后购买决策的人；决策者，对整个购买决策起决定性作用的人，如买不买、买什么、买多少、怎么买、何时与何地买等；购买者，购买决策确定后，执行购买决策的人，如与卖方商谈交易条件，带上现金去商店选购等；使用者，实际使用或消费商品的人。

例如，一个家庭要购买一台计算机，发起者可能是孩子，他认为有助于提高自己的计算机应用能力。影响者可能是爷爷，他表示赞成。决策者可能是母亲，她认为孩子确实需要，根据家庭目前经济状况也有能力购买。购买者可能是父亲，他有些计算机知识，带上现金去各商店选购。使用者则是孩子。

学习表单

用 3~4 个关键词描述 6 类消费者画像。

消费者类型及消费者画像关键词

消费者类型	消费者画像关键词
习惯型	
理智型	
经济型	
冲动型	
模仿型	
随机型	

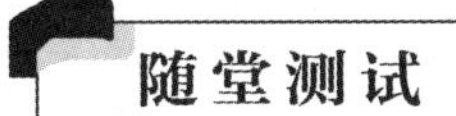

随堂测试

任务工单

<table>
<tr><td rowspan="2">第（ ）组</td><td>姓名</td><td></td><td></td><td></td><td></td><td></td><td></td></tr>
<tr><td>学号</td><td></td><td></td><td></td><td></td><td></td><td></td></tr>
<tr><td>任务名称</td><td colspan="7">消费者购买角色扮演</td></tr>
<tr><td>任务目的</td><td colspan="7">能够模拟家庭成员购买某产品的角色，分析购买影响因素、实施过程</td></tr>
<tr><td>任务描述</td><td colspan="7">假设家庭成员有爷爷、奶奶、爸爸、妈妈和孩子，请结合所学知识，理论联系实际，模拟家庭成员购买某产品的 5 种角色，分析购买实施过程并在课堂上讨论分析。
每组应提交一份 Word 文档并制作 PPT，由各组选派的代表进行陈述，教师与各组组长组成的评估小组对其进行评估。
考核点：5 种角色都有体现，分析有理有据、合情合理</td></tr>
<tr><td>任务实操</td><td colspan="7">（任务呈现形式：□Word 文字版　□视频　□小组现场完成图片　□Excel 表格）</td></tr>
</table>

任务评价

本次任务完成后，由任课教师主导，采用学习过程评价与学习结果评价相结合的形式，综合运用自我评价、小组评价及教师评价 3 种方式，由教师确定 3 种评价方式的权重并计算出学生本次任务的考核评价得分。

任务完成考核评价表

<table>
<tr><td>班级</td><td></td><td>学生姓名</td><td></td></tr>
<tr><td>项目名称</td><td>项目二　分析各类市场</td><td>任务名称</td><td>任务二　分析消费者市场</td></tr>
<tr><td colspan="4">自我评价</td></tr>
<tr><td rowspan="4">评价内容与分值</td><td>对知识技能的掌握程度（20 分）</td><td rowspan="4">成绩（分）</td><td></td></tr>
<tr><td>学习表单完成情况（20 分）</td><td></td></tr>
<tr><td>任务工单完成情况（40 分）</td><td></td></tr>
<tr><td>小组内工作胜任情况（20 分）</td><td></td></tr>
<tr><td colspan="2">合计</td><td colspan="2">分</td></tr>
<tr><td colspan="4">小组评价</td></tr>
<tr><td rowspan="4">评价内容与分值</td><td>本小组本次任务完成质量（30 分）</td><td rowspan="4">成绩（分）</td><td></td></tr>
<tr><td>个人本次任务完成质量（30 分）</td><td></td></tr>
<tr><td>个人参与小组活动的态度（20 分）</td><td></td></tr>
<tr><td>个人的合作精神和沟通能力（20 分）</td><td></td></tr>
<tr><td colspan="2">合计</td><td colspan="2">分</td></tr>
<tr><td colspan="4">教师评价</td></tr>
<tr><td rowspan="4">评价内容与分值</td><td>本小组本次任务完成质量（30 分）</td><td rowspan="4">成绩（分）</td><td></td></tr>
<tr><td>个人本次任务完成质量（30 分）</td><td></td></tr>
<tr><td>个人小组活动参与度（20 分）</td><td></td></tr>
<tr><td>个人对本次任务的贡献度（20 分）</td><td></td></tr>
<tr><td colspan="2">合计</td><td colspan="2">分</td></tr>
<tr><td colspan="4">总成绩 = 自我评价×20%+小组评价×30%+教师评价×50% =　　　　分</td></tr>
</table>

思政园地

据《中国青年报》报道，随着娱乐产业、粉丝经济和互联网科技的高速发展，追星文化样态也有所变化。追星不再是粉丝纯粹对明星本人审美及其性格品质的欣赏，一些青少年在追星过程中走上歧途，或因轻信“偶像”而陷入困境。

青少年身心发展尚未成熟，追星行为时有失范。通常，盲目追星行为可以归纳为以下几种：一是对代言明星艺人盲目崇拜；二是粉丝群体的应援行为超出合理消费限度；三是粉丝群体排他性严重；四是追星行为逐渐出现“泛娱乐化”倾向，从娱乐圈追星扩展到竞技体育、文学等诸多领域。

娱乐资本的助推是畸形追星文化形成和发展的一个重要原因。在娱乐资本的运作下，追星不再是个人行为，而是与娱乐消费直接画等号。这种变味的粉丝经济不断推高明星的商业价值，其代价却是对青少年时间、精力和财物的多重收割，背离了明星和粉丝间的正常互动。

中央网信办曾发布通知，对于盲目追星乱象问题展开深入整治，严控未成年人参与行为。引导青少年形成正确的追星文化，要标本兼治，纠正不良追星文化内核偏差、错误理念才是治理关键，即应格外注重对青少年粉丝群体价值观的引导。

资料来源于网络，有删改。

【讨论】

如何看待青少年追星行为中的“盲目崇拜”与“理性欣赏”？谈谈如何限制娱乐资本诱导青少年群体消费的行为，改变单一的“偶像消费—流量变现”行业盈利模式。

【思政融入】

通过讨论，引导学生认识“盲目崇拜”与“理性欣赏”的区别，强调理性追星的重要性。结合材料中提到的“盲目崇拜”和“泛娱乐化”等现象，引导学生思考追星行为背后的消费主义和娱乐至上观念，帮助学生树立正确的价值观和消费观。讨论中引入国家对不良追星行为的治理，如中央网信办的通知和相关法律法规，让学生了解追星行为的边界，增强学生的法治意识，引导学生认识到维护健康网络环境和娱乐生态是每个公民的责任。

项目三　分析市场营销环境

学习目标

1. 知识目标

- 掌握市场营销环境、宏观环境、微观环境等相关概念
- 了解宏观环境、微观环境的分类及其具体影响因素
- 了解营销环境分析的目的
- 熟悉 SWOT 分析法的步骤

2. 能力目标

- 能够利用所学知识，对某行业进行市场营销宏观环境分析
- 能够利用所学知识，根据某企业资料，进行市场营销微观环境分析
- 能够利用所学知识，根据某企业资料，用 SWOT 分析法进行市场营销环境分析

3. 思政目标

- 培养大环境思维，树立法治意识、责任担当和廉洁意识
- 培养责任意识与合作精神

思维导图

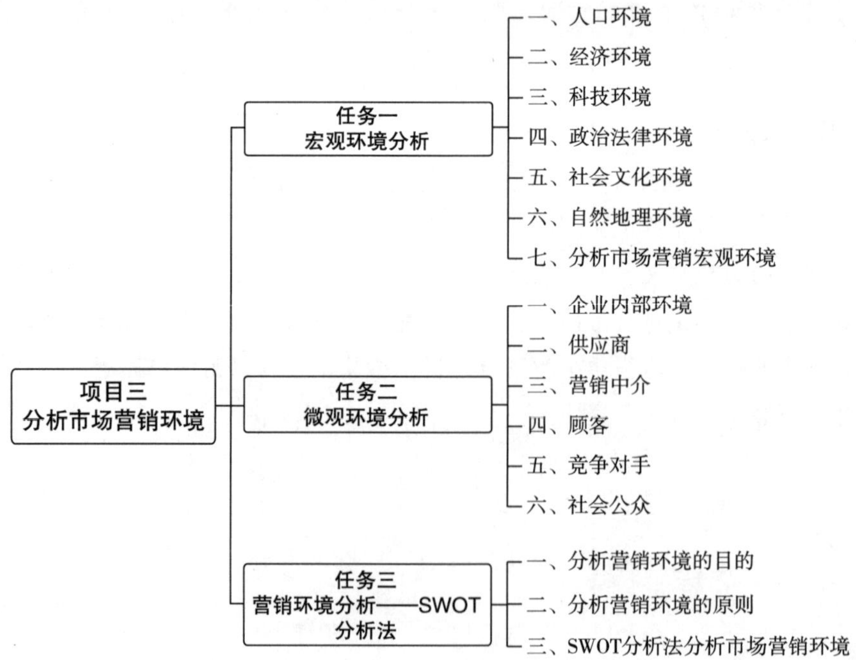

案例导入

当前，数字经济已成为我国社会经济增长的新动能，为中国经济高质量转型保驾护航。

1. 线上用户大增，数字营销价值凸显

当前，日常生活数字化程度明显提升，截至2024年12月，我国网民规模已突破11亿人，数字营销价值凸显。

2. 网络技术快速发展，视频媒介大放异彩

在短视频的赋能下，社交和移动购物的内容生态建设加速，用户使用时长呈现增长态势。

3. 内容为王，头部平台流量掌控力增强

率先完成内容生态布局的头部平台掌控更多的用户时长，获得更多的商业转化机会。

4. 存量博弈，游戏、软件类企业主加码数字营销

从各行业广告主的数字广告投放活跃度来看，存量博弈时代，游戏和各软件类企业主大幅度加大营销力度，以期获得更多客源。

5. 技术突破，用户需求升级助力UGC① 内容平台爆发

随着技术不断突破，线上媒介的互动性有着传统媒体无法比拟的优势，因此，其媒体价值不断凸显。互联网时代，用户信息认知快速提升，自我表达和展示的意愿明显增强，展示渠道多样化，制作工具便捷化，用户成为内容生产的重要参与者。技术和用户需求的升级，成为UGC模式爆发的重要推力。

6. 社区生态和商业模式不断明晰，"UGC+"模式前景可期

UGC社区繁荣的核心是内容创作和内容消费形成相互促进的正循环。随着UGC类平台基础生态的逐步完善，互联网UGC平台整体商业化繁荣时代即将来临。

7. 内容营销助力品牌摆脱流量桎梏，有效增强了企业品牌力

小红书、什么值得买等内容导购平台用户环比保持快速增长，同时，商业笔记和种草笔记的发布量增长显著。

8. 企业大幅提升内容营销投放比例，转化显著

越来越多的企业认可短视频及直播带来的营销价值，在内容营销中广告投放力度不断加大。但目前来看，短视频和直播的内容营销带来的更多的是单次销量的增长，如何通过网红、大V实现对于用户群体的破圈，以及提升品牌影响力，是企业需要思考的课题。

9. 视频广告增长迅猛

带宽提速的大背景下，视频态内容受益显著。从各个平台的广告内容形式来看，视频广告内容增长迅猛。

资料来源于网络，有删改。

请思考：

1. 你认为数字经济大环境给营销带来哪些变化？
2. 企业营销人员在数字经济背景下应如何应对市场变化？

---

① User Generated Content，用户生成内容。

任务一　宏观环境分析

任务描述

<table>
<tr><td>项目名称</td><td>项目三　分析市场营销环境</td><td>任务名称</td><td>任务一　宏观环境分析</td></tr>
<tr><td rowspan="3">学习目标</td><td>知识目标</td><td colspan="2">1. 掌握市场营销环境、宏观环境等相关概念
2. 了解宏观环境的分类
3. 了解宏观环境具体影响因素</td></tr>
<tr><td>能力目标</td><td colspan="2">能够利用所学知识，对某行业进行市场营销宏观环境分析</td></tr>
<tr><td>思政目标</td><td colspan="2">培养大环境思维，树立法治意识、责任担当、廉洁意识</td></tr>
<tr><td>任务内容</td><td colspan="3">本任务引导学生掌握市场营销环境、宏观环境等相关概念，了解宏观环境的分类，掌握宏观环境具体影响因素。学习本任务，学生应能够利用所学知识对某行业的市场营销宏观环境进行分析</td></tr>
<tr><td>任务准备</td><td colspan="3">在网络上搜索某行业的相关资料，为后面的市场营销宏观环境分析作准备</td></tr>
</table>

任务知识

市场营销环境，泛指一切影响、制约企业市场营销决策和决策实施的内部条件、外部环境，包括宏观环境和微观环境两大类。微观环境中所有的因素都会受到宏观环境的影响和制约，这两种环境不是并列关系，而是包容与从属关系。

宏观环境指间接影响和制约企业营销活动的参与者等，包括人口、经济、科技、政治法律、社会文化、自然地理环境等，是企业不可控制的。宏观环境一般不直接对一个特定企业的营销活动产生影响，而是通过那些可以对企业市场营销活动产生直接影响的微观环境因素来起作用。宏观环境是形成市场机会或威胁的主要力量，它引导企业营销活动的大方向，因此，分析企业营销环境应先从宏观环境分析开始。营销理论强调企业经营采用从外向内的观念，不断从变化的外部环境中发现机会或威胁，在此基础上运用各种可控手段，利用和把握机会，同时回避和降低风险。

市场营销环境见图 3-1。

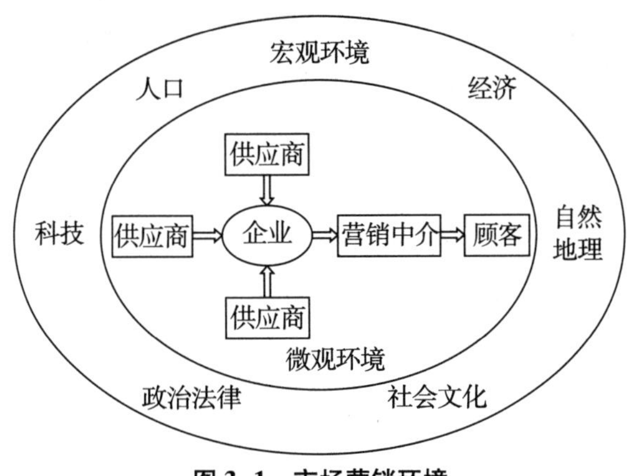

图 3-1　市场营销环境

一、人口环境

现代市场营销理论认为，市场是由具有购买欲望和购买能力的人构成的。人口越多，市场的规模和潜在容量越大。影响企业市场营销的人口因素是多方面的，包括人口规模与增长速度、人口地理分布及流动、人口年龄结构、人口性别与家庭等。这些因素会给市场需求格局带来长远性、全面性的影响，左右人们的消费习惯和消费模式。因此，企业的营销人员绝不能忽视人口环境因素。

二、经济环境

经济环境是指企业在开展市场营销活动时所依赖的社会经济条件，主要包括经济发展状况、消费者收入特征、消费结构、储蓄和信贷等，如图 3-2 所示。

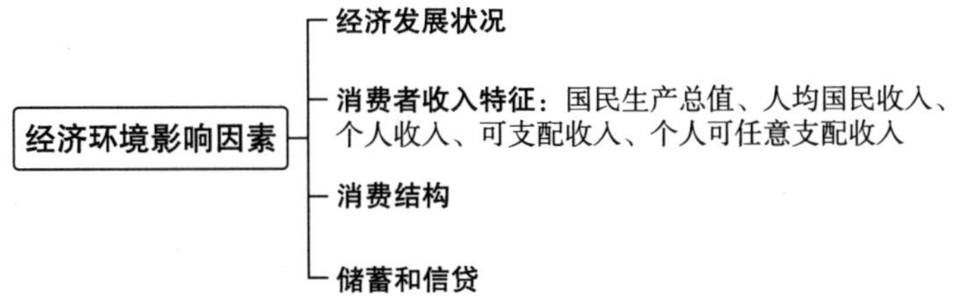

图 3-2　经济环境影响因素

三、科技环境

社会劳动生产力，首先是科学的力量。科学技术在现代生产中起着主导作用，是社会生产力中最活跃的因素，不仅会直接影响企业的生产和经营，还会与其他环境相互作用，左右企业的市场营销活动。

（1）科学技术既带来市场机会也带来市场威胁。

（2）科技的发展提高了企业管理水平，促使传统的市场营销方式发生变革。

（3）科技革命的浪潮推动了消费变革。

企业应该密切关注所在领域和相关领域技术环境的发展变化，分析其对企业营销产生的具体影响，预测新技术的前景，从中发现市场营销机会，及时调整自己的营销方案，以技术进步为契机，不断开发新产品，使企业长久地保持兴旺发达。

四、政治法律环境

政治法律环境显示政府与企业的关系，一方面，反映在国家的方针政策上，它不仅规定了国民经济的发展方向和目标，也直接关系到社会购买力的提高和市场消费需求的增长。另一方面，反映在国家的法规上，特别是有关经济的立法，它不但规范企业的行为，而且会使消费需求的数量、质量和结构发生变化，能鼓励或限制某些产品的生产和消费。在任何社会制度下，企业的营销活动都必定受到政治法律环境的约束。

（一）政治环境

政治环境是一个具有广泛含义的概念，包括政治形势以及政府机构、利益集团在国内社会生活和国际关系方面的政策和活动。

1. 政治形势

一个国家、一个地区经济发展的前景与水平同政治形势息息相关。政治形势对于企业市场营销活动的影响，也是直接和显著的。营销人员只有具有政治敏锐度，才能从政治形势的变化中发现机会和威胁。

“十四五”数字经济发展规划

2. 政府机构

政府机构承担着制定政策、执行法律、管理社会、保护环境的权力职能，具有强大的宏观调控力量。党和国家的方针政策规定了国民经济的发展方向和目标，是整个国民经济发展的纲领，而且，重大的经济决策和措施直接关系到企业的生产经营模式等，规定着企业投资方向、规模、发展速度等。企业开展的一切营销活动都应遵循政府机构所制定的经济政策、经济法规和行政管理条例。

3. 利益集团

利益集团又称压力集团，是指社会上具有共同利益的公众和对某些问题有共同见解者为敦促政府维护其自身利益或实现其主张而形成的组织。在西方国家，利益集团具有很大的政治影响力。我国则成立了中国消费者协会，监督企业的营销活动，保护消费者利益，指导消费。

（二）法律环境

法律是统治阶级意志的体现，一个国家总是通过法律来调整各种社会关系。法律环境对企业营销活动的影响主要体现在对企业施行管理的立法和对社会及消费者的保护立法方面。企业了解法律，熟悉法律环境，既有助于保证企业自身严格依法办事，不违反各项法律，有自己的行动规范，也有助于企业运用法律手段保障自身利益。市场营销活动中正当的竞争是在法律保障下进行的，在法律允许的范围内企业可以充分发挥自身的管理能力、技术能力和营销能力。

近年来，我国已陆续颁布多个重要法规和条例，如《中华人民共和国食品卫生法》（现行为《中华人民共和国食品安全法》）《中华人民共和国价格法》《中华人民共和国消费者权益保护法》等，这些法规和条例规范了生产市场和消费市场，保护了生产者、经营者和消费者的合法权益。此外，如企业欲进入国际市场，还要研究有关国家的法律及国际贸易法的有关规定。

营销人员应该对有关法律规定的方向性内容有大致的了解，但不一定需要熟知详细内容，解决相关问题时，可以请企业专门的法律顾问或委托律师事务所协助。

五、社会文化环境

从广义上说，文化是人类在社会实践中所创造的物质财富和精神财富的总和。从狭义上说，文化指的是社会的意识形态，包括价值观念、风俗习惯、宗教信仰、美学艺术等。

每一个人都是生长在一定的文化环境中的，文化因素对消费者的购买行为具有广泛而深刻的影响，如价值观念、伦理道德、风俗习惯、宗教信仰、语言文字、受教育程度、亚文化群等。因此，企业必须重视对不同区域市场中文化环境的研究与分析，做到知己知彼。

六、自然地理环境

一个国家、一个地区的自然地理环境包括该地的自然环境和地理环境，这些因素都会不同程度地影响企业的营销活动，企业要把握好自然地理环境特点。

（一）自然环境

营销学上的自然环境，主要指自然物质环境，即自然界提供给人类的各种形式的物质财富，如矿产资源、森林资源、土地资源、水力资源等。自然环境处于发展变化中，当前，自然资源日益短缺，能源成本趋于提高，政府对自然资源的管理和干预不断加强。所有这些，都会直接或间接地给企业带来威胁或机会。因此，企业必须积极研究开发，尽量寻求新的资源或代用品。

自然环境与经济发展是当前国际社会普遍关注的问题。随着宣传和教育的不断普及和深入，人们逐渐认识到食品污染、水污染所带来的可怕后果，消费观念发生了很大的变化。因此，企业在制定营销战略和战术时，绝不可忽视自然环境的作用。

（二）地理环境

一般来说，地理环境与营销活动的关系反映在以下几个方面。

一是地理位置的优劣直接影响当地的经济发展水平高低。

二是气候条件作为地理环境的重要组成部分，常常影响产品在市场上的供求状况。

三是地理环境对市场营销的影响还可能来自地域文化。地域文化直接影响着一个国家、一个地区消费者的购买心理与购买行为。

四是地理环境直接影响着产品的使用性能。各地区由于气候不同，温度、湿度差异很大，地形地貌也呈现出不同的特征，很多在本地区适用的商品往往不能适应外地环境的需要，致使企业与市场机会失之交臂。

学习表单

市场营销宏观环境影响因素及举例

影响因素	举例

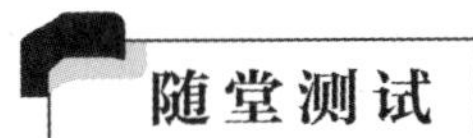

随堂测试

任务工单

<table>
<tr><td rowspan="2">第（ ）组</td><td>姓名</td><td></td><td></td><td></td><td></td><td></td><td></td></tr>
<tr><td>学号</td><td></td><td></td><td></td><td></td><td></td><td></td></tr>
<tr><td>任务名称</td><td colspan="7">分析某行业市场营销的宏观环境</td></tr>
<tr><td>任务目的</td><td colspan="7">能够利用所学知识，对某行业进行市场营销宏观环境分析</td></tr>
<tr><td>任务描述</td><td colspan="7">以小组为单位，查找某行业相关资料，分析其宏观环境。根据了解到的信息，整理出一份简短的调查报告，在课堂上讨论分析。
每组应提交一份 Word 文档并制作 PPT，由各组选派的代表进行陈述，教师与各组组长组成评估小组，对其进行评估。
考核点：六大宏观环境影响因素</td></tr>
<tr><td>任务实操</td><td colspan="7">（任务呈现形式：□Word 文字版　□视频　□小组现场完成图片　□Excel 表格）</td></tr>
</table>

任务评价

本任务完成后，由任课教师主导，采用学习过程评价与学习结果评价相结合的形式，综合运用自我评价、小组评价及教师评价 3 种方式，由教师确定 3 种评价方式的权重，计算出学生本次任务的考核评价得分。

任务完成考核评价表

班级		学生姓名	
项目名称	项目三　分析市场营销环境	任务名称	任务一　宏观环境分析
自我评价			
评价内容与分值	对知识技能的掌握程度（20 分）	成绩（分）	
	学习表单完成情况（20 分）		
	任务工单完成情况（40 分）		
	小组内工作胜任情况（20 分）		
合计		分	
小组评价			
评价内容与分值	本小组本次任务完成质量（30 分）	成绩（分）	
	个人本次任务完成质量（30 分）		
	个人参与小组活动的态度（20 分）		
	个人的合作精神和沟通能力（20 分）		
合计		分	
教师评价			
评价内容与分值	本小组本次任务完成质量（30 分）	成绩（分）	
	个人本次任务完成质量（30 分）		
	个人小组活动参与度（20 分）		
	个人对本次任务的贡献度（20 分）		
合计		分	
总成绩＝自我评价×20%＋小组评价×30%＋教师评价×50%＝		分	

任务二　微观环境分析

任务描述

项目名称	项目三　分析市场营销环境	任务名称	任务二　微观环境分析
学习目标	知识目标	1. 掌握微观环境等相关概念 2. 了解微观环境的分类 3. 了解微观环境具体影响因素	
	能力目标	能够利用所学知识，根据某企业资料，进行市场营销微观环境分析	
	思政目标	培养责任意识与合作精神	
任务内容	本任务引导学生掌握微观环境等相关概念，了解微观环境的分类，掌握微观环境的具体影响因素。 学习本任务，学生应能够利用所学知识根据相关资料进行市场营销微观环境分析		
任务准备	在网络上搜索某企业相关资料，为后面市场营销微观环境分析作准备		

任务知识

微观环境指与企业紧密相关的企业内部环境、供应商、营销中介、顾客、竞争对手以及社会公众等，它们是与企业具有一定经济联系、直接作用于企业营销活动的各类因素和力量，因而又被称为直接环境。

微观环境中的各种制约力量，与企业形成了协作、竞争、服务监督的关系。一个企业能否成功地开展营销活动，不仅取决于对宏观环境的适应性，也取决于能否适应微观环境。如果说宏观环境可以给营销带来机会或构成威胁，那么，微观环境则直接影响营销活动的方式或效果，即直接影响企业为目标市场服务的能力。

一、企业内部环境

企业内部环境包括企业内部各部门的关系及协调配合。在现代市场导向下，营销固然是企业里十分重要的职能，但绝不能认为只有营销部门的人才从事营销工作。没有企业内部其他部门的协调配合与支持，营销工作寸步难行。因此，营销的微观环境在于企业内部，理顺内部环境，处理好企业内部各部门、各人员的关系，争取有效的协调配合至关重要。这就需要在决策层的统一领导下，企业内部各部门树立全员市场营销观念，通过有效协作与沟通，开展内部营销，使营销工作真正落到实处，共同服务于消费者，从而实现“消费者满意”。

二、供应商

供应商指向企业及其竞争对手提供原材料、设备、零部件、资金、能源和劳动力等资源的企业和个人，对企业的生产经营活动有巨大影响。供应商向企业提供的生产原料的质量、价格、数量，将直接影响企业生产出来的产品的质量、价格和数量。因此，企业的营销人员必须时刻关注各类供应商品的价格变动趋势和市场供求状况，与重要供货商建立长期稳定的供销关系，以防在原料短缺、价格上涨的情况下企业陷入被动。

为提高经济效益和市场竞争力，企业的营销人员应该从多方面对供应商进行调查，重点调查资源质量与价格，同时调查资信状况以及运输、成本和风险等，从中选择条件最好的作为自己的供应商。具体方法：一是进行供应商等级分类，根据供应商的资源、实力、服务质量等方面的综合状况，结合资源供应的重要程度，对供应商进行等级分类，根据类别确定协调原则，做到确保重点、兼顾一般，即与重点供应商形成企业间的战略合作伙伴关系，与一般供应商形成一个较完整的资源供应体系。二是避免资源来源单一化，企业要尽可能地广开供应门路，通过招标采购与多家供应商建立供货关系，最大限度地降低因供应商的变化而给企业正常经营带来的威胁。但在采用这一方法时，还应与一些主要供应商保持长期、良好的特殊关系。三是尝试“后向一体化”，即通过投资控股、参股或兼并重要的资源供应企业，确保资源供应的稳定性、及时性。

三、营销中介

营销中介指协助企业推广、销售和分配产品给最终买主的那些企业，包括中间商、实体分配公司、市场营销服务机构及金融机构等。企业进行营销活动，离不开这些营销中介的协助，因此，企业要善于利用这些机构，为自己服务。

1. 中间商

中间商是协助企业寻找消费者或直接与消费者进行交易的商业企业。中间商对企业产品从生产领域流向消费领域具有重要影响。在与中间商建立合作关系后，企业要随时了解和掌握其经营活动，可采取一些激励性合作措施，推动其业务活动的开展，一旦中间商不能履行职责或市场环境发生变化，企业应及时解除与中间商的关系。

2. 实体分配公司

实体分配公司协助公司储存产品并把产品从原产地运往销售地。仓储公司是在货物运往下一个目的地前专门储存和保管商品的机构。运输公司包括从事铁路运输、公路运输、航空运输、水路运输以及其他货物搬运业务的公司，其负责把货物从一地运往另一地。

3. 市场营销服务机构

市场营销服务机构指市场调研公司、广告公司、广告媒介及市场营销咨询公司，其协助企业选择最恰当的市场，帮助企业向选定的市场推销产品。

4. 金融机构

金融机构包括银行、信贷公司、保险公司以及其他对货物购销提供融资或保险服务的公司。公司的营销活动会因贷款成本的上升或信贷来源的限制而受到严重影响。

四、顾客

顾客是企业的服务对象和目标市场，是企业营销活动的出发点与归宿点，企业的一切营销活动都应该以满足顾客的需求为中心。因此，顾客是企业最重要的微观环境因素。按照性质不同，可将市场划分为消费者市场、生产者市场、中间商市场、政府市场和国际市场五大类型。

1. 消费者市场

消费者市场指购买产品和服务供自己消费的个人和家庭构成的市场。例如，儿童玩具市场、女性服装市场和老年人保健品市场等。

2. 生产者市场

生产者市场指为进一步加工或在生产过程中使用而购买所需产品和服务的组织构成的市场。例如，钢材市场、化工原料市场和汽车市场等。

3. 中间商市场

中间商市场指为谋利而购买商品和服务用于转售的组织机构构成的市场。例如，服装代理商、汽车经销商等。

4. 政府市场

政府市场指为提供公共服务而购买产品和服务的政府机构构成的市场。在市场经济中，政府购买的通用方式是招标，企业参与投标竞争，中标企业即获得向政府机构营销产品的机会。在政府采购中，声誉高、质量好、定价合理的企业往往能够获得更多机会。

5. 国际市场

国际市场指国外购买者构成的市场，包括上述 4 种类型。

顾客是企业服务的目标对象，企业的一切活动都必须围绕此中心来开展，但在营销中要避免短视行为，即强调发现新顾客、忽略维系老顾客的行为。

五、竞争对手

任何市场，企业都会不可避免地遇到竞争对手。竞争对手的状况将直接影响企业的营销活动。按照现代市场营销观念，要想在竞争中获胜，企业就必须在满足消费者欲望和需求方面比竞争对手强。因此，企业要识别不同的竞争对手，采取不同的竞争对策。企业竞争对手的类型如图 3-3 所示。

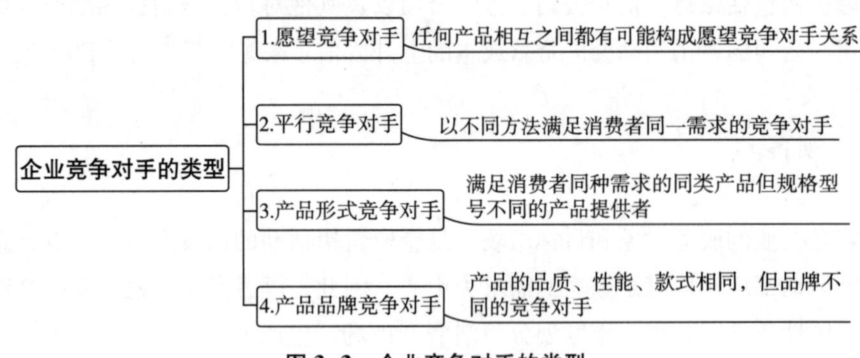

图 3-3 企业竞争对手的类型

六、社会公众

社会公众指与企业相互作用、彼此联系的利益群体，指对于企业实现目标而言，具有实际的或潜在的利害关系和影响力的团体或个人。现代企业是一个开放系统，必须在营销活动中注意与周围各类公众建立起良好的关系，社会公众既可以帮助企业顺利实现营销目标，也可以阻碍企业实现既定的经营目标。企业在公众中拥有良好形象是企业的一笔无形资产，拥有不良形象则是企业的一笔巨额负债。现代企业大多在内部组织结构中设有公共关系部门，其职能是处理与不同公众之间的关系，树立并维护企业良好的形象。通常情况下，一个企业所面临的社会公众主要有政府公众、媒介公众、融资公众、社团公众、社区公众、一般公众、内部公众。

学习表单

市场营销的微观环境影响因素及示例

影响因素	举例

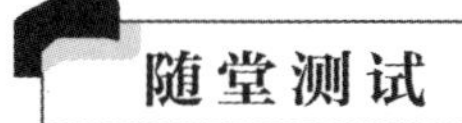

随堂测试

任务工单

<table>
<tr><td rowspan="2">第（ ）组</td><td>姓名</td><td></td><td></td><td></td><td></td><td></td><td></td></tr>
<tr><td>学号</td><td></td><td></td><td></td><td></td><td></td><td></td></tr>
<tr><td>任务名称</td><td colspan="7">分析企业某产品市场营销的微观环境</td></tr>
<tr><td>任务目的</td><td colspan="7">能够利用所学知识，对企业某产品市场营销的微观环境进行分析</td></tr>
<tr><td>任务描述</td><td colspan="7">以小组为单位，查找企业某产品市场营销的相关资料，分析微观环境。根据了解到的信息，整理出一份简短的调查报告，在课堂上讨论分析。
每组应提交一份 Word 文档并制作 PPT，由各组选派的代表进行陈述，教师与各组组长组成的评估小组对其进行评估。
考核点：六大微观环境影响因素</td></tr>
<tr><td>任务实操</td><td colspan="7">（任务呈现形式：□Word 文字版 □视频 □小组现场完成图片 □Excel 表格）</td></tr>
</table>

任务评价

本次任务完成后，由任课教师主导，采用学习过程评价与学习结果评价相结合的形式，综合运用自我评价、小组评价及教师评价 3 种方式，由教师确定 3 种评价方式的权重，计算出学生本次任务的考核评价得分。

任务完成考核评价表

班级		学生姓名	
项目名称	项目三　分析市场营销环境	任务名称	任务二　微观环境分析
自我评价			
评价内容与分值	对知识技能的掌握程度（20 分）	成绩（分）	
	学习表单完成情况（20 分）		
	任务工单完成情况（40 分）		
	小组内工作胜任情况（20 分）		
合计		分	
小组评价			
评价内容与分值	本小组本次任务完成质量（30 分）	成绩（分）	
	个人本次任务完成质量（30 分）		
	个人参与小组活动的态度（20 分）		
	个人的合作精神和沟通能力（20 分）		
合计		分	
教师评价			
评价内容与分值	本小组本次任务完成质量（30 分）	成绩（分）	
	个人本次任务完成质量（30 分）		
	个人小组活动参与度（20 分）		
	个人对本次任务的贡献度（20 分）		
合计		分	
总成绩 = 自我评价×20%+小组评价×30%+教师评价×50% =		分	

任务三　营销环境分析——SWOT 分析法

任务描述

<table>
<tr><td>项目名称</td><td>项目三　分析市场营销环境</td><td>任务名称</td><td>任务三　营销环境分析——SWOT 分析法</td></tr>
<tr><td rowspan="3">学习目标</td><td>知识目标</td><td colspan="2">1. 掌握 SWOT 分析法的概念
2. 了解营销环境分析的目的
3. 熟悉 SWOT 分析法的步骤</td></tr>
<tr><td>能力目标</td><td colspan="2">能够利用所学知识，根据某企业资料，用 SWOT 分析法进行市场营销环境分析</td></tr>
<tr><td>思政目标</td><td colspan="2">培养责任意识与合作精神</td></tr>
<tr><td>任务内容</td><td colspan="3">本任务引导学生掌握 SWOT 分析法，了解营销环境分析的目的，熟悉 SWOT 分析法的运用步骤。
学习本任务，学生应能够利用所学知识根据某企业相关资料，利用 SWOT 分析法进行市场营销环境分析</td></tr>
<tr><td>任务准备</td><td colspan="3">在网络上搜索某企业相关资料，为后面运用 SWOT 分析法进行市场营销环境分析作准备</td></tr>
</table>

任务知识

一、分析营销环境的目的

每个企业都和营销环境的某个部分相互影响、相互作用，这部分就是企业营销的相关环境。企业营销的相关环境总是处于不断变化的状态之中，其变化所造成的影响都是双面的，既存在威胁又会带来机遇。在一定时期内，经营成功的企业，一般是能够适应相关环境的企业。分析营销环境的目的，就是通过大量收集相关的环境信息，从中判断企业所面临的机会和威胁，从而为企业营销战略、策略和计划的制定，以及营销活动的调整与实施提供科学依据。

二、分析营销环境的原则

对复杂多变的营销环境进行分析，应遵循科学、有效的原则。

1. 动态分析与静态分析相结合的原则

动态分析强调从变化发展的角度分析环境因素，注重环境因素的变化趋势和规律；静态分析强调的是环境状态一旦形成，具有相对稳定性。营销环境变化是绝对的，稳定是相对的。分析营销环境要以动态分析为核心，动态分析与静态分析相结合。

2. 长期分析与近期分析相结合的原则

制定与调整企业营销战略，需对营销环境进行长期的追踪分析，即根据现有的环境状况对未来较长时间内的各环境因素变化情况进行预测。企业营销策略的制定与调整，则重在对当前营销环境进行近期分析。

三、SWOT 分析法分析市场营销环境

SWOT 分析法，即基于企业内外部竞争环境和竞争条件的态势分析，就是将与研究对象密切相关的主要内部优势 S（Strengths）、劣势 W（Weaknesses）、外部环境机会 O（Opportunities）和威胁 T（Threats）等调查列举出来，依照矩阵形式排列，然后用系统分析的思想，把各种因素相互匹配起来加以分析，从中得出一系列相应的结论，而结论通常带有一定的决策性。运用这种方法，可以对研究对象所处的情境进行全面、系统、准确的研究，从而根据研究结果制定相应的发展战略、计划以及对策等。

按照企业竞争战略的完整概念，战略应是一个企业“能够做的”（即组织的强项和弱项）和“可能做的”（即环境的机会和威胁）的有机组合。通过 SWOT 分析法，结合环境，对企业的能力和素质进行分析评价，认清企业相对于其他竞争对手所处的优势和劣势，有助于企业制定竞争战略。

进行 SWOT 分析法，一般要经过下列步骤。

（一）进行企业外部环境分析

列出企业在外部环境中存在的机会（O）和威胁（T）。

外部环境机会的实质是市场上存在“未满足的需求”。随着消费者需求的不断变化和产品市场生命周期的缩短，旧产品不断被淘汰，市场上产生了许多新的机会。外部环境提供的机会能否被企业利用，取决于企业自身是否具备利用机会的能力，即企业的竞争优势是否与机会一致。对于营销环境变化产生的机会，企业要对其进行客观评估，分析其可利用价值，并考虑风险因素。

对于实力和条件相当的企业来说，机会是平等的，但它转瞬即逝。机会降临时，企业要有能力抓住并充分利用。这就需要做到两点：一是抢先。机会的均等性和时效性决定了企业在利用机会的过程中必须抢先一步，争取主动。在市场营销活

动中，抢先利用机会包含“先”和“快”两个方面。所谓“先”，是对营销环境各个因素变化动态的预先洞察，分析变化趋势，以便先声夺人。所谓“快”，则强调速度、效率，争取时间。企业在利用机会的过程中，谁能抢先一步赢得时间和空间，谁就赢得了胜利。二是创新。现实中，当某一企业发现机会时，其他企业往往也会察觉到。各个企业都晓得“抢先”的重要性，因此，企业利用机会时大胆“创新”就成了竞争取胜的“法宝”。

外部环境威胁是对企业营销活动不利或限制企业营销活动发展的因素。比如，竞争对手的加入、市场发展速度减缓、关键技术改变、政府法规变化等因素。企业通过环境分析，应及时察觉存在的威胁，准确判断威胁出现的可能性及严重程度，相应地调整企业的营销策略。

应对环境威胁的方法主要有以下 3 种。

一是反抗。所谓反抗，就是企业针对环境威胁发起进攻的全部企业行为。一般来说是制造反威胁的舆论，或者影响政府的法规制定，采取多种有效的措施，从根本上扭转不利的环境因素，消除对企业可能产生的不利影响。

面对百事可乐的威胁，可口可乐是怎么做的?

二是减轻。调整营销策略，主动适应或改善环境，以减轻威胁、降低风险。

三是转移。如果威胁的力量过于强大，企业根本无力反抗，也无力采取减轻措施，或者反抗及减轻的代价巨大，企业可以及时转移到其他市场或进入其他行业，以规避风险，寻找新的市场发展机会。

总之，企业分析市场营销环境的目的，就是把握市场环境变化发展的趋势，发掘新的市场机会，捕捉市场机遇，及时发现环境威胁，为企业采取积极措施避免或降低风险赢得时间。

（二）进行企业内部条件分析

列出企业目前所具有的优势（S）和劣势（W）。

企业优势是指企业相对于竞争对手而言所具有的资源、技术、产品长项及其他特殊实力。先进的技术和设备、充足的资金、低廉的成本、高品质的产品、良好的企业形象、完善的服务系统、与买方或供方长期稳定的关系、和谐的雇员关系等，都可以形成企业优势。

企业劣势是指影响企业经营效率和效益的不利因素和特征，它们使企业在竞争中处于弱势地位。企业的潜在劣势主要体现在以下方面：战略不明、研发落后、设备陈旧、缺少某些关键技术或能力、成本过高、营销组合不当、服务意识薄弱、内部管理混乱、公司形象不佳等。

企业优势与劣势，好比战略平衡表的两个栏目，优势是竞争的“资产”，劣势是竞争的“债务”，其中的关键是“资产”能否胜过“债务”。对企业来说，“资产”越多，取胜的机会就越大。

（三）绘制 SWOT 矩阵

这是一个以外部环境中的机会和威胁为一方、企业内部条件中的优势和劣势为另一方的二维矩阵（见图 3-4）。在这个矩阵中，有 4 种 SWOT 组合：优势—机会（SO）组合；优势—威胁（ST）组合；劣势—机会（WO）组合；劣势—威胁（WT）组合。

	优势（S）	劣势（W）
机会（O）	SO组合	WO组合
威胁（T）	ST组合	WT组合

图 3-4 SWOT 矩阵

（四）进行组合分析

对于外部环境与企业内部条件的组合，企业可能采取的一些策略原则如下。

（1）劣势—威胁（WT）组合。企业应尽量避免这种状态。一旦企业处于这种状态，在制定策略时就要想方设法降低威胁和劣势对于企业的影响，以求生存下去。

（2）劣势—机会（WO）组合。企业已经鉴别出外部环境所提供的发展机会，但同时企业本身存在限制利用这些机会的劣势。在这种情况下，企业应遵循的策略原则是，通过外在的方式弥补企业的劣势，最大限度地利用外部环境中的机会。如果不采取任何行动，实际是将机会让给了竞争对手。

（3）优势—威胁（ST）组合。在这种情况下，企业应巧妙地利用自身的优势来对付外部环境中的威胁，目的是发挥优势而减轻威胁。但这并非意味着一个强大的企业必须以其自身的实力来正面回击外部环境中的威胁，合适的策略应当是慎重而有限度地利用企业的优势。

（4）优势—机会（SO）组合。这是最理想的组合，所有企业都希望凭借长处和资源最大限度地利用外部环境提供的多种发展机会。

认清企业所具有的优势与劣势以及面临的机会和威胁是十分重要的，因为这不但涉及企业地位的变化，而且关系到竞争战略的制定。企业设计竞争战略时，既要充分利用一切与自身能力相适应的机会，也要清醒地认识自身弱点，采取措施防御外来威胁，尤其是严重的威胁。

学习表单

企业面临环境威胁时的营销策略及具体做法

企业面临环境威胁时的营销策略	具体做法

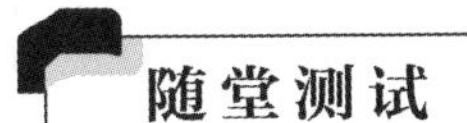

随堂测试

任务工单

<table>
<tr><td rowspan="2">第（ ）组</td><td>姓名</td><td></td><td></td><td></td><td></td><td></td><td></td></tr>
<tr><td>学号</td><td></td><td></td><td></td><td></td><td></td><td></td></tr>
<tr><td>任务名称</td><td colspan="7">用 SWOT 分析法进行市场营销环境分析</td></tr>
<tr><td>任务目的</td><td colspan="7">能够利用所学知识，针对某企业相关资料，用 SWOT 分析法进行市场营销环境分析</td></tr>
<tr><td>任务描述</td><td colspan="7">以小组为单位，查找企业某产品市场营销的相关资料，用 SWOT 分析法进行市场营销环境分析。根据了解到的信息，整理出一份简短的调查报告，在课堂上讨论分析。
每组应提交一份 Word 文档并制作 PPT，由各组选派的代表进行陈述，教师与各组组长组成的评估小组对其进行评估。
考核点：能绘制出详细的 SWOT 矩阵图</td></tr>
<tr><td>任务实操</td><td colspan="7">（任务呈现形式：□Word 文字版 □视频 □小组现场完成图片 □Excel 表格）</td></tr>
</table>

任务评价

本次任务完成后，由任课教师主导，采用学习过程评价与学习结果评价相结合的形式，综合运用自我评价、小组评价及教师评价 3 种方式，由教师确定 3 种评价方式权重，计算出学生本次任务的考核评价得分。

任务完成考核评价表

<table>
<tr><td>班级</td><td></td><td>学生姓名</td><td></td></tr>
<tr><td>项目名称</td><td>项目三　分析市场营销环境</td><td>任务名称</td><td>任务三　营销环境分析—SWOT 分析法</td></tr>
<tr><td colspan="4">自我评价</td></tr>
<tr><td rowspan="4">评价内容与分值</td><td>对知识技能的掌握程度（20 分）</td><td rowspan="4">成绩（分）</td><td></td></tr>
<tr><td>学习表单完成情况（20 分）</td><td></td></tr>
<tr><td>任务工单完成情况（40 分）</td><td></td></tr>
<tr><td>小组内工作胜任情况（20 分）</td><td></td></tr>
<tr><td colspan="2">合计</td><td colspan="2">分</td></tr>
<tr><td colspan="4">小组评价</td></tr>
<tr><td rowspan="4">评价内容与分值</td><td>本小组本次任务完成质量（30 分）</td><td rowspan="4">成绩（分）</td><td></td></tr>
<tr><td>个人本次任务完成质量（30 分）</td><td></td></tr>
<tr><td>个人参与小组活动的态度（20 分）</td><td></td></tr>
<tr><td>个人的合作精神和沟通能力（20 分）</td><td></td></tr>
<tr><td colspan="2">合计</td><td colspan="2">分</td></tr>
<tr><td colspan="4">教师评价</td></tr>
<tr><td rowspan="4">评价内容与分值</td><td>本小组本次任务完成质量（30 分）</td><td rowspan="4">成绩（分）</td><td></td></tr>
<tr><td>个人本次任务完成质量（30 分）</td><td></td></tr>
<tr><td>个人小组活动参与度（20 分）</td><td></td></tr>
<tr><td>个人对本次任务的贡献度（20 分）</td><td></td></tr>
<tr><td colspan="2">合计</td><td colspan="2">分</td></tr>
<tr><td colspan="4">总成绩 = 自我评价×20% + 小组评价×30% + 教师评价×50% =　　分</td></tr>
</table>

思政园地

扎扎实实落实促进民营经济发展的政策措施，是当前促进民营经济发展的工作重点。凡是党中央定了的就要坚决执行，不能打折扣。在民营企业座谈会上，习近平总书记对当前和今后一个时期促进民营经济健康发展、高质量发展作了全面部署，特别是强调了5个方面的重点政策措施，再次释放出有力信号。

一段时间以来，随着存量政策和增量政策的有效落实，民营企业在生产经营、创新创业、信心预期等方面均有所改善，呈现稳步向好态势。“坚决破除依法平等使用生产要素、公平参与市场竞争的各种障碍”“着力解决拖欠民营企业账款问题”“切实依法保护民营企业和民营企业家合法权益”“认真落实各项纾困政策”“进一步构建亲清政商关系”，这5个方面的重点政策措施，着眼于解决民营企业反映比较集中的现实问题，体现了坚持问题导向和效果导向相统一的内在要求，具有很强的现实针对性和指导性。

“进一步构建亲清政商关系”，是营造良好政治生态、优化营商环境的重要保障。习近平总书记强调，全面构建亲清统一的新型政商关系，党员、干部既要关心支持民营企业发展，主动排忧解难，又要坚守廉洁底线。党的二十届三中全会明确提出，全面构建亲清政商关系，健全促进非公有制经济健康发展、非公有制经济人士健康成长工作机制。

把构建亲清政商关系落到实处，必须解决认识不到位、工作片面化简单化的问题。要深刻认识到，“亲”和“清”本质上是干事和干净的关系，是辩证统一的，完全可以并行不悖。各级干部要深刻懂得用权为民、担责成事、廉洁立身的道理，自觉把担当和自律统一起来，在构建亲清政商关系上亮明态度、付诸行动，做到亲而有度、清而有为。民营企业家也要心底坦荡地和干部交往，讲真话、说实情、建诤言，洁身自好走正道，遵纪守法办企业，光明正大搞经营，决不能利诱腐蚀干部。

资料来源：《人民日报》评论员文章，有删改。

【讨论】

如何理解构建“亲清政商关系”的重要性？谈谈在促进民营经济发展政策落实过程中如何做到“亲而有度、清而有为”。

【思政融入】

结合材料中习近平总书记关于“亲清政商关系”的论述，理解“亲”与“清”的辩证统一关系，引导学生认识到党员干部在支持民营经济发展中的责任，既要主动排忧解难，又要坚守廉洁底线。“亲清政商关系”不仅是党员干部的责任，也是民营企业家的义务，强调企业家遵纪守法、廉洁经营。通过讨论，帮助学生深刻理解国家在促进民营经济发展方面的政策措施，增强对中国特色社会主义市场经济的理解和认同，同时培养学生的法治意识、责任担当和廉洁意识。

项目四　市场调查

学习目标

1. 知识目标

- 了解市场调查的作业程序
- 了解问卷调查设计程序
- 掌握调查资料整理步骤
- 掌握市场调查方案内容
- 掌握问卷基本结构内容
- 熟悉市场调查报告结构

2. 能力目标

- 能撰写市场调查方案
- 能根据特定材料设计调查问卷
- 能撰写市场调查报告

3. 思政目标

- 培养科学精神和创新意识
- 培养责任意识与合作精神

思维导图

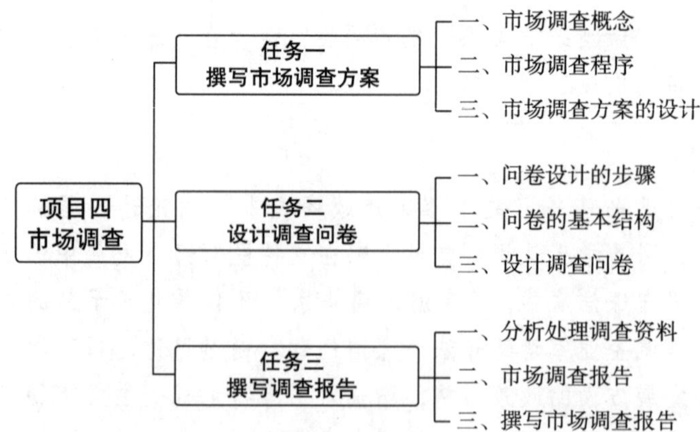

案例导入

近年来，随着电商行业的蓬勃发展，农村市场电商需求不断释放，地域网络消费鸿沟进一步缩小，助力我国经济形成国内国际双循环发展新格局。数据显示，2021年上半年，全国网上零售额61133亿元，同比增长23.2%。其中，实物商品网上零售额50263亿元，同比增长18.7%。

网络零售城乡流通体系逐步打通，农村市场消费潜力得到有效释放。扩大内需是国内大循环的战略基点，农村市场成为扩大内需的重要增长点。数据显示，2021年上半年，全国农村网络零售额达9549.3亿元，同比增长21.6%，其中实物商品网络零售额8663.1亿元，同比增长21.0%。在供给侧，政府、企业等多方参与下沉市场数字化基础设施建设，优化传统的农产品供应链模式，助力农产品向外地销售。例如，京东、阿里巴巴等不断将供应链、物流等零售新基建向下延伸，通过溯源体系、技术输出、品牌赋能、渠道拓展等措施促进农产品上行。在需求侧，通过不断改善农村的消费环境带动农村消费，促进工业品下行。全国建制村已经全部实现了直接通邮，乡镇快递网点覆盖率已经达到98%，解决了农村居民网络购物过程中的物流配送难题。

网购人群基本盘扩展，地域消费差异显著缩小。在“互联网+”深入发展的背景下，电子商务成为我国脱贫攻坚的重要途径。从2017年6月到2021年6月，网络购物使用率省间差异极值由33.8%降至20.2%，缩小13.6个百分点。一方面，电商扶贫通过将当地特色农产品嵌入电子商务产业链，提高贫困地区人口收入水平；另一方面，电商扶贫通过培养业务人员的电商技能，带动周边人群使用网络购物，助推我国贫困地区共享普惠成果，实现地域消费进一步均等化。

资料来源于网络，有删改。

请思考：

1. 案例中的数据您认为是通过哪些方式得到的？
2. 案例中调查数据通过哪些直观方式进行了展示？

任务一　撰写市场调查方案

任务描述

项目名称	项目四　市场调查	任务名称	任务一　撰写市场调查方案
学习目标	知识目标	1. 掌握市场调查概念 2. 了解市场调查作业程序 3. 掌握市场调查方案内容	
	能力目标	能撰写市场调查方案	
	思政目标	培养科学精神	
任务内容	本任务引导学生掌握市场调查概念，了解市场调查作业程序，掌握市场调查方案内容。 学习本任务，学生应能根据提供的材料撰写简单的市场调查方案		
任务准备	在网络上搜索市场调查方案撰写相关资料，为后面编制市场调查方案作准备		

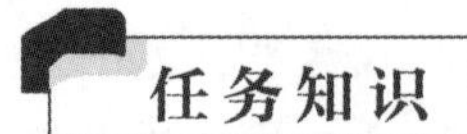

一、市场调查概念

市场信息是企业所处的宏观环境和微观环境的各种要素发展变化和特征的真实反映，具有时效性、分散性、大量性、间接性及再创性。

市场调查就是运用科学的方法，有目的、有计划、有系统地收集、整理和分析研究有关市场方面的信息并提出调研报告，以便管理者了解市场环境，发现问题及机会，为市场预测和营销决策提供依据，其实质就是取得和分析整理市场信息的过程。

市场调查的内容一般包括市场环境调查、市场需求调查、市场供给调查、市场营销因素调查、市场竞争情况调查，分类依据不同，其类型也有所不同。

市场调查是市场营销活动的起点，有助于企业及时了解市场经济动态和科技信息，更好地学习和汲取同行业的先进经验和最新技术；有助于为企业的决策的制定和调整提供客观依据；有助于企业发现市场机会，开拓新市场；有助于准确地定位市场，更好地满足顾客需要，增强竞争力。

二、市场调查程序

做好调研前的准备工作是调研工作顺利开展的先决条件。

市场调查程序如图4-1所示。

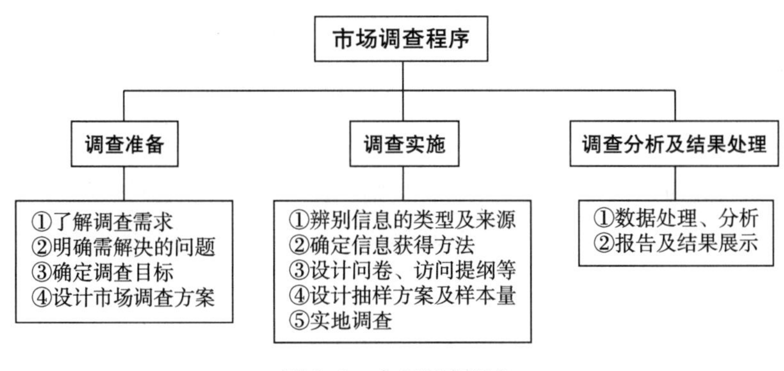

图 4-1 市场调查程序

（一）调查准备

1. 了解调查需求

一般情况下，确定企业对市场调查的需求有两种方式：一种是企业明确地向市场调查公司提出市场调查需求，另一种是企业不能够明确表达市场调查的需求。后一种情况，企业往往认识到需要通过市场调查来解决其市场营销问题，但由于缺乏市场营销知识，不能够明确表达对市场调查的具体要求，市场调查公司需要较为深入地了解企业经营状况，帮助企业形成对市场调查的需求。

2. 明确需解决的问题

明确、严谨的问题界定是市场调查工作成功的一半。此阶段需要调查人员细致地了解企业市场调查需求，充分利用现有的资料，并结合丰富的专业研究经验。

3. 确定调查目标

市场调查目标是由市场调查问题决定的，是为了解决问题而明确的最终目的。通常一个具体的市场调查活动是根据调查目标展开的，一个市场调查项目，目标可能是一个或多个。

4. 设计市场调查方案

市场调查方案是在正式调查之前，根据市场调查的目的和要求，对调查的各个方面和各个阶段所做的通盘考虑和安排。市场调查总体方案是否科学、可行，关系到整个市场调查工作的成败。

（二）调查实施

1. 辨别信息的类型及来源

经他人收集、记录和整理所积累起来的各种数据和文字资料称二手资料。二手资料所花的时间短、费用低，因而在市场调查中首先要利用二手资料。

调查人员从实地调查中所得到的资料为原始资料，也称一手资料。原始资料要经过筛选、分类和整理才能应用，所花的时间长、费用高，所以一般在收集了二手资料后再去收集原始资料。

2. 确定信息获得方法

如果市场研究所需的资料是二手资料，则只需利用现有的数据资源；如果市场研究所需的资料是原始资料，则必须在现场实施市场调查，收集所需信息。一般两者结合使用。

原始资料收集的方法主要有入户访问、街头访问、电话调查、邮寄调查等定量方法，以及小组座谈会、深度访谈等定性方法。

3. 设计问卷、访问提纲等

一般问卷有两种：一种为结构式问卷，即问卷的格式是确定的，所有问题都有具体的选项，回答者只需选出适合自己的选项即可；另一种为非结构式问卷，问题是开放式的，被访谈者可以根据自己的实际情况给出相应的回答。问卷或访问提纲是市场调查获得信息的重要工具。

4. 设计抽样方案及样本量

调查样本要在调查对象中抽取，一般来说调查对象分布范围较广，因此，应制定科学的抽样方案，以保证抽取的样本能反映总体情况。样本的抽取数量可根据市场调查对准确程度的要求确定，市场调查结果准确度要求越高，抽取样本数量应越多，但调查费用也更高，一般可根据市场调查结果的用途确定适宜的样本数量。

5. 实地调查

实地调查是数据收集的过程。大部分实地调查由经过培训的访问员进行。在访问过程中，需要采取有效的方式，尽可能地控制误差的产生，从而提高调查结果的可信度。

（三）调查分析及结果处理

1. 数据处理、分析

实地调查结束后，进入调查资料的整理和分析阶段。现场调查所获得的数据为初始数据，一般不能直接使用。收集好信息后，需要调查人员对调查资料进行检查，剔除不合格的，然后分类整理合格的，再借助一定的数据分析工具，按照调查目的和要求，针对调查内容进行全面的分析。

2. 报告及结果展示

市场调查的最后一个步骤是在数据分析的基础上形成研究报告。研究报告是客户获得调查结果的最主要形式，一个好的研究报告既要充分解决客户在调查初期提出的需求，还应适时加入市场研究人员的专业判断。报告完成后，口头陈述报告结果是市场调研结果展示常用的一种形式，这种形式需要在报告的基础上进行内容提炼，并以图片作辅助。

三、市场调查方案的设计

（一）主体设计

市场调查方案的构成要素包括标题、导语（摘要）、主体和附录等。其中，主体部分主要包括 11 个方面的内容。

根据市场调查目标，在调查方案中列出本次市场调查的具体目的和要求，即为何要调查，要了解和解决什么问题，调查结果有什么用处。例如，某市场调查的目的是了解某产品的消费者的购买行为和消费偏好等。

（1）确定调查对象和调查单位。调查对象是根据调查目的和任务确定的一定时空范围内所要调查的总体，它是由客观存在的具有某一共同性质的许多个体单位组成的整体。市场调查对象一般为消费者、零售商、批发商。零售商和批发商为经销调查产品的商家，消费者一般为使用该产品的购买者，但有时某一产品的购买者和使用者不一致，如婴儿产品的购买者一般为孩子的母亲，使用者为孩子。此外，还应注意到一些产品的消费对象。调查对象应选择产品的主要消费群体。

（2）确定调查项目。调查项目是要向调查单位调查的内容。调查内容是收集资料的依据，是为实现调查目标服务的，可根据市场调查的目的确定。例如，调查消费者行为时，可按消费者购买、使用、使用后评价列出调查的具体内容。调查内容要全面、具体，条理要清晰、简练，不能过于烦琐，更不能把无关的内容列入其中。

（3）确定调查时间和调查期限。调查时间指调查资料的所属时间，即应收集调查对象何时的数据。调查期限是整个调查工作所用的时间，即一项调查工作从调查策划到调查结束的时间长度。

（4）确定调查范围。调查范围应与企业产品销售范围相一致，当在某一城市做市场调查时，调查范围应为整个城市。但由于调查样本数量有限，调查范围不可能遍及城市的每一个地方，一般可根据城市的人口分布情况，主要考虑人口特征中的收入、文化程度等因素，在城市中划分出若干个小范围的调查区域，划分原则是使各区域内的综合情况与城市的总体情况分布一致，将总样本按比例分配到各个区域，在各个区域内实施调查。这样可相对缩小调查范围，减少实地访问工作量，提高调查工作效率，减少费用。

（5）设计调查表。调查表是市场调查的基本工具，调查表的设计质量直接影响市场调查的质量。设计调查表要注意以下几点：①调查表的设计要与调查主题密切相关，应重点突出，避免可有可无的问题。②调查表中的问题要容易让被调查者接受，避免出现被调查者不愿回答或令被调查者难堪的问题。③调查表中的问题次序要条理清楚，符合逻辑顺序，一般可遵循容易回答的问题放在前面、较难回答的问题放在中间、敏感性问题放在最后的原则，以及封闭式问题在前、开放式问题在后的原则。④调查表的内容要简明，要尽量使用简单、直接、无偏见的词语，保证被调查者能在较短的时间内完成调查表。

调查方法 

（6）确定调查方法。市场调查方法，是指市场调研人员在实地调查过程中收集各种信息资料时采取的具体方法。

（7）确定资料整理的方案。

（8）确定分析研究的方案。市场调查资料的分析研究是对调查数据进行深度加工的过程，目的在于从数据导向结论，从结论导向对策研究。为此，应制定分析研究的初步方案，对分析的原则、内容、方法、要求、调查报告的编写、成果的发布等做出安排。

（9）确定市场调查的进度安排。

（10）确定市场调查经费预算。

（11）制订调查的组织计划。调查的组织计划，是为了确保调查工作顺利实施而制订的具体的人力资源配置计划，主要包括调查的组织领导、调查机构的设置、调查员的选择与培训、课题负责人及成员、各项调研工作的分工等。企业委托外部市场调查机构进行市场调查时，还应对双方的责任人、联系人、联系方式做出规定。

（二）调查方案附录

调查方案附录主要包括调研项目负责人及主要参加者、抽样方案及技术说明、问卷及有关技术说明、数据处理所用软件等内容。

学习表单

市场调查的类型及典型方法

市场调查的类型	典型方法
询问法	
观察法	
实验法	

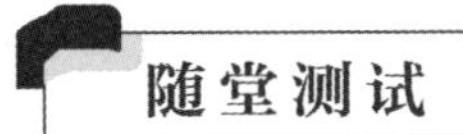

随堂测试

任务工单

<table>
<tr><td rowspan="2">第（　）组</td><td>姓名</td><td></td><td></td><td></td><td></td><td></td><td></td></tr>
<tr><td>学号</td><td></td><td></td><td></td><td></td><td></td><td></td></tr>
<tr><td>任务名称</td><td colspan="7">撰写市场调查方案</td></tr>
<tr><td>任务目的</td><td colspan="7">能够根据要求编制简单的市场调查方案</td></tr>
<tr><td>任务描述</td><td colspan="7">各学习小组根据所学内容和兴趣范围，自拟题目，撰写一份简单的市场调查方案。
考核点：市场调查总体方案科学、可操作性强，包括 11 个方面的内容</td></tr>
<tr><td>任务实操</td><td colspan="7">（任务呈现形式：□Word 文字版　□视频　□小组现场完成图片　□Excel 表格）</td></tr>
</table>

任务评价

完成本次任务，由任课教师主导，采用学习过程评价与学习结果评价相结合的形式，综合运用自我评价、小组评价及教师评价 3 种方式，由教师确定 3 种评价方式的权重，计算出学生本次任务的考核评价得分。

任务完成考核评价表

班级		学生姓名	
项目名称	项目四　市场调查	任务名称	任务一　撰写市场调查方案
自我评价			
评价内容与分值	对知识技能的掌握程度（20 分）	成绩（分）	
	学习表单完成情况（20 分）		
	任务工单完成情况（40 分）		
	小组内工作胜任情况（20 分）		
合计		分	
小组评价			
评价内容与分值	本小组本次任务完成质量（30 分）	成绩（分）	
	个人本次任务完成质量（30 分）		
	个人参与小组活动的态度（20 分）		
	个人的合作精神和沟通能力（20 分）		
合计		分	
教师评价			
评价内容与分值	本小组本次任务完成质量（30 分）	成绩（分）	
	个人本次任务完成质量（30 分）		
	个人小组活动参与度（20 分）		
	个人对本次任务的贡献度（20 分）		
合计		分	
总成绩 = 自我评价×20%+小组评价×30%+教师评价×50% = 分			

任务二　设计调查问卷

任务描述

<table>
<tr><td>项目名称</td><td>项目四　市场调查</td><td>任务名称</td><td>任务二　设计调查问卷</td></tr>
<tr><td rowspan="3">学习目标</td><td>知识目标</td><td colspan="2">1. 掌握调查问卷相关概念
2. 了解问卷调查设计程序
3. 掌握问卷基本结构内容</td></tr>
<tr><td>能力目标</td><td colspan="2">能根据特定材料设计调查问卷</td></tr>
<tr><td>思政目标</td><td colspan="2">培养创新意识</td></tr>
<tr><td>任务内容</td><td colspan="3">本任务引导学生掌握调查问卷概念，了解调查问卷设计的工作程序，掌握问卷的基本结构。
学习本任务，学生应能根据需求设计一份简单的调查问卷</td></tr>
<tr><td>任务准备</td><td colspan="3">在网络上搜索关于调查问卷设计的资料，参考问卷星网站进行学习，为后面设计调查问卷作准备</td></tr>
</table>

任务知识

一、问卷设计的步骤

调查问卷是调查者根据一定的调查目的和要求，按照一定的理论假设设计出来的，由一系列问题、调查项目、备选答案及说明组成，向被调查者收集资料的一种工具。

调查问卷的设计就是根据调查者的目的和要求，将调查问题具体化，使之形成问卷，以便收集数据资料和对数据资料进行处理、统计等。

调查问卷设计是否完善，直接影响调查效果的好坏。调查问卷设计的工作程序包括下列步骤：一是根据整个调查计划的目的，具体列出实地调查所需收集的资料；二是按照所需收集的资料，写出一连串问题，并确定每个问题的类型；三是按照问题的内容、类型、难易程度，安排问题的询问次序；四是抽取一些被调查对象，用于调查问卷的初次测试；五是根据初步测试的结果，对调查问卷作必要的修改，最后拟定正式的调查问卷。

二、问卷的基本结构

问卷的基本结构

问卷是一种以书面形式了解被调查对象的反应和看法，从而获取所需资料和信息的载体。问卷设计是根据调研目标和所需资料的内容，按照一定的格式，有序排列调查问题，形成调查表的活动过程。问卷的基本结构为前言、被调查者的基本情况、调查的主体内容、问卷的填写说明、作业证明记录、计算机编码。

三、设计调查问卷

（一）提问方式设计

在调查中，提问方式有两种类型：封闭式提问和开放式提问。

1. 封闭式提问设计

封闭式提问是在设计问题的同时，预设各种可能的答案，让被调查者从中选择。封闭式提问标准化程度高，有利于被调查者回答，方便分析与整理资料，但受到答案限制，难以深入挖掘信息。常见的封闭式提问设计方法如表 4-1 所示。

表 4-1　常见的封闭式提问设计方法

设计方法	说明	示例
是否法	一个问题的后面附有两个答案，回答时只能在两个答案中选择一个	您家里有电脑吗？ A. 有　B. 没有
多项选择法	一个问题有两个以上的答案，被调查者可选择一个或多个	您使用过下面什么品牌的电视？ A. 海信　B. TCL　C. 创维　D. 海尔 E. 长虹
顺位法	对一个问题的几个回答项进行排序	请按您认为的重要性程度，对下面有关房屋装修事项进行排序，从重要到不重要依次为 1，2，3…… 装修设计（　）装修费用（　） 装修材料（　）装修质量（　） 装修施工单位选择（　）

续　表

设计方法	说明	实例
一对一比较法	把调查对象配对，让被调查者比较后选择答案	请比较下面各列两个啤酒品牌，在您认为质量好的品牌后打“√”。 青岛（　）宝鸡（　） 宝鸡（　）汉斯（　） 燕京（　）珠江（　）
语意差别法	由两个意义对立的形容词构成一组双极标度，在对立的形容词之间又分不同的级别，由被调查者选择更能代表自己意愿和程度的级别	请对某零售店进行评价。 非常　比较　一般　一般　比较　非常 6　5　4　3　2　1 态度热情　态度冷淡 价格便宜　价格昂贵 环境清洁　环境肮脏 光线明亮　光线灰暗 商品新颖　商品陈旧

2. 开放式提问设计

开放式提问是在设计调查问题时，不设计答案，而是让被调查者自由回答。开放式提问较灵活，能够得到被调查者较深入的观点和看法，有时还能获得意外的信息资料。但整理、分析困难，可能产生调查误差，调查结论可能并不代表所有被调查者的看法。通常适用于答案复杂、数量较多或者各种可能答案还不清楚的问题，如动机问题。常见的开放式提问设计方法如表 4-2 所示。

表 4-2　常见的开放式提问设计方法

设计方法	说明	示例
自由式问答法	只设计问题，不提供答案，自由式问答法由被调查者自由回答，对其回答不作任何限制	您认为目前商品房经营中存在哪些问题
字词联想法	向被调查者展示字词，要求其立刻回答想到了什么，推断其内心想法	看到红彤彤的苹果你想到了什么
回忆法	对品牌名、企业名、广告名等的印象调研	请列出你最近在电视中看到的净水器品牌
文句完成法	将问题设计为不完整的句子，请被调查者补充完整	我经常去________（具体地）买菜

问卷设计注意事项

生鲜农产品网购消费情况调查问卷

（二）问卷设计注意事项

问卷设计注意事项。

1. 问题严谨

（1）提问措辞要简单、通俗，避免专业性词语和字母缩写。

（2）措辞要准确，尽量不要使用含混不清的字词。

（3）尽量避免引导性的提问。

（4）要避免双主题问题：一个问题中包含两方面的内容。

（5）避免提出估计性问题。

（6）应采用有关字词的习惯用法。

（7）提问要有艺术性，避免引起反感。

2. 问题顺序

（1）简单的问题放在前面。

（2）同类或成套的问题放在一起，便于被调查者系统思考。

（3）被调查者关注的热点问题放在前面。

（4）问题要遵循一定的逻辑顺序。

（5）开放式问题放在最后。

3. 问题采样

①确定调查样本。②调查方式的选择。③调查人员的确定：经验丰富、能力强。④修改问卷，最后定稿。

学习表单

封闭式问题设计

方法	问题设计
是否法	
多项选择法	
顺位法	
一对一比较法	
语意差别法	

随堂测试

随堂测试

任务工单

<table>
<tr><td rowspan="2">第（　）组</td><td>姓名</td><td></td><td></td><td></td><td></td><td></td><td></td></tr>
<tr><td>学号</td><td></td><td></td><td></td><td></td><td></td><td></td></tr>
<tr><td>任务名称</td><td colspan="7">设计调查问卷</td></tr>
<tr><td>任务目的</td><td colspan="7">能够根据要求，设计调查问卷</td></tr>
<tr><td>任务描述</td><td colspan="7">各学习小组根据所学内容和已定题目，设计一份简单的调查问卷。
考核点：①体现问卷基本结构；②问题形式多样；③问题目标明确</td></tr>
<tr><td>任务实操</td><td colspan="7">（任务呈现形式：□Word 文字版　□视频　□小组现场完成图片　□Excel 表格</td></tr>
</table>

任务评价

完成本次任务后，由任课教师主导，采用学习过程评价与学习结果评价相结合的形式，综合运用自我评价、小组评价及教师评价 3 种方式，由教师确定 3 种评价方式权重，计算出学生本次任务的考核评价得分。

任务完成考核评价表

<table>
<tr><td>班级</td><td></td><td>学生姓名</td><td></td></tr>
<tr><td>项目名称</td><td>项目四　市场调查</td><td>任务名称</td><td>任务二　设计调查问卷</td></tr>
<tr><td colspan="4">自我评价</td></tr>
<tr><td rowspan="4">评价内容与分值</td><td>对知识技能的掌握程度（20 分）</td><td rowspan="4">成绩（分）</td><td></td></tr>
<tr><td>学习表单完成情况（20 分）</td><td></td></tr>
<tr><td>任务工单完成情况（40 分）</td><td></td></tr>
<tr><td>小组内工作胜任情况（20 分）</td><td></td></tr>
<tr><td colspan="2">合计</td><td colspan="2">分</td></tr>
<tr><td colspan="4">小组评价</td></tr>
<tr><td rowspan="4">评价内容与分值</td><td>本小组本次任务完成质量（30 分）</td><td rowspan="4">成绩（分）</td><td></td></tr>
<tr><td>个人本次任务完成质量（30 分）</td><td></td></tr>
<tr><td>个人参与小组活动的态度（20 分）</td><td></td></tr>
<tr><td>个人的合作精神和沟通能力（20 分）</td><td></td></tr>
<tr><td colspan="2">合计</td><td colspan="2">分</td></tr>
<tr><td colspan="4">教师评价</td></tr>
<tr><td rowspan="4">评价内容与分值</td><td>本小组本次任务完成质量（30 分）</td><td rowspan="4">成绩（分）</td><td></td></tr>
<tr><td>个人本次任务完成质量（30 分）</td><td></td></tr>
<tr><td>个人小组活动参与度（20 分）</td><td></td></tr>
<tr><td>个人对本次任务的贡献度（20 分）</td><td></td></tr>
<tr><td colspan="2">合计</td><td colspan="2">分</td></tr>
<tr><td colspan="4">总成绩 = 自我评价×20%+小组评价×30%+教师评价×50% =　　　　分</td></tr>
</table>

任务三　撰写调查报告

任务描述

项目名称	项目四　市场调查	任务名称	任务三　撰写调查报告
学习目标	知识目标	1. 掌握调查资料的整理步骤 2. 了解市场调查报告类型 3. 熟悉市场调查报告结构	
	能力目标	能撰写市场调查报告	
	思政目标	培养责任意识与合作精神	
任务内容	本任务引导学生掌握调查资料的整理步骤，了解市场调查报告的类型，熟悉市场调查报告的结构。 学习本任务，学生应能根据提供的材料撰写简单的市场调查报告		
任务准备	在网络上搜索市场调查报告撰写有关资料，为后面撰写市场调查报告作准备		

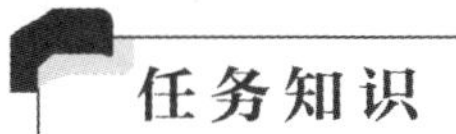

一、分析处理调查资料

分析处理调查资料是指按照一定的程序和方法，对收集的各类资料进行分类、计算、分析和选择等，使之成为适用的信息资料的过程。

1. 调查资料的整理

一般来讲，调查资料的整理包括 5 个步骤：编校、分类、编号、制表和计算统计值。

2. 数据分析技术

（1）回归分析

任何市场营销问题都涉及一组变量，而营销人员往往对其中的某个变量最感兴趣。例如，许多企业要了解销售额随时间或空间变化的情况，这时销售额就是因变量，对销售额有影响的变量称为自变量，但营销人员往往对销售额最感兴趣。回归分析技术就是估计自变量促使因变量变化的方程。当只包含一个自变量时，称为一元线性回归；当包含两个或两个以上的自变量时，称为多元线性回归①。

（2）判别分析

在许多营销情况分析中，因变量不能进行计量分析而只能分类，例如，一家零售连锁店希望区分有潜在成功可能和失败可能的商店选址。这时，分析者就要寻找预测变量，并组成判别函数，以构建比随机猜测更有效的分类模型，这种方法就是判别分析。

（3）因子分析

在回归分析或判别分析中，常存在的一个问题是变量之间有高度的相关性。因子分析就是将大量彼此可能存在相关关系的变量，转换成较少的彼此不相关的综合指标的多元统计方法。因子分析常用于消费者习惯和态度研究、服务质量调查、品牌形象和特性研究等。

（4）聚类分析

许多市场营销问题要求调研人员把一批对象分类或聚类，这些对象可能是产品、人员、地点等。例如，调研人员可以把汽车品牌分成几个主要组别，它们在组内的特征甚为相似，而组与组之间差别尽可能大，并假设每一组内的汽车品牌竞争最激烈。又如，调研人员把人群分为几个子群，这实质上就是市场细分。再如，调研人员可以按聚类情况将城市分组，根据各城市的相似程度细分出试验城市。在上述例子中，研究对象都用多向量数据加以描述，并且在数据处理上，应用已选定的聚类技术对目标进行分组。

3. 数据表示方式

（1）统计表

市场调查得来的一手资料，经过整理，可以生成能够说明社会现象及其发展过程的数据，把这些数据按一定的顺序排列在表格中，就形成了统计表。统计表是表现数字资料整理结果的最常用的形式，由纵横交叉的线条所绘制。统计表的形式繁简不一，通常按项目的多少分为单式统计表和复式统计表两种。只对某一项目的数据进行统计的表格称为单式统计表，也称简单统计表。统计项目在两个或两个以上的统计表格称为复式统计表。

例如，某地消费者（有网购经历和无网购经历）购买生鲜农产品的频次对比情况如表 4-3 所示。

---

① 多元线性回归的思想是自变量独立于其他变量，它们会影响因变量而不受因变量的影响。

表 4-3　　消费者购买频次比较

消费者分类	采购生鲜农产品频次	占比（%）
无网购经历	每天	18.3
	每周 2~3 次	38.3
	每周 1 次	43.4
有网购经历	每天	6.4
	每周 2~3 次	34.0
	每周 1 次	59.6

（2）统计图

为了更直观生动、通俗易懂、便于分析比较地展示市场调查资料，可以利用统计图进行市场调查分析、预测和分析现象之间的数量关系及变化发展情况。统计图在统计资料整理与分析中占有重要地位，应用广泛。统计图的类型较多，常见的有条形统计图、折线统计图、饼图等。

二、市场调查报告

1. 市场调查报告的类型

根据调查报告的内容及其表现形式，市场调查报告可分为资料性调查报告和分析性调查报告两大类。

（1）资料性调查报告

它以对问题的简单描述为主要目的，通常以公布所得的各项资料为主，不加任何解释。这些资料可供社会各界使用。

（2）分析性调查报告

它以分析和研究为主，通常以文字、图表等形式将调查过程、方法及分析结论表现出来，目的是使人们对该项调查及结论有一个全面的了解。

2. 市场调查报告的结构

从严格意义上说，市场调查报告没有固定不变的格式。市场调查报告的内容主要依据调查的目的、内容、结果以及主要用途确定。但一般来说，各种市场调查报告在结构上都包括标题、导言、主体和附录几个部分，主要由题目、目录、摘要、引言、研究目的、研究方法、研究结果、局限性、结论和建议、附录等组成。

（1）标题。市场调查报告的标题即市场调查的题目。标题必须准确揭示调查报告的主体思想。标题要简单明了、高度概括、题文相符，如“××市居民住宅消费需求调查报告”“关于××化妆品市场的调查报告”“××农产品滞销的调查报告”等，这些标题都很简明，能吸引人。

（2）导言。导言是市场调查报告的开头部分，一般说明市场调查的目的和意义，介绍市场调查工作基本概况，包括市场调查的时间、地点、内容和对象以及采用的调查方法、方式，这是比较常见的写法，也有先写调查结论是什么，或直接提出问题的写法，目的是增强读者阅读报告的兴趣。

（3）市场调查报告的主体。这部分是市场调查报告的核心，它要完整、准确、具体地说明调查的基本情况，进行科学合理的分析预测，在此基础上提出有针对性的对策和建议。具体包括以下内容：

一是市场调查报告的情况介绍，即对调查所获得的基本情况进行介绍，这是全文的基础和主要内容，要将被调查对象的情况，包括市场占有率、消费者群体、竞争状况等表述清楚，可以使用数字、图表等加以说明，一定要准确、具体。

二是市场分析预测，即分析调查所获基本情况并在此基础上对市场发展趋势做出预测，对调查所获得的资料进行科学的研究和推断，形成符合事物发展变化规律的结论性意见。

三是形成市场调查的基本结论，也就是对市场调查作总结。

四是市场营销建议。这部分内容是市场调查报告写作目的和宗旨的体现，在市场调查情况和分析预测的基础上，提出具体的营销建议和措施，供决策者参考。

（4）附录。有的市场调查报告还有附录。附录的内容一般是有关调查的统计图表、材料出处或参考文献等。

三、撰写市场调查报告

撰写市场调查报告注意事项

撰写一份好的市场调查报告不是件易事。调查报告不但显示调查的质量，而且反映了作者本身的知识水平和文学素养。在撰写调查报告时，主要应注意以下几个方面：①考虑谁是读者；②力求简明扼要，删除一切不必要的词句；③行文流畅，易读易懂；④内容客观；⑤选用不同类型的图表，具体说明和突出报告的重点内容；⑥报告中引用他人的资料时应加以详细注释；⑦打印成文，字迹清楚、美观。

学习表单

用 Excel 绘制直方图和饼图。

各年龄段人口占比数据

年龄	占比（%）	直方图	饼图
18 周岁以下	0		
18（含）~25 周岁	17		
26~35 周岁	21.3		
36~45 周岁	34		
46~55 周岁	23.4		
55 周岁以上	4.3		

调查报告的形式及举例

调查报告的形式	举例
资料性调查报告	
分析性调查报告	

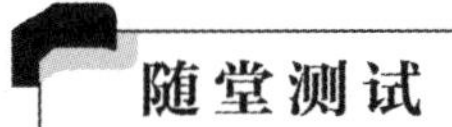

随堂测试

任务工单

<table>
<tr><td rowspan="2">第（ ）组</td><td>姓名</td><td></td><td></td><td></td><td></td><td></td><td></td></tr>
<tr><td>学号</td><td></td><td></td><td></td><td></td><td></td><td></td></tr>
<tr><td>任务名称</td><td colspan="7">撰写调查报告</td></tr>
<tr><td>任务目的</td><td colspan="7">能够根据提供的资料线索，撰写调查报告</td></tr>
<tr><td>任务描述</td><td colspan="7">各学习小组根据所学内容和调查问卷，撰写一份简单的市场调查报告。
考核点：简明扼要、行文流畅、易读易懂、内容客观、选用不同类型的图表，具体说明和突出报告的重点内容</td></tr>
<tr><td>任务实操</td><td colspan="7">（任务呈现形式：□Word 文字版　□视频　□小组现场完成图片　□Excel 表格）</td></tr>
</table>

任务评价

完成本次任务后，由任课教师主导，采用学习过程评价与学习结果评价相结合的形式，综合运用自我评价、小组评价及教师评价 3 种方式，由教师确定 3 种评价方式权重，计算出学生本次任务的考核评价得分。

任务完成考核评价表

班级		学生姓名	
项目名称	项目四　市场调查	任务名称	任务三　撰写调查报告
自我评价			
评价内容与分值	对知识技能的掌握程度（20 分）	成绩（分）	
	学习表单 1 完成情况（20 分）		
	学习表单 2 完成情况（10 分）		
	任务工单完成情况（30 分）		
	小组内工作胜任情况（20 分）		
合计		分	
小组评价			
评价内容与分值	本小组本次任务完成质量（30 分）	成绩（分）	
	个人本次任务完成质量（30 分）		
	个人参与小组活动的态度（20 分）		
	个人的合作精神和沟通能力（20 分）		
合计		分	
教师评价			
评价内容与分值	本小组本次任务完成质量（30 分）	成绩（分）	
	个人本次任务完成质量（30 分）		
	个人小组活动参与度（20 分）		
	个人对本次任务的贡献度（20 分）		
合计		分	
总成绩 = 自我评价×20%+小组评价×30%+教师评价×50% = 分			

思政园地

调查研究是我们党的传家宝，是做好各项工作的基本功。一切事物都处在发展与变化之中，我们开展调查研究的方法也应与时俱进，应善于将现代信息技术运用到调研中，为正确决策提供科学依据。

调查研究是获得真知灼见的源头活水，调查研究方法也应随时代发展不断进步。步入大数据时代，现代信息技术为调查研究插上了“科技的翅膀”，使调研方式从单一向多元转变，调研手段从传统向智能升级，调研效率从低效向高效跃升。实现大数据赋能，必须用好、用足现代信息技术，这有利于全面挖掘信息、发现问题、分析问题，提出有效、可行的解决措施，让信息与数据更好地为战斗力服务。

当然，现代信息技术手段再先进，“键对键”也不能完全替代“面对面”，我们应继承发扬以往有益的调研方法，统筹运用线上线下等多种方式，既发挥好现代信息技术优势，又放下架子、扑下身子，坚持走实地、听实话、察实情，把情况摸透，把症结找准，把对策提实，确保调研结果精准管用，为辅助决策部署、推进事业发展提供有力支撑。

【讨论】

在调查研究中，如何处理好“键对键”与“面对面”的关系？结合材料，谈谈现代信息技术手段在调查研究中的作用及其局限性。

【思政融入】

通过讨论“键对键”无法完全替代“面对面”，强调实地调研的重要性，培养学生理论联系实际的能力。强调“放下架子、扑下身子”“走实地、听实话、察实情”的调研态度，引导学生理解群众路线是中国共产党的优良传统和根本工作路线。在调查研究中运用现代信息技术，如互联网、大数据等，提高调研效率和科学性，引导学生树立科学精神和创新意识，学会与时俱进，不断探索新的调研方法和技术手段。

项目五　制定 STP[①] 策略

学习目标

1. 知识目标

- 掌握市场细分、目标市场、市场定位的概念
- 掌握市场细分的依据、标准、原则、方法
- 掌握选择目标市场的步骤
- 掌握市场定位的原则、步骤、策略

2. 能力目标

- 能够根据要求进行简单的市场有效细分
- 能够根据产品特征、消费者特点等选择合适的目标市场
- 能根据要求进行某产品的市场定位

3. 思政目标

- 培养责任意识与合作精神
- 培养爱国情怀和民族品牌认同感

思维导图

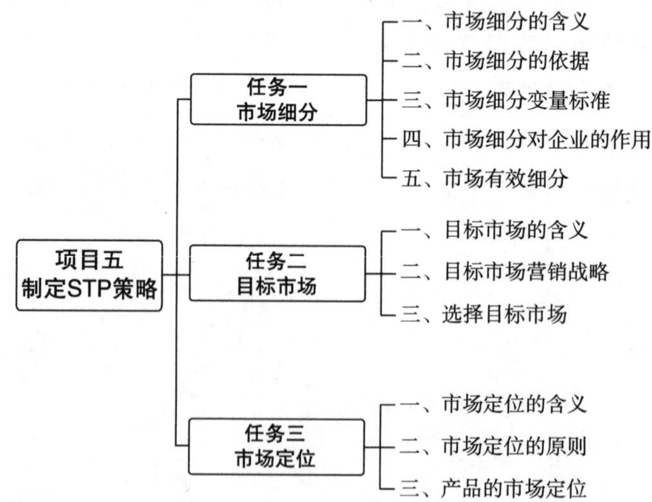

① Segmeting（市场细分）、Targeting（目标市场）、Positioning（市场定位）的缩写。

▶ 案例导入

市场数据显示，随着细分纸品使用人群的不断增加，生活用纸品类越来越多元化。

1. 厨房用纸：逐渐壮大的厨房清洁主力军

厨房里需要擦的东西太多了！从油烟机到冰箱，从灶台到柜台，一顿饭下来仿佛有做不完的清洁工作。此外，先拿厨房纸擦掉食物水分再让食物进油锅，实在是防“爆”妙招。传统抹布容易滋生细菌，次抛的厨房纸实在是一个优秀的替代品。

自从出现厨房纸类需求，市场在厨房用纸上可谓花样层出不穷。厨房湿巾、厨房抽纸、带洗涤成分的厨房纸……消费者也乐于捧场。

2. 棉柔巾：干净又卫生

我们选择棉柔巾时，看重的是什么？是它的温和触感还是便捷和清洁功效？与传统的毛巾不同，棉柔巾洁净柔和，敏感肌也适用。棉柔巾大多有双面纹路设计，可以带走皮肤上的污渍，还有擦拭水果、餐具等多种用途。今天，棉柔巾逐渐取代了传统的洗脸巾和毛巾。父母不愿意伤到小朋友的皮肤，读书人和打工人也希望提升自己的洗脸、卸妆体验……商家敏锐地捕捉到了这些需求，棉柔巾的市场因此扩展起来。

3. 湿厕纸：如厕的好帮手

湿厕纸既可以提供湿润、清洁的如厕体验，还能够溶解于水，避免了纸巾堵住马桶这一尴尬场景，极大提升了生活幸福感。作为一款细分且偏高端的纸巾品类，湿厕纸有效地吸引了年轻人群与高收入人群的关注。

新兴纸品相较于传统生活用纸，更注重消费者细分的使用场景，消费者对此也更容易产生需求上的共鸣。

资料来源于网络，有删改。

请思考：

1. 什么是市场细分？
2. 案例中的新兴纸品为什么要做市场细分？

任务一　市场细分

任务描述

<table>
<tr><td>项目名称</td><td>项目五　制定 STP 策略</td><td>任务名称</td><td>任务一　市场细分</td></tr>
<tr><td rowspan="3">学习目标</td><td>知识目标</td><td colspan="2">1. 掌握市场细分的概念
2. 掌握市场细分的依据、标准、原则、方法</td></tr>
<tr><td>能力目标</td><td colspan="2">能根据要求进行简单的市场有效细分</td></tr>
<tr><td>思政目标</td><td colspan="2">培养责任意识与合作精神</td></tr>
<tr><td>任务内容</td><td colspan="3">细分市场在营销学中也称为市场细分，是指营销者通过市场调研，依据消费者需要和欲望、购买行为和购买习惯等方面的差异，把某一产品的市场整体划分为若干消费者市场的分类过程。
本任务引导学生掌握市场细分的含义、依据、程序及方法，并了解市场细分的标准、原则。
学习本任务，学生应能根据要求进行简单的市场有效细分</td></tr>
<tr><td>任务准备</td><td colspan="3">在网络上搜索关于市场细分的资料，根据要求进行简单的市场细分</td></tr>
</table>

任务知识

市场需求是形形色色的，企业以有限的资源满足所有的需求不切实际。如果某些市场需求具有相似性，企业就能提供有针对性、有特色的产品和服务以满足这一部分市场需求了，这是企业最适当的选择。

一、市场细分的含义

市场细分是 20 世纪 50 年代中期美国市场营销学家温德尔·斯密提出的，其产生与发展主要经历了大量营销、产品差异化营销及目标市场营销 3 个阶段。面对竞争日趋激烈的市场，越来越多的企业意识到不可能依靠单一产品满足所有消费者的需求，至少不能只采用一种营销方式吸引所有消费者，因此，市场细分是市场营销战略中的一个关键环节。从整个目标市场的营销过程来说，它是企业进行目标市场选择和品牌定位的基础。

市场细分是企业按照消费者的一定特性，把原有市场分割为两个或两个以上的子市场，进而确定目标市场的过程。不同的细分市场，需求差别比较明显；而在每一个细分市场内部，需求差别比较细微。通常在以下两种情况下，需要对市场进行细分：一是当公司面对某一个大市场时，无法将自己和其他竞争对手区分开来；二是当不同的消费者对营销策略的反应有很大的不同时。

注意：市场细分是根据用户的不同需求来划分的，不是通过产品分类来划分的。市场细分的对象是市场用户。

二、市场细分的依据

1. 市场需求的差异性

消费者由于存在年龄、个性、受教育程度、职业、所处地理环境等方面的不同，他们的需求、欲望和购买行为也存在一定的差异。针对这种差异性，企业可以把需求大体相似的消费者划分为同一群体，以相应的商品去满足他们的需求。

2. 市场需求的共性

人们的消费需求各有差异，但差异中又包含某种共性，这种共性又使不同消费者的需求再次聚集起来，形成相类似的消费群体，这就构成了具有一定个性特征的细分市场。

3. 企业营销能力的限制

无论哪个企业，其经营能力、经营范围始终有限，不可能为消费者提供所需的全部商品，而只能根据企业的长处生产和经营某一方面或几方面的商品，满足某一部分或若干部分消费者的需求。这就要求企业必须将复杂多变的整体市场细分，在共性中求个性，在个性中求共性，发挥企业优势，更好地满足消费者需求。

4. 企业发掘市场机会的需要

随着市场经济的进一步发展，市场竞争加剧，有厚利可图的市场越来越少，可以利用的营销机会很难寻觅。企业只有依靠市场细分来发掘未满足的市场需要，寻求有吸引力的符合企业目标和资源的营销机会，才能在激烈的市场竞争中求得生存与发展。

从需求状况角度考察，各种社会产品的市场可以分为两类：同质市场与异质市场。凡消费者或用户对产品的需求、欲望基本相同或极为相似，以及在购买行为及对企业营销策略的反应等方面具有极为相似的一致性的，这种产品的市场是同质市场。只有极少部分产品（主要是初级产品）市场属于同质市场，同质市场无须细分。但是，绝大多数产品市场是异质市场，即消费者或用户对产品的各种属性的需求、欲望不相同，或者在购买行为、购买习惯等方面存在差异。正是这些差异，使市场细分成为可能。市场细分就是把一个异质市场划分为若干个相对同质的市场。市场细分并非越细越好，过度细分将导致企业总成本上升过快，从而减少总收益。企业应当把握住市场细分的层次，适可而止，以确保市场细分带来的利益超过因细分而增加的投入。

产品属性是影响顾客购买行为的重要因素，根据顾客对不同属性的重视程度，可以分为 3 种偏好模式。

（1）同质偏好。市场上所有的顾客都有大致相同的偏好，且相对集中于中央位置。

（2）分散偏好。市场上的顾客对属性的偏好高度散布于整个市场空间，偏好极为分散。

（3）集群偏好。市场上出现几个群组的偏好，客观上形成了不同的细分市场。

三、市场细分变量标准

（一）消费者市场的细分变量标准

对消费者市场进行市场细分，要依据一定的细分变量标准，主要有地理、人口、心理和行为 4 类变量。

1. 地理细分

地理细分是企业按照消费者所在的地理位置以及其他地理条件（包括大洲、国家或地区、住地、人口密度、地形地貌、气候）细分消费者市场。处在不同地理位置的消费者对企业的产品可能有不同的需要和偏好，他们对企业所采取的市场营销战略，对企业的产品价格、分销渠道、广告宣传等市场营销措施，也各有不同的反应。市场潜力和成本费用会因市场位置不同而有所不同，企业应选择那些本企业能更好地为之服务、效益较高的市场为目标市场。地理细分市场如表 5-1 所示。

表 5-1　地理细分市场

标准	变量	细分市场
地理	大洲	欧洲、亚洲等
	国家或地区	日本、英国、美国等
	住地	城市、乡村等
	人口密度	大范围集中区、小范围集中区、地广人稀区……
	地形地貌	山地、平原、高原、丘陵、盆地
	气候	热带、温带、寒带等

2. 人口细分

人口细分是企业按照人口统计学变量（包括年龄、性别、家庭规模、家庭生命周期、收入、职业、文化程度、宗教、民族、社会阶层等）来细分消费者市场。人口一直是细分消费者市场的重要变量，主要是因为人口比其他变量更容易测量。人口细分市场如表 5-2 所示。

表 5-2　人口细分市场

标准	变量	细分市场
人口	年龄	6 岁以下、6~15 岁、15~34 岁……65 岁以上
	性别	男、女
	家庭规模	1~2 人、3~4 人、5 人以上
	家庭生命周期	单身、新婚、有孩子、孩子成人、老夫妻等
	收入	X 元以下、X~Y 元、Y 元以上
	职业	技术人员、经理、官员、手工艺者、退休人员、大学生等
	文化程度	小学、中学、大学、大学以上
	宗教	无宗教、基督教、佛教等
	民族	汉族等
	社会阶层	上、中、下

3. 心理细分

心理细分是按照消费者的生活方式、个性、购买动机、态度、价值观念等来细分消费者市场。心理是细分市场中比较复杂的一个标准，随着经济日益发达和多元社会结构的出现，人们对于个性化的追求使消费者心理因素变得更为复杂。企业必须根据消费者的不同心理进行市场调查研究，从而获得可靠的数据，用来确定目标市场。心理细分市场如表 5-3 所示。

表 5-3　心理细分市场

标准	变量	细分市场
心理	生活方式	朴素型、浪漫型、追求社会地位型
	个性	内向与外向、独立与依赖、保守、自由、激进
	购买动机	求实、求便、求新、求美、求名等
	态度	热情、肯定、中间、否定、敌视等
	价值观念	物质幸福观、精神幸福观等

4. 行为细分

行为细分是企业按照消费者购买频率、购买时机、追求的利益、偏好强度、销售因素、使用情况等行为细分市场。许多营销人员认为，行为细分是市场细分的最佳起点。行为细分市场如表 5-4 所示。

表 5-4　　行为细分市场

标准	变量	细分市场
行为	购买频率	不常买、偶尔买、常买等
	购买时机	节日购买、闲暇购买、一般时间购买等
	追求的利益	经济性、方便性、保健性、审美性等
	偏好强度	非偏好、适中偏好、偏好强烈
	销售因素	质量、价格、服务、广告等
	使用情况	大量使用、适量使用、小量使用、不使用等

（二）产业市场细分变量标准

与消费者市场相比，产业市场有特殊性：一是产业市场中的购买者是产业用户；二是购买决策由有关专业人员作出，一般属于理性行为，受感情因素影响较少。因此，消费者市场的细分标准虽然基本适用于产业市场，但应为这些因素赋予新的内容并增加新的变数。

1. 用户的行业类别

产品最终用户的行业是细分产业市场最为通用的依据。在产业市场，不同行业用户采购同一种产品，使用目的往往不相同。同是钢材，有的用于生产机器，有的用于造船，有的用于建筑；同是载重汽车，有的用于货运车，有的用于工程车。不同行业的最终用户通常会在产品的规格、型号、品质、功能、价格等方面提出不同的要求，期望、追求不同的利益。据此来细分产业市场，便于企业设计出不同的市场营销组合方案来满足用户需要，以促进销售。

2. 用户的规模和购买力

在产业市场，用户购买行为差异很大，不同用户的购买数量、付款方式、购货条件等的差异远比消费者市场显著，这与用户的规模和购买力关系密切。企业在细分产业市场时，可以将用户分为大客户、中客户和小客户 3 类。通常，大客户数量较少，但购买力很强，几个大客户的产品需求量相当于几百个中小客户，它们的采购额会占到营销者销售额的 30%～50%，有的甚至高达 80% 以上；小客户则相反，数量虽多，购买力却不强。用户的规模不同，企业的营销组合方案也应不同。对大客户，宜于销售经理亲自负责，直接联系，直接供应；对众多小客户，则宜于使产品进入商业渠道，由批发商或零售商组织供应。

一般情况下，企业愿意选择少数的大客户作为目标市场，但这种策略有一定的风险：一旦大客户不需要产品，企业会马上陷入困境。如果企业实力较强，可以选择同时与大小不同的客户打交道，采用不同的营销组合策略，这样既可以充分发挥企业潜力，又减少了经营风险。

3. **用户的地理位置**

任何一个国家或地区都会因为资源、交通、社会环境、历史等形成若干个产业地区，这就决定了产业市场比消费者市场更为集中。企业按用户的地理位置细分市场，选择用户较集中的地区作为目标市场，不但联系方便，信息反馈较快，而且能有效地规划运输路线，节省运力与运费，充分利用销售力量，降低销售成本。不过，如果这个细分市场竞争过于激烈，致使广告成本上升，价格降低，利润微薄，企业也可选择用户较分散、其他企业不太注意的细分市场作为目标市场，避开正面竞争，这也是一种正确的策略。

用户的行业类别、规模和购买力、地理位置是产业市场细分的主要形式。同消费者市场细分一样，许多企业也根据需要将多种细分变量组合在一起来细分产业市场。

四、市场细分对企业的作用

一是有利于分析、发掘新的市场机会；二是可以给企业带来较高的销售额和更多的利润；三是有利于企业有针对性地制定市场营销组合策略。

五、市场有效细分

（一）市场有效细分的原则

细分市场的方法有很多，但并非所有的细分都有意义。因此，市场细分时必须以一定的条件来衡量潜在的子市场。市场有效细分的原则为可衡量性、可接近性、可营利性、可实施性、稳定性。

市场有效细分原则

（二）市场有效细分的方法

1. **单一变量法**

单一变量法，是根据市场营销调研结果，把影响消费者或用户需求的最主要因素作为细分变量，从而达到市场细分的目的。这种方法以公司的经营实践、行业经验和对组织客户的了解为基础，在宏观变量或微观变量间，找到一种能有效区分客户并使公司的营销组合产生最大效益的变量。

2. **主导因素排列法**

主导因素排列法，即用一个因素对市场进行细分，如按性别细分化妆品市场，按年龄细分服装市场等。这种方法简便易行，但难以反映复杂多变的顾客需求。

3. **综合因素细分法**

综合因素细分法，即用影响消费需求的两种或两种以上的因素进行综合细分，例如，用生活方式、收入水平、年龄 3 个因素可将女性服装市场划分为不同的细分市场。

4. **系列因素细分法**

当细分市场所涉及的因素是多项的且各因素按一定顺序逐步进行时，可由粗到细、由浅入深地逐步进行细分，这种方法称为系列因素细分法。在实际运用中，企业可根据实际情况简化、合并市场细分程序。

（三）市场有效细分的程序

市场有效细分的程序

市场细分作为一个过程，通常要经过下列程序：选定产品的市场范围；列出潜在消费者的基本需求；分析潜在消费者的不同需求；剔除潜在消费者的共同需求；确定不同的细分市场名称；确认各细分市场的特点；测量各细分市场的潜力。

学习表单

细分变量及细分标准

细分变量	细分标准	细分变量	细分标准
购买频率		价值观念	
生活方式		使用情况	
性别		住地	
气候		文化程度	

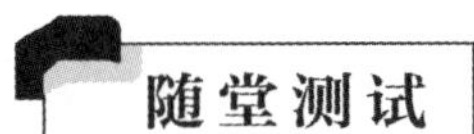

随堂测试

任务工单

<table>
<tr><td rowspan="2">第（ ）组</td><td>姓名</td><td></td><td></td><td></td><td></td><td></td><td></td></tr>
<tr><td>学号</td><td></td><td></td><td></td><td></td><td></td><td></td></tr>
<tr><td>任务名称</td><td colspan="7">细分市场</td></tr>
<tr><td>任务目的</td><td colspan="7">能够根据要求进行简单的市场细分</td></tr>
<tr><td>任务描述</td><td colspan="7">各学习小组根据所学内容和兴趣范围，自找资料（如以金龙鱼资料为例，对其食用油产品进行市场有效细分），进行简单的市场细分。
考核点：市场细分有效、合理</td></tr>
<tr><td>任务实操</td><td colspan="7">（任务呈现形式：□Word 文字版 □视频 □小组现场完成图片 □Excel 表格）</td></tr>
</table>

任务评价

本次任务完成后，由任课教师主导，采用学习过程评价与学习结果评价相结合的形式，综合运用自我评价、小组评价及教师评价 3 种方式，由教师确定 3 种评价方式的权重并计算出学生本次任务的考核评价得分。

任务完成考核评价表

<table>
<tr><td>班级</td><td></td><td>学生姓名</td><td></td></tr>
<tr><td>项目名称</td><td>项目五　制定 STP 策略</td><td>任务名称</td><td>任务一　细分市场</td></tr>
<tr><td colspan="4">自我评价</td></tr>
<tr><td rowspan="4">评价内容与分值</td><td>对知识技能的掌握程度（20 分）</td><td rowspan="4">成绩（分）</td><td></td></tr>
<tr><td>学习表单完成情况（20 分）</td><td></td></tr>
<tr><td>任务工单完成情况（40 分）</td><td></td></tr>
<tr><td>小组内工作胜任情况（20 分）</td><td></td></tr>
<tr><td colspan="2">合计</td><td colspan="2">分</td></tr>
<tr><td colspan="4">小组评价</td></tr>
<tr><td rowspan="4">评价内容与分值</td><td>本小组本次任务完成质量（30 分）</td><td rowspan="4">成绩（分）</td><td></td></tr>
<tr><td>个人本次任务完成质量（30 分）</td><td></td></tr>
<tr><td>个人参与小组活动的态度（20 分）</td><td></td></tr>
<tr><td>个人的合作精神和沟通能力（20 分）</td><td></td></tr>
<tr><td colspan="2">合计</td><td colspan="2">分</td></tr>
<tr><td colspan="4">教师评价</td></tr>
<tr><td rowspan="4">评价内容与分值</td><td>本小组本次任务完成质量（30 分）</td><td rowspan="4">成绩（分）</td><td></td></tr>
<tr><td>个人本次任务完成质量（30 分）</td><td></td></tr>
<tr><td>个人小组活动参与度（20 分）</td><td></td></tr>
<tr><td>个人对本次任务的贡献度（20 分）</td><td></td></tr>
<tr><td colspan="2">合计</td><td colspan="2">分</td></tr>
<tr><td colspan="4">总成绩＝自我评价×20%＋小组评价×30%＋教师评价×50%＝　　分</td></tr>
</table>

任务二　目标市场

任务描述

项目名称	项目五　制定 STP 策略	任务名称	任务二　目标市场
学习目标	知识目标	1. 掌握目标市场的概念 2. 了解目标市场战略的类型 3. 掌握选择目标市场营销战略的条件 4. 掌握选择目标市场的步骤	
	能力目标	能够根据产品特征、消费者特点等选择合适的目标市场	
	思政目标	培养责任意识与合作精神	
任务内容	本任务引导学生掌握目标市场，了解目标市场战略类型，熟悉选择目标市场的步骤。 学生学习本任务，应能根据要求选择某产品的目标市场		
任务准备	在网络上搜索目标市场选择相关资料，根据要求选择某产品的目标市场		

任务知识

真正的市场细分不是为细分而细分，而是为了更好地满足消费者的需求来确定目标市场。市场细分和目标市场选择是既有联系又有区别的。市场细分是目标市场选择的基础和前提。在市场细分的基础上，企业根据自己的资源条件和经营能力选择一个或几个子市场作为自己的目标市场。企业只有准确无误地确定了目标市场，才能制定并实施相应的营销战略与策略，这样的营销活动也称市场目标化。市场细分提示了企业面临的细分市场的机会。

一、目标市场的含义

对企业而言，并非所有的细分市场都具有同等的吸引力，也不是每个细分市场都是企业能够进入的，有时不同的细分市场之间还有矛盾和冲突，企业在开展营销活动之前，必须从多方面对细分市场进行评价，以决定取舍，避免效率下降和人力、物力、财力等资源的浪费。目标市场是指在市场细分的基础上，被企业选定的，准备以相应的产品和服务去满足其现实或潜在消费需求的市场。选择目标市场是企业制定营销组合策略的基础，它关系到企业的营销成败。企业必须扬长避短，发挥本企业现有的人、财、物优势，在正确评价细分市场后，寻找最适合的目标市场。目标市场一般包括目标地域、目标人群和目标需求 3 个要素。

二、目标市场营销策略

对市场进行细分之后，企业面对许多不同的子市场，就要进行恰当的评价，结合自身的资源和目标选择合适的目标市场营销策略。

（一）目标市场营销策略的类型

1. 无差异化营销

自大的美国三大汽车公司

无差异化营销是指企业面对细分化的市场，不考虑各子市场的特性，只注重子市场的共性，只推出单一产品，运用一种市场营销组合，忽略细分市场区别的大众营销。一般在两种情况下，企业会采用无差异化营销策略：一是企业面对的市场是同质市场；二是企业把整个市场看成一个无差异的整体，认定所有消费者对某种需求基本上是一致的。例如，可口可乐公司早期就使用单一规格、单一口味的瓶装饮料，以满足各种顾客的需要。又如，食盐这种产品，消费者的需求差异性很小，企业一般都不会进行市场细分，都会采用大致相同的市场营销策略。

无差异化营销策略的优点：产品品种少，适合大批量生产，能够发挥规模经济的优势，降低生产成本；减少市场调研、细分市场、广告和推销等费用。

无差异化营销策略的缺点：应变能力差，一旦市场需求发生变化，难以及时调整企业的生产和市场营销策略；对目标市场的依赖性强，风险较大；当同类企业均采用这种策略时，必然形成激烈的竞争；全体消费者长期接受一种产品是不可能的。

无差异化营销策略适用于少数消费者需求同质的产品；具有广泛需求，能够大量生产、大量销售的产品；用以探求消费者购买情况的新产品和某些具有专利的特殊产品。在现代市场营销实践中，该策略只有少数企业采用，而且不宜长期采用。

2. 差异化营销

差异化营销是企业决定同时为几个子市场服务，设计不同的营销组合以适应各个子市场需要的营销。例如，某公司经营了 900 家鞋店，分为 4 种不同的连锁形式（高价鞋店、中价鞋店、廉价鞋店和时装鞋店）。每一种连锁形式针对一种不同的细分市场，并且这 4 种连锁形式的鞋店往往在一条街上，相互离得很近，却不会影响彼此的生意。

采用差异化营销策略的最大优点是可以有针对性地满足具有不同特征的顾客群的需要，提高产品的竞争力。但是，这种策略也会由于产品品种、销售渠道、广告宣传的扩大化与多样化，致使市场营销费用大幅度增加。差异化营销的优势，基本上也是差异化营销的劣势。因此，企业在市场营销中有时需要将“反细分”或“扩大顾客的基数”作为对差异化营销策略的补充和完善。比如，某乳制品企业把整体市场按年龄细分为几个子市场，针对不同的目标客户（婴幼儿、老年人、中青年女性等）制定不同的营销渠道和促销策略。

差异化营销往往能够比无差异化营销赢得更高的总销售额，但也会增加成本。

差异化营销策略的优点如下。

（1）小批量、多品种生产，可以更好地满足不同消费者的需要，扩大销售量；经营适应性强，风险分散，企业在竞争中有更大的回旋余地，竞争能力增强。

（2）企业同时在几个细分市场上拥有市场份额，有利于树立良好的企业形象，增加消费者对产品的依赖程度和偏爱程度。

差异化营销策略的缺点：产品、促销方式及其他营销策略的差异化，增加了企业的生产成本、营销成本和管理费用，也增加了企业的管理难度。

差异化营销策略一般适用于生产、经营差异性较大产品的企业以及多品种生产企业。实力雄厚的企业在采用此策略时要慎重，应比较运用此策略所能获得的经济效益是否能够抵消或超过成本的增加，同时不宜涉入过多的细分市场。

3. 集中营销

“尿布大王”日本尼西奇公司

集中营销是将整个市场分割为若干细分市场后，只选择其中一个或少数细分市场为目标市场，开发相应的市场营销组合，实行集中营销。指导思想是把人、财、物集中于某一个细分市场，或几个性质相似的小型市场归并的细分市场。不求在由较多的细分市场组成的目标市场上占有较小的份额，而要在少数或较小的目标市场上得到较大的市场份额。

集中营销策略主要适用于资源有限、实力有限的中小企业。如果中小企业能避开大企业竞争激烈的市场，选择一两个能够发挥自己技术、资源优势的小市场，更容易成功。目标集中，可以大大节省营销费用和增加盈利；生产、销售渠道和促销的专业化，也能更好地满足这部分特定消费者的需求，企业易于取得优越的市场地位。

这一策略的不足是经营者承担的风险较大。如果目标市场突然发生变化，目标消费者的兴趣突然转移（这种情况多发生于时髦商品），或是市场上出现了强有力的竞争对手，企业就可能陷入困境。

（二）选择目标市场营销策略的条件

目标市场营销策略的 3 种类型各有利弊，各自适用于不同的企业。企业在选择营销策略以开拓目标市场时，必须全面考虑各种因素，权衡得失。

1. **企业实力**

企业实力是企业在生产、技术、销售、管理和资金等方面力量的总和。如果企业力量雄厚，且市场营销管理能力较强，那既可以选择差异化营销策略，也可以选择无差异化营销策略。如果企业能力有限，则宜选择集中营销策略，以有限力量在细分市场上获得优势。

2. **产品同质性**

同质性产品主要表现在一些未经加工的初级产品上，如水力、电力、石油等，虽然产品在品质上或多或少存在差异，但用户一般不加以区分或难以区分。因此，同质性产品竞争主要表现在价格和提供的服务水平上。该类产品适于采用无差异化营销策略。而对服装、家用电器、食品等异质性需求产品，可根据企业资源力量，采用差异化营销策略或集中营销策略。

3. **产品生命周期阶段**

新产品上市时往往以较单一的产品来探测市场需求，这时产品价格和销售渠道单一化，因此，新产品在引入阶段可采用无差异化营销策略。进入成长阶段或成熟阶段，竞争加剧，同类产品增加，改为差异化营销策略或集中营销策略效果更好。

4. **市场的特点**

如果顾客的需求、偏好较为接近，对市场营销刺激的反应差异不大，则可采用无差异化营销策略，否则，应采用差异化营销策略或集中营销策略。

5. **竞争对手采用的策略**

如果竞争对手采用无差异化营销策略，那么企业选择差异化营销策略或集中营销策略有利于开拓市场，提高竞争能力。如果竞争对手采用差异化营销策略，则企业不应采取无差异化营销策略与其竞争，可以选择对等的或更深层次的市场细分策略或集中营销策略。

三、选择目标市场

企业在市场细分的基础上，确定了目标市场策略之后，就要决定如何选择目标市场了。选择目标市场的首要步骤，是分析评价各个细分市场，在综合比较、分析的基础上选择最优的目标市场。选择目标市场步骤如下。

（一）评价细分市场

评价细分市场，即对各细分市场市场规模和增长率、市场结构吸引力、企业目标和资源等方面的情况进行详细评估。

1. 市场规模和增长率

这项评估主要研究潜在细分市场是否具有适当的规模和增长率。“适当的规模”是一个相对概念，大公司可能偏好产品销售量很大的细分市场，对产品销售量小的细分市场不感兴趣；小公司则由于实力比较弱，会有意避开较大规模的细分市场。细分市场的增长率也是一个重要因素。所有企业都希望目标市场的销售量和利润具有良好的上升趋势，但竞争对手也会迅速进入快速增长的市场，从而使利润率下降。

2. 市场结构吸引力

一个具有适当规模和增长率的细分市场，也有可能缺乏盈利潜力。如果许多势均力敌的竞争对手同时进入一个细分市场，或者说，在某个细分市场中存在很多颇具实力的竞争企业，尤其是该细分市场已趋于饱和或萎缩时，则该细分市场的吸引力就会下降。

所谓吸引力主要指市场长期获利率的高低，决定整体市场或细分市场是否具有长期吸引力的 5 种力量：现有的竞争力量、潜在的竞争力量、替代品竞争力量、购买者竞争力量、供应者竞争力量。企业必须从以下几方面分析这些力量对长期获利率所带来的影响。

（1）细分市场内竞争对手的威胁

现有的竞争力量主要来自细分市场内竞争对手的威胁。如果细分市场内已存在为数众多、实力雄厚或具有侵略性的竞争对手，那么该市场不具备吸引力。

（2）新加入者的威胁

潜在的竞争力量主要来自新进入者的威胁。如果细分市场吸引了新的竞争对手进入，就会增加新的生产能力和耗费大量资源，产生新的市场争夺，这会使这个细分市场逐渐失去吸引力。最有吸引力的市场是进入难、退出容易的市场，即市场外的企业难以进入而市场内经营不佳的企业容易退出的市场。

（3）替代品的威胁

替代品是指能够实现产品同种功能的其他产品，它的出现导致对消费者同类需求的争夺。替代品的竞争力量由下列条件决定：购买者对替代品的接受程度、替代品的相对价格和性能、购买者重新选择供应商和选择替代品的转换成本。如果细分市场内已存在替代品或者有潜在的替代品，那么该细分市场就失去了吸引力，因为替代品会限制细分市场内产品价格的上涨和利润的增长。

（4）购买者议价能力增强构成的威胁

购买者竞争力量主要来自细分市场内购买者的议价能力。如果细分市场内的购买者具有很强的或不断增强的议价能力，则该细分市场的吸引力不大。因为购买者会压低价格，或要求更优的产品质量或服务，导致销售者利益受损。

（5）供应者议价能力增强构成的威胁

供应者竞争力量主要来自细分市场内供应者的议价能力。如果企业的供应商通过减少服务或供应数量来讨价还价，那么来自供应者的成本就增大，企业所在的细分市场就没有吸引力了。

竞争五力模型资料

3. **企业目标和资源**

除了上述因素，企业选择目标市场时还需要考虑自身的目标和拥有的资源。某些有吸引力的细分市场，如果不适合企业长期目标，也只能放弃，对一些适合企业长期目标的细分市场，企业必须考虑是否具有在该市场获得成功所需要的各种营销技能和资源条件等。

（二）目标市场的选择

一般情况下，企业有 5 种可参考的目标市场模式。

1. **产品—市场集中化**

这是一种最简单的目标市场模式。企业选取一个细分市场，生产一种产品，供应给单一的顾客群，进行集中营销。例如，某一服装厂只生产儿童服装。选择产品—市场集中化模式一般基于以下考虑：企业具备在该细分市场从事专业化经营或取得目标利益的优势条件；限于资金缺乏、能力不足，只能经营一个细分市场，该细分市场中没有竞争对手，企业准备以此为出发点，取得成功后向更多的细分市场扩张。产品—市场集中化如图 5-1 所示。

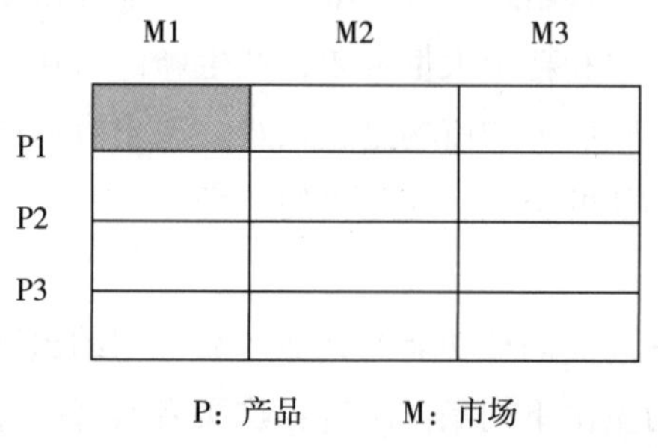

图 5-1　产品—市场集中化

2. **产品专业化**

产品专业化是指企业集中生产一种产品，并向各类顾客销售这种产品。例如，饮水器厂只生产一种饮水器，同时向家庭、机关、学校、银行、餐厅、招待所等各类用户销售。产品专业化模式的优点是企业专注于某一种或某一类产品的生产，有利于形成和发展生产和技术上的优势，在该领域树立专业形象。局限性是该领域出现一种全新的技术与产品时，企业产品销售量可能会大幅度下滑。产品专业化如图 5-2 所示。

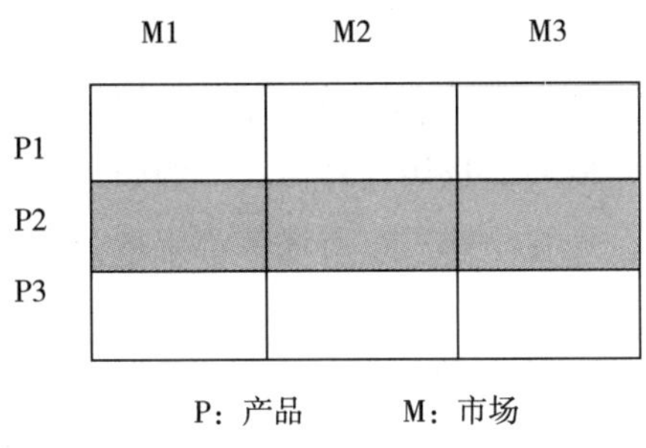

图 5-2　产品专业化

3. 市场专业化

市场专业化是指企业专门经营满足某一类顾客群体需要的各种产品。市场专业化经营的产品类型很多，能有效地分散经营风险，但当这类顾客群体的需求减少时，企业也会面临收益下降的风险。市场专业化如图 5-3 所示。

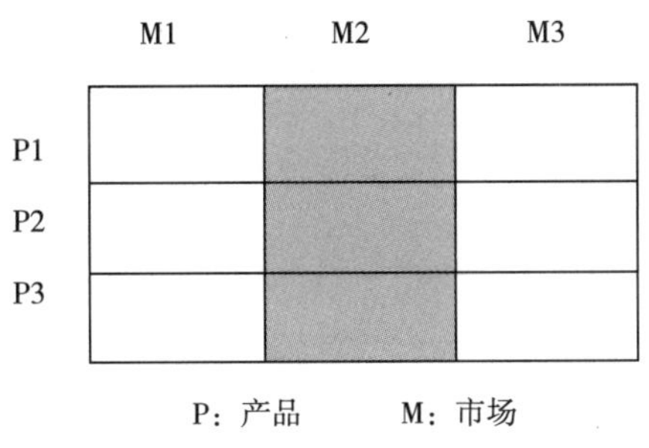

图 5-3　市场专业化

4. 选择专业化

选择专业化是企业选取若干个具有良好的盈利潜力和结构吸引力，且符合企业目标和资源水平的细分市场作为目标市场，每个细分市场与其他细分市场的联系均较少的情况。优点是可以有效地分散经营风险，即使某个细分市场盈利情况不佳，企业仍可在其他细分市场实现盈利。采用这种模式的企业应该具有比较充裕的资源和比较强的营销实力。选择专业化如图 5-4 所示。

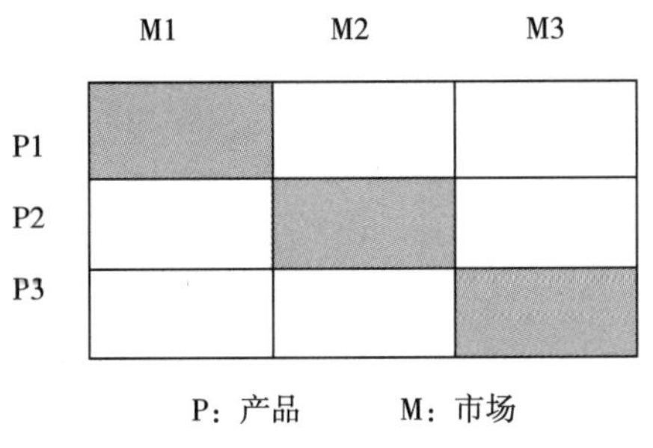

图 5-4　选择专业化

5. 市场全面化

市场全面化是指企业生产多种产品以满足各种顾客群体需要的情况。一般来说，实力雄厚的大型企业在一定阶段会选用这种模式。例如，美国的 IBM 公司在全球计算机市场、日本的丰田汽车公司在全球汽车市场等都采取过市场全面化的策略。市场全面化如图 5-5 所示。

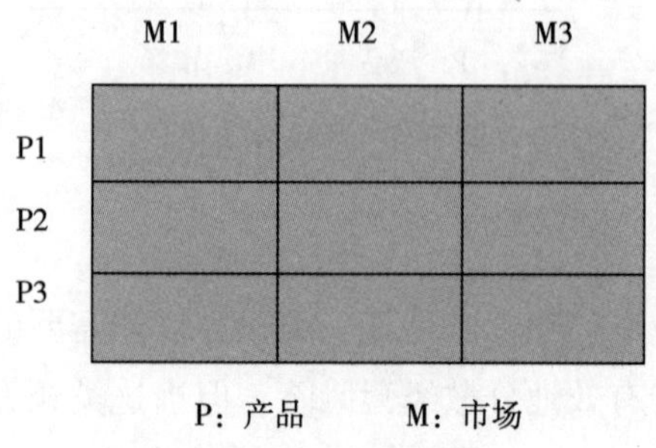

图 5-5　市场全面化

某公司目标市场选择

学习表单

5 种目标市场模式及特征

目标市场模式	特征
产品—市场集中化	
产品专业化	
市场专业化	
选择专业化	
市场全面化	

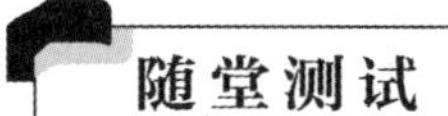

随堂测试

任务工单

<table>
<tr><td rowspan="2">第（ ）组</td><td>姓名</td><td></td><td></td><td></td><td></td><td></td><td></td></tr>
<tr><td>学号</td><td></td><td></td><td></td><td></td><td></td><td></td></tr>
<tr><td>任务名称</td><td colspan="7">目标市场</td></tr>
<tr><td>任务目的</td><td colspan="7">能够根据产品特征、消费者特点等选择合适的目标市场</td></tr>
<tr><td>任务描述</td><td colspan="7">各学习小组根据所学内容和兴趣范围，自找资料（或教师提供资料），进行某产品的目标市场选择。
考核点：目标市场选择合理</td></tr>
<tr><td>任务实操</td><td colspan="7">（任务呈现形式：□Word 文字版　□视频　□小组现场完成图片　□Excel 表格）</td></tr>
</table>

任务评价

本次任务完成后，由任课教师主导，采用学习过程评价与学习结果评价相结合的形式，综合运用自我评价、小组评价及教师评价 3 种方式，由教师确定 3 种评价方式的权重并计算出学生本次任务的考核评价得分。

任务完成考核评价表

班级		学生姓名	
项目名称	项目五　制定 STP 策略	任务名称	任务二　目标市场
自我评价			
评价内容与分值	对知识技能的掌握程度（20 分）	成绩（分）	
	学习表单完成情况（20 分）		
	任务工单完成情况（40 分）		
	小组内工作胜任情况（20 分）		
合计		分	
小组评价			
评价内容与分值	本小组本次任务完成质量（30 分）	成绩（分）	
	个人本次任务完成质量（30 分）		
	个人参与小组活动的态度（20 分）		
	个人的合作精神和沟通能力（20 分）		
合计		分	
教师评价			
评价内容与分值	本小组本次任务完成质量（30 分）	成绩（分）	
	个人本次任务完成质量（30 分）		
	个人小组活动参与度（20 分）		
	个人对本次任务的贡献度（20 分）		
合计		分	
总成绩 = 自我评价×20%+小组评价×30%+教师评价×50% =		分	

任务三　市场定位

任务描述

<table>
<tr><td>项目名称</td><td>项目五　制定 STP 策略</td><td>任务名称</td><td>任务三　市场定位</td></tr>
<tr><td rowspan="3">学习目标</td><td>知识目标</td><td colspan="2">1. 掌握市场定位的概念
2. 掌握市场定位的原则
3. 掌握市场定位的步骤
4. 掌握市场定位的策略</td></tr>
<tr><td>能力目标</td><td colspan="2">能根据要求进行某产品的市场定位</td></tr>
<tr><td>思政目标</td><td colspan="2">培养爱国情怀和民族品牌认同感</td></tr>
<tr><td>任务内容</td><td colspan="3">本任务引导学生掌握市场定位的概念、原则、步骤和策略。
学习本任务，学生应根据要求选择某产品的市场定位策略</td></tr>
<tr><td>任务准备</td><td colspan="3">在网络上搜索关于企业市场定位的资料，根据要求进行某产品的市场定位</td></tr>
</table>

任务知识

一、市场定位的含义

市场定位又称产品定位或竞争性定位，是指企业根据竞争对手现有产品在细分市场上所处的地位和顾客对产品某些属性的重视程度，塑造出本企业产品与众不同的鲜明个性或形象，并传递给目标顾客，使该产品在细分市场上处于强有力的竞争位置的过程。例如，圆通秉持“客户要求，圆通使命”的宗旨；顺丰主要通过提供差异化的服务赢得新市场，注重业务创新，如利用代收货款、签单返还、时效件产品等增值服务产品的运作来扩大市场范围；EMS 在我国的网点覆盖率则是最广的。每种品牌都应突出一种属性，如“好的质量”“周到的服务”“优惠的价格”“先进的技术”等。

市场定位的目的是取得目标市场的竞争优势，确定产品在顾客心中的适当位置并留下深刻的印象，以便吸引更多的潜在顾客。市场定位是一个连续的过程，不应仅停留在为某种产品确立和塑造个性与形象阶段，更重要的是通过一系列营销活动把这种个性与形象传达给顾客，并在变化的环境和激烈的竞争中不断巩固市场形象。

市场定位是以产品为出发点，针对一种商品、一项服务、一家公司、一所机构甚至一个人开展的活动。市场定位的对象不是产品，而是潜在顾客的思想。也就是说，要为产品在潜在顾客心目中确定一个合适的位置。具体来讲，就是企业从各方面为产品创造特定的市场形象，使之显示出与竞争对手产品不同的特色，以求在目标顾客心目中形成一种特殊的偏爱。这种产品形象和特色，既可以从产品实质和产品形式上表现出来，如产品的性能、成分、形状、构造等，也可以从消费者心理和消费时尚方面表现出来，如豪华、朴素、典雅、时髦、舒适等，还可以通过两方面的共同作用表现出来，如技术先进、物美价廉、服务周到等。企业所树立的产品形象、市场位置是否恰当，要与竞争对手的产品作比较。

市场定位原则

二、市场定位的原则

市场定位的原则：属性及利益原则；价格与质量原则；产品用途原则；使用者原则；档次原则；竞争地位原则；多重因素原则。

三、产品的市场定位

（一）市场定位的步骤

1. 识别潜在竞争优势

识别潜在竞争优势是市场定位的基础。通常企业的竞争优势表现在两个方面：成本优势和产品差别化优势。成本优势是指企业能够以比竞争对手低廉的价格销售相同质量的产品或以相同的价格水平销售更高一级质量水平的产品。产品差别化优势是指产品独具特色的功能且可以满足顾客需求的优势，即企业能向市场提供在质量、功能、品种、规格等方面比竞争对手更好的产品。

为识别潜在竞争优势，首先，企业必须进行规范的市场研究，切实了解市场需求特点以及这些需求被满足的程度。这是能否取得竞争优势、实现产品差别化的关键。其次，要研究主要竞争对手的优势和劣势，从 3 个方面评估竞争对手：一是竞争对手的业务经营情况，如近 3 年的销售额、利润率、市场份额、投资收益率等；二是竞争对手的核心营销能力，主要包括产品质量和服务质量的水平等；三是竞争对手的财务能力，包括获利能力、资金周转能力、债务偿还能力等。最后，分析自身的资源特点与优势和劣势。一方面，企业资源是有限的，只能重点集中于某些方面，使企业可以在明确顾客需求的前提下充分发挥资源的优势；另一方面，要注意企业资源与竞争对手资源的比较优势。

2. 准确选择竞争优势

竞争优势是企业能够胜过竞争对手的能力。这种能力既可以是现有的，也可以是潜在的。选择竞争优势实际上就是一个企业与竞争对手各方面实力相比较的过程。虽然差异化可以帮助企业在市场上取得一定的竞争优势，但对企业来讲，并非所有的差异化都能形成竞争优势，并非所有的竞争优势在市场定位中都有用。比较的指标应该是一个完整的体系，只有这样，才能准确地选择相对竞争优势。通常的方法是分析企业与竞争对手相比，在经营管理、技术开发、采购、生产、市场营销、财务和产品 7 个方面究竟哪些是强项，哪些是弱项。最终形成核心优势，然后放大优势，形成自己独有的风格，与竞争对手产生明显的差异，并由此决定采用哪一种定位策略。

3. 传播独特的竞争优势

企业在选择了竞争优势之后，就要通过一系列的宣传促销活动把自己的定位信息和企业形象传播给消费者了，以引导和影响消费者，使消费者接受、认同企业的这种独特的竞争优势，在消费者心目中留下深刻的印象。

企业应避免以下 4 种错误的市场定位。

（1）定位不足

定位不足指企业并没有得到目标市场顾客的认可，顾客对企业的宣传印象模糊或是不觉得企业产品有何特殊优势，产品品牌的差异性不能突出，没有在顾客心目中树立明确的形象。

（2）定位过度

有些企业为了使目标市场顾客建立起对自己品牌的偏好，采用过分的宣传，提供过度的许诺，反而使顾客难以相信。

（3）定位狭窄

企业没有认清目标市场顾客的心理偏好，使原本可以适宜更多顾客的产品仅仅只适宜于其中一小部分顾客，致使产品定位过于狭窄，大多数顾客的需要得不到真正满足。

（4）定位混乱

定位混乱指企业的定位无法建立有利且稳定的位置，品牌特征太多，或者品牌定位改变太过频繁，导致顾客产生混乱、模糊不清的印象。

（二）市场定位的策略

1. 避强定位

避强定位是一种避开强大的竞争对手而进行市场定位的策略。企业并不与竞争对手直接抗衡，而是将自己置于某个空隙市场。企业通过分析评估竞争对手的位置、消费者的实际需求和自己的产品属性等内容，寻求现有市场存在的缝隙或空白。如果这一缝隙或者空白市场有足够的需求，那么企业就可以将此作为一个潜在市场。当企业发现自身的产品难以与竞争对手正面交锋，或者发现这一潜在市场比原有市场更有潜力时，企业就可以通过开发特色产品来开拓这一潜在市场。

避强定位的好处：能够迅速在空隙市场上站稳阵脚，尽快在消费者心中树立起一定的形象。避强定位的市场风险较小，成功率较高，因此常常为多数企业所采用。

2. 迎头定位

迎头定位是一种与强有力的竞争对手“对着干”的定位策略，即企业选择与竞争对手相重合的市场位置，抢占同样的目标客户，彼此在产品、价格、分销、促销等方面采取相似的策略。采用这种定位策略，企业必须具有比竞争对手更强的优势，拥有比竞争对手更大的竞争资本和能力，能提供优于竞争对手的产品，使更多的目标客户乐于接受本企业的产品，而不愿意接受竞争对手的产品。

i茅台9款产品

3. 重新定位

企业通常会对那些销路不佳、市场反应不良的产品进行重新定位。产品初次定位后，一方面，新的竞争对手进入目标市场，选择与本企业相似的市场位置，抢占相同的目标市场份额，这会使本企业产品的市场份额减少；另一方面，顾客需求偏好发生变化，原来喜欢本企业产品的消费者转而喜欢竞争对手的产品，从而使本企业产品的市场份额减少。在这些情况下，企业就必须对其产品原先的定位进行重新思考，再次定位。一般而言，重新定位既可能是企业摆脱经营困境，寻求新的竞争优势的手段，也可能是企业由于发现新的产品市场而采用的一种策略。

学习表单

市场定位原则及举例

市场定位原则	举例
属性及利益原则	
价格与质量原则	
产品用途原则	
使用者原则	
档次原则	
竞争地位原则	
多重因素原则	

随堂测试

任务工单

<table>
<tr><td rowspan="2">第（ ）组</td><td>姓名</td><td></td><td></td><td></td><td></td><td></td><td></td></tr>
<tr><td>学号</td><td></td><td></td><td></td><td></td><td></td><td></td></tr>
<tr><td>任务名称</td><td colspan="7">市场定位</td></tr>
<tr><td>任务目的</td><td colspan="7">能根据资料选择某产品的市场定位策略</td></tr>
<tr><td>任务描述</td><td colspan="7">各学习小组根据所学内容和兴趣范围，自找资料（或教师提供资料），选择某产品的市场定位策略。
考核点：产品市场定位策略合理</td></tr>
<tr><td>任务实操</td><td colspan="7">（任务呈现形式：□Word 文字版 □视频 □小组现场完成图片 □Excel 表格）</td></tr>
</table>

任务评价

本次任务完成后，由任课教师主导，采用学习过程评价与学习结果评价相结合的形式，综合运用自我评价、小组评价及教师评价 3 种方式，由教师确定 3 种评价方式的权重并计算出学生本次任务的考核评价得分。

任务完成考核评价表

<table>
<tr><td>班级</td><td></td><td>学生姓名</td><td></td></tr>
<tr><td>项目名称</td><td>项目五　制定 STP 策略</td><td>任务名称</td><td>任务三　市场定位</td></tr>
<tr><td colspan="4">自我评价</td></tr>
<tr><td rowspan="4">评价内容与分值</td><td>对知识技能的掌握程度（20 分）</td><td rowspan="4">成绩（分）</td><td></td></tr>
<tr><td>学习表单完成情况（20 分）</td><td></td></tr>
<tr><td>任务工单完成情况（40 分）</td><td></td></tr>
<tr><td>小组内工作胜任情况（20 分）</td><td></td></tr>
<tr><td colspan="2">合计</td><td colspan="2">分</td></tr>
<tr><td colspan="4">小组评价</td></tr>
<tr><td rowspan="4">评价内容与分值</td><td>本小组本次任务完成质量（30 分）</td><td rowspan="4">成绩（分）</td><td></td></tr>
<tr><td>个人本次任务完成质量（30 分）</td><td></td></tr>
<tr><td>个人参与小组活动的态度（20 分）</td><td></td></tr>
<tr><td>个人的合作精神和沟通能力（20 分）</td><td></td></tr>
<tr><td colspan="2">合计</td><td colspan="2">分</td></tr>
<tr><td colspan="4">教师评价</td></tr>
<tr><td rowspan="4">评价内容与分值</td><td>本小组本次任务完成质量（30 分）</td><td rowspan="4">成绩（分）</td><td></td></tr>
<tr><td>个人本次任务完成质量（30 分）</td><td></td></tr>
<tr><td>个人小组活动参与度（20 分）</td><td></td></tr>
<tr><td>个人对本次任务的贡献度（20 分）</td><td></td></tr>
<tr><td colspan="2">合计</td><td colspan="2">分</td></tr>
<tr><td colspan="4">总成绩 = 自我评价×20%+小组评价×30%+教师评价×50% =　　　　分</td></tr>
</table>

思政园地

华为是一家民营通信科技公司，其主营业务是生产并销售通信设备，主打产品是涉及通信网络的设施设备，服务对象为全球通信运营商及专业网络用户，为服务对象提供软硬件设备、服务及解决方案。

华为的客户群体主要是世界各地通信运营商及专业网络拥有者，因此，可以根据企业细分原则进行市场细分，如按行业因素、地理因素、用户偏好细分企业市场。

一直以来，华为致力于创新研发产品和提供可行性的解决方案，在通信行业领域获得一定的成就，不仅是国内市场的龙头招牌，在国际市场也得到高度肯定。为了更有效地进行市场细分，华为公司在持续占据第三世界市场份额的同时，也进军发达国家市场，实施战略布局，把注重产品创新和具有设备技术研发能力的企业（服务对象）定为目标客户群体。

经过多年努力，华为现已发展为一家全球化公司，凭借雄厚的团队实力，针对不同用户需求，进行创新研发，赢得了“业内技术领导”的口碑。

资料来源于网络，有删改。

【讨论】

华为的STP战略（市场细分、目标市场选择、市场定位）是如何助力其成为全球领先通信企业的？谈谈企业应如何在激烈的市场竞争中找准定位并实现可持续发展。

【思政融入】

引导学生分析华为通过技术创新（如5G、5G-A）和市场细分策略（按行业、地理、用户偏好等）实现市场突破的案例，强调创新是企业发展的第一动力，培养学生对科技创新的重视。结合华为的市场定位和全球布局，讨论企业如何在全球市场中找准定位，引导学生认识到企业在追求经济效益的同时也应积极履行社会责任，推动社会进步和可持续发展，培养学生的创新意识、全球视野、社会责任感和爱国情怀，增强学生对我国科技发展的信心和对民族品牌的认同感。

项目六　制定产品策略

学习目标

1. 知识目标

- 掌握产品整体、品牌、包装、产品生命周期、新产品等相关概念
- 熟悉产品分类、产品组合优化方法及设计策略
- 掌握品牌、包装设计的要求和策略
- 熟悉品牌、包装作用，了解包装的分类
- 掌握产品各生命周期特点和策略
- 熟悉新产品开发管理程序、开发策略

2. 能力目标

- 能够运用所学的营销知识设计整体产品
- 能够根据产品特点设计适合产品的品牌与包装
- 能够根据市场需求开发新产品

3. 思政目标

- 顾客至上，整体思维
- 民族品牌，中国骄傲
- 开拓精神，创新意识

思维导图

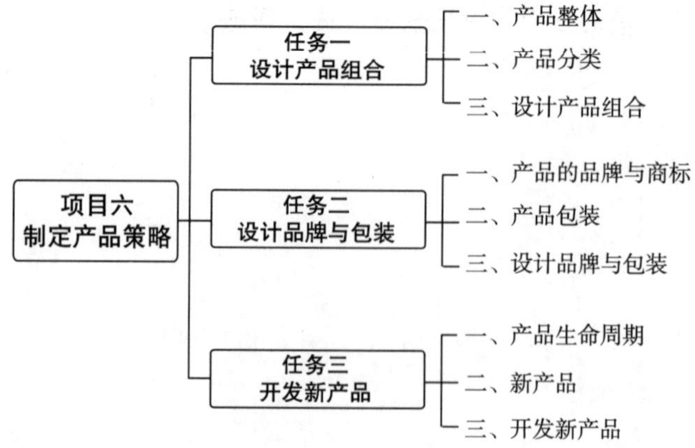

案例导入

劳斯莱斯（Rolls-Royce）是汽车王国雍容高贵的标志，它不仅是财富的象征，更是身份和地位的标志。劳斯莱斯汽车价格惊人，是因为劳斯莱斯的整体产品做得太出色了。

首先是它的核心产品。顾客买汽车，有比劳斯莱斯更优的选择，有的车子性能也不错，价钱却比劳斯莱斯便宜很多，为什么顾客一定要买劳斯莱斯呢？这是因为顾客真正要买的不是一个代步的工具，而是一种身份和地位的象征。这种核心产品只有劳斯莱斯能提供给他们，这是其他产品所不具备的核心价值，顾客愿意为这个核心产品支付更高的价格，因为这个核心产品给他们带来了太多的满足感。

其次是它的有形产品。并不是什么样的车子都配得上这样昂贵的价格，也并不是所有的车子都能作为身份和地位的象征。每一部劳斯莱斯都是精雕细刻的艺术品，尽善尽美。每一部劳斯莱斯都是非常坚固、耐用的，人们几乎听不到噪声，觉不出晃动。在第一次世界大战后，经过评比和对该车各种性能进行严格审查，劳斯莱斯获得了“世界第一”的光荣称号。这样出色的有形产品，才能发挥出身份和地位的象征这样的核心价值。

最后是它的附加产品。劳斯莱斯的售后服务也是非常到位的。有这样一个故事可以说明劳斯莱斯的售后服务之好：有一次，一对美国夫妇开着劳斯莱斯到欧洲去旅行，车子行驶到法国一个村落时后轴断裂，这里离劳斯莱斯的修理店有数百公里，这对夫妇直接打电话到劳斯莱斯的总部发牢骚。让人想不到的是，两三个小时后，一架直升机降落在这辆车的旁边，劳斯莱斯公司居然专门派人开直升机来维修！

精益求精的有形产品，能够给顾客带来巨大满足感的核心产品，再加上出色的附加产品，劳斯莱斯的整体产品堪称完美，昂贵的价格也就不足为奇了。

请思考：

1. 劳斯莱斯为什么这么贵？
2. 劳斯莱斯“整体产品”指哪几个部分？

任务一　设计产品组合

任务描述

<table>
<tr><td>项目名称</td><td>项目六　制定产品策略</td><td>任务名称</td><td>任务一　设计产品组合</td></tr>
<tr><td rowspan="3">学习目标</td><td>知识目标</td><td colspan="2">1. 掌握产品整体、产品组合及相关概念
2. 掌握三层产品整体含义
3. 熟悉产品分类
4. 熟悉产品组合优化方法及设计策略</td></tr>
<tr><td>能力目标</td><td colspan="2">能够运用所学的营销知识设计整体产品</td></tr>
<tr><td>思政目标</td><td colspan="2">顾客至上，整体思维</td></tr>
<tr><td>任务内容</td><td colspan="3">本任务引导学生掌握产品整体、产品组合及相关概念、三层产品整体含义，熟悉产品分类、产品组合优化方法及设计策略。
学习本任务，可以让学生根据资料设计产品组合并提出合理化建议</td></tr>
<tr><td>任务准备</td><td colspan="3">在网络上搜索关于产品及产品组合的资料，为后面分析产品组合设计作准备</td></tr>
</table>

任务知识

产品本质上是企业生产经营与销售管理的对象。大数据时代，面对消费者日益个性化的需求，研究、制订产品计划和产品策略是企业营销管理活动的重要组成部分。产品是企业市场营销组合当中最重要的一个因素，是营销组合中其他策略的基础。进行有关产品决策，首先要知道什么是产品整体概念。

一、产品整体

（一）产品整体概念

对于营销人员来说，了解和明确产品的概念有着非常重要的意义。市场营销学所讲的“产品”，不同于生活中我们所看到的有形的、具体的物品。市场营销学的“产品”概念通常为产品整体概念，即由满足消费者一定欲望和需求，能给消费者带来有形利益和无形利益的有形实体、无形服务、功能属性等组合而成的整体。

（二）三层产品整体

三层产品整体包括三个层次的内容，分别是核心产品、有形产品和附加产品（见表 6-1、图 6-1）。现实生活中，我们所提到的产品，通常指产品整体概念中的第二个层次，即有形产品。

表 6-1　　三层产品整体

层次名称	内容解释	产品特征
核心产品	也称实质产品，指能够提供给购买者基本效用或利益的产品，是购买者追求的中心内容	产品给客户带来利益，是顾客真正想要的东西
有形产品	也称形式产品，是产品在市场出现时的具体物质外形，它是产品的形式、外壳，核心产品只有通过有形产品才能体现出来	质量、款式、特色、包装等
附加产品	顾客购买产品所得到的各种附加利益的总和	安装、使用指导、质量保证、维修等售后服务

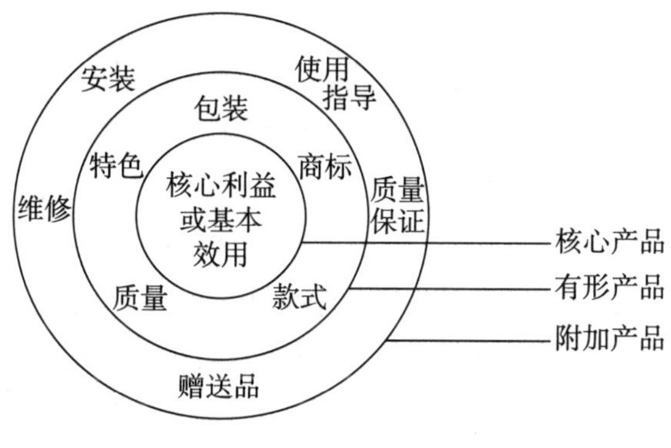

图 6-1　三层产品整体

总之，核心产品、有形产品和附加产品这三个层次结合起来，就是产品的整体概念。任何一个层次的薄弱，都会削弱整体产品的竞争力。只有了解了产品的整体概念，才能全方位地满足顾客的需求。

（三）产品整体概念对企业营销活动的作用

产品整体概念清晰地体现了现代市场营销以顾客为中心的观念特征。只有正确理解产品整体概念，才能真正贯彻市场营销观念的要求，全面满足顾客的需要，使企业在竞争中处于有利地位。产品整体概念对企业营销活动的作用如下。

一是能够更好地理解产品是具有有形特征和无形特征的综合体。一方面，企业在产品设计、开发过程中，应该针对性地提供不同功能，以满足顾客的不同需要，同时，要保证产品的可靠性和经济性；另一方面，企业应充分重视产品的无形特征，它是产品竞争能力的重要构成因素。产品的无形特征和有形特征的关系是相辅相成的，无形特征包含在有形特征之中并以有形特征为后盾，有形特征又需要通过无形特征来强化。

二是产品整体概念是动态的，产品要适应变化的市场态势。随着市场消费需求水平和层次的提高，市场竞争焦点不断转移，顾客对企业产品提出更高要求。为适应这样的市场态势，产品整体概念的外延不断扩张。当产品整体概念再“外延”一个层次时，市场竞争就将在一个新领域展开。

三是通过产品整体研究能够找准消费者基本利益（核心层），用以指导整个市场营销管理活动。对产品整体概念的理解必须以市场需求为中心。产品整体概念的三个层次，清晰地体现了一切以市场需求为中心的现代营销观念。一个产品的价值高低，是由顾客决定的，而不是由生产者决定的。

四是产品整体的各层次差异构成企业特色，企业要创造自身产品的特色来提高产品竞争力。产品整体概念三个层次中的任何一个要素都可能形成产品与众不同的特点。在产品的基本效用、包装、款式、安装、使用指导、维修等每一个方面，企业都应按照市场需求进行创新设计。

五层产品整体

五是通过产品整体的最佳组合确立产品的市场地位，全方位地满足消费者需求。核心产品可以衍生出一系列有形产品。一般地说，有形产品是核心产品的载体，是核心产品的转化形式。这两者的关系给我们这样的启示：把握核心产品层次，产品的款式、包装、特色等完全可以突破原有的框架，由此开发出一系列新产品。以手机为例，其核心产品层次是“移动通信”，但包装、外形等多种多样，手机产品的有形产品大大发展。

二、产品分类

产品可以根据不同的方法进行分类。不同类型的产品性质存在很大差异，适合不同的营销方法。营销人员如果不清楚自己经营的产品具有何种性质，适合哪种经营方法，那将是非常被动的。现代市场营销学中，产品分类方法如图 6-2 所示。

三、设计产品组合

对于企业来说，只要有产品（品种），就一定会有与之相应的产品经营结构。不管企业领导者对产品（品种）是否有意规划，其结构都客观存在。合理的产品经营结构（范围或品种）是根据市场需求和企业的财力、资源及技术条件确定的，这是任何企业面对市场都必须解决的首要问题。

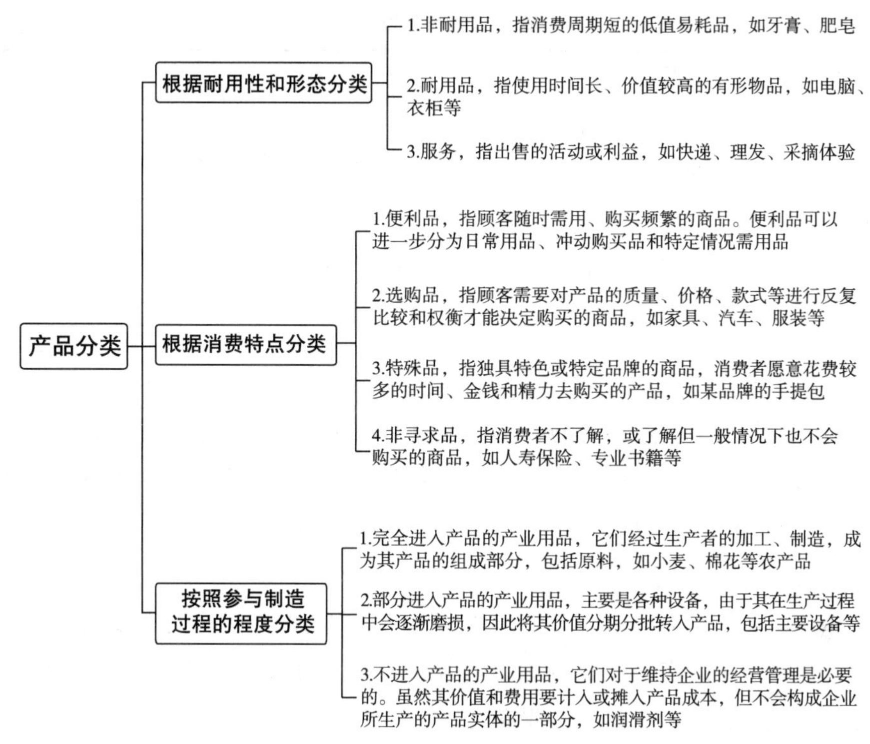

图 6-2　产品分类方法

（一）产品组合

产品组合指企业所经营全部产品的有机构成，或者是各种产品的数量比例。产品组合的容量很大，通常包括很多个产品项目及产品线。产品组合包括 2 个概念（产品线、产品项目）和 4 个因素（产品组合的长度、宽度、深度和相关性）。

1. 2 个概念

（1）产品线

产品线指一组相关产品类别的集合，也就是产品大类。产品线可以依据下述 5 个方面划分：①能够满足消费者相同的需要；②产品构成了一个系列，可以一起使用；③销售给同一类型的消费者；④使用共同的销售渠道和方式；⑤在某种价格范围之内。例如，洗涤用品、饮料、保健品、食品等为产品大类，每个都可以形成一条产品线，每条产品线都包括很多产品项目。

（2）产品项目

产品项目指产品线中包含的每一项具体产品。表 6-2 中的企业有 4 条产品线——食品、保健品、饮品和厨具，食品中的熟食、粮油等就是产品项目。

2. 4 个因素

根据企业所拥有的产品项目和产品线多少不同，产品组合有以下 4 个因素。

表 6-2 某企业的产品组合

产品线	食品	保健品	饮品	厨具
产品项目	熟食	蛋白粉	矿泉水	储物盒
	粮油	灵芝粉	果汁	洗涤用具
	饼干		茶饮	烹调用具
	调料		醋饮料	进餐用具
	干果		碳酸饮料	

（1）产品组合的长度

产品组合的长度指企业拥有的产品项目的平均数，即产品线的平均长度。表 6-2 中，食品这条产品线的产品项目总数是 5，这就是该产品线的长度，而该企业产品组合的长度为（5+2+5+4）/4=4。

（2）产品组合的宽度

一个企业的产品组合中包含多少个产品线，被称为产品组合的宽度或广度。如表 6-2 所示，这家企业的产品组合的宽度为 4。一般大的百货商场经营的产品线较多，所以产品组合较宽，而小店铺或专业商店的产品组合宽度就窄得多，因为其经营的通常只是 1 个产品线。

（3）产品组合的深度

产品组合的深度指一个企业经营的每一个产品项目包含多少种具体的规格、款式、口味等。以表 6-2 中的饮品产品线下的果汁为例，如果该企业生产的果汁有 4 种口味，每种口味有 3 种规格，则该项产品组合的深度就是 12。

（4）产品组合的相关性

产品组合除了长度、宽度、深度，还要考虑产品组合中各产品线之间的相关性。这种相关性，是指各个产品线的最终用途、生产条件和销售渠道或其他方面的关联程度。例如，美国的赫尔克里士公司有很多条产品线，但它们的相关性很高，都与化学有关；日本的综合商社经营的产品从面条到原子能，无所不有，但许多产品之间没有任何联系。

（二）设计产品组合

1. 产品组合优化

一个公司设计的产品组合需要满足目标市场中消费者的需求。公司的资源状况和市场竞争环境在不断变化，公司的产品要想适应变化中的消费者需求，就必须不断优化产品组合，以使每一个产品项目和产品线都能与未来市场需求保持良好的平衡。

产品组合设计可以从以下 3 个方面优化。

（1）改进现有产品

公司可以改进现有产品的品质，加强现有产品的特色，也可以改变现有产品的外在形态。总之，应适应消费者需求变化。

（2）增加新产品

这个新产品是就公司而言的，也就是说，公司从未生产过这一产品，只是由于这一产品的市场销售状况很好，大有潜力，公司才决定合理改变产品结构，生产这一产品。如果所要增加的新产品是市场上从未出现过的，那么公司就必须认真研究、慎重对待，因为它的风险性很大。

（3）剔除旧产品

一个公司必须投产新产品，以适应消费者偏好的变化，也必须剔除不能再继续满足消费者需求的旧产品。

上述 3 种途径，公司可以同时使用，也可以使用其中的一种或两种，但必须有系统性，如剔除旧产品和增加新产品要有承接性，否则会给公司造成损失。每一个公司都必然会遇到这 3 种情况——某些产品前景可观，某些产品销售量正值高峰，某些产品到了必须淘汰的地步，因此，系统性地进行产品组合优化是极为重要的。

产品的剔除、增加和改进，与产品组合宽度、深度以及相关性紧密关联，产品结构是企业发展与产品销售面临的重点问题。产品组合的最优化并不取决于结构的模式，而是取决于产品的销售增长率、市场占有率和利润率。产品组合有多种形式，企业对产品组合宽度、深度和相关性的决策也有多种。

2. 产品组合策略

（1）扩大产品组合

这种策略着眼于增加产品组合的深度和宽度，也就是增加产品线和产品项目，增添经营品种，扩展经营范围。增加的产品线既可以与原产品有密切的关联，也可以不受相关性约束。扩大产品组合策略包括以下 3 种具体策略。

①垂直多样化。这是增加产品组合深度的策略。企业对现有的产品组合，并不增加新的产品线，而是在原有产品线基础上增加新的产品项目。

②水平多样化。这是增加产品组合宽度的策略，即在原有产品组合中增加 1 个或几个新的产品线。

③无关联多样化。这也是一种增加产品组合宽度的策略，但这种策略强调的不是经营与原产品线有关的产品，而是发展与原产品线无关的产品。

（2）缩减产品组合

这种策略着眼于收缩、削减产品线和产品项目。企业为了更好地节约资源，发挥自己的优势，趋向于取消一些产品线或产品项目，力求通过缩减产品组合，取消需求渐弱的产品，集中力量发展销售潜力可观的产品。缩减产品组合策略包括以下 2 种具体策略。

①有限产品线。采用这一产品组合策略的企业，根据自己的特点，将全部力量用于有限的几条甚至 1 条产品线，生产专门产品，以提高企业的销售量和市场占有率。它通常适用于中小型生产企业。

②合并产品项目。这种策略主张将两种以上具有不同功能的产品并为单一产品，达到一物多用的目的。采用这一策略的企业，不仅可以收缩产品线，节约生产成本和销售费用，还可以通过提供适合消费者需要的产品争取到更多顾客。

(3) 产品线延伸决策

产品线延伸策略分为向上延伸、向下延伸和双向延伸 3 种。

①向上延伸策略，指在一种产品线内增加高档产品项目，以提高现有产品的声望，这样既可以增加原有产品的销量，又可以使企业的产品逐步转入高档产品市场。但是，要改变产品在顾客心目中原有的地位比较困难，而且可能会影响原有产品的销售，因此，使用此策略存在一定的风险。

②向下延伸策略，指在高档产品线中增加低档商品，利用高档产品的声誉，吸引更多购买力较低的消费者。缺点：如定位不对，会影响顾客对原有高档产品的印象，使其对高档品产生怀疑。

③双向延伸策略，指经营中档产品的企业，向产品的上、下两个方向延伸，既增加高档产品，又增加低档产品，使产品的覆盖面扩大。

以上 3 种策略均有一定的风险，企业要根据实际情况，权衡利弊后进行选择。

(4) 特殊能力策略和特殊产品策略

①特殊能力策略，是企业凭借自己所拥有的特殊生产条件和生产能力，向消费者提供能满足其特殊需要的产品。具有独一无二的企业环境和生产条件的企业，采用这一策略可以免去竞争对手的威胁。

②特殊产品策略，是企业生产某些具有特定销路的特殊产品，以满足某些有限的市场需要。因为产品具有特殊性，可供销售的市场又不大，所以采用这一策略的企业一般不会遭遇激烈的竞争。

(5) 产品线现代化决策

产品线现代化决策指企业与时俱进，采用现代化、科学的生产经营方式。假如企业产品组合的深度、长度、宽度是合适的，生产方式却很落后，或跟不上消费者需求的潮流，那么就要实行产品线现代化决策，以跟上时代发展的步伐。

产品线现代化决策有两种：渐进更新和快速更新。两种策略各有优缺点：渐进更新可以节省资金，探试市场反应，但容易被竞争对手洞察和模仿；快速更新速度快，不易被竞争对手察觉，可使竞争对手措手不及，但资金投入也相对较高。

学习表单

以某产品为例，以购买者的角色说说其三层产品整体内容。

产品名及具体内容

产品名	具体内容
核心产品	
有形产品	
附加产品	

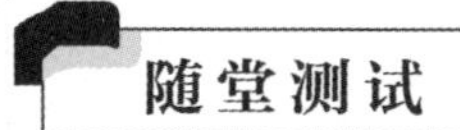

随堂测试

任务工单

<table>
<tr><td rowspan="2">第（ ）组</td><td>姓名</td><td></td><td></td><td></td><td></td><td></td><td></td></tr>
<tr><td>学号</td><td></td><td></td><td></td><td></td><td></td><td></td></tr>
<tr><td>任务名称</td><td colspan="7">设计产品组合</td></tr>
<tr><td>任务目的</td><td colspan="7">能够根据资料，运用所学的营销知识设计整体产品</td></tr>
<tr><td>任务描述</td><td colspan="7">教师提供企业产品组合的相关资料（学生可进一步收集相关资料），学生分组后进行讨论：分析企业产品组合情况，提出合理化建议
考核点：列出企业现有产品组合图，设计合理的产品组合</td></tr>
<tr><td>任务实操</td><td colspan="7">（任务呈现形式：□Word 文字版 □视频 □小组现场完成图片 □Excel 表格）</td></tr>
</table>

任务评价

本次任务完成后，由任课教师主导，采用学习过程评价与学习结果评价相结合的形式，综合运用自我评价、小组评价及教师评价 3 种方式，由教师确定 3 种评价方式的权重，计算出学生本次任务的考核评价得分。

任务完成考核评价表

<table>
<tr><td>班级</td><td></td><td>学生姓名</td><td></td></tr>
<tr><td>项目名称</td><td>项目六　制定产品策略</td><td>任务名称</td><td>任务一　设计产品组合</td></tr>
<tr><td colspan="4">自我评价</td></tr>
<tr><td rowspan="4">评价内容与分值</td><td>对知识技能的掌握程度（20 分）</td><td rowspan="4">成绩（分）</td><td></td></tr>
<tr><td>学习表单完成情况（20 分）</td><td></td></tr>
<tr><td>任务工单完成情况（40 分）</td><td></td></tr>
<tr><td>小组内工作胜任情况（20 分）</td><td></td></tr>
<tr><td colspan="2">合计</td><td colspan="2">分</td></tr>
<tr><td colspan="4">小组评价</td></tr>
<tr><td rowspan="4">评价内容与分值</td><td>本小组的本次任务完成质量（30 分）</td><td rowspan="4">成绩（分）</td><td></td></tr>
<tr><td>个人本次任务完成质量（30 分）</td><td></td></tr>
<tr><td>个人参与小组活动的态度（20 分）</td><td></td></tr>
<tr><td>个人的合作精神和沟通能力（20 分）</td><td></td></tr>
<tr><td colspan="2">合计</td><td colspan="2">分</td></tr>
<tr><td colspan="4">教师评价</td></tr>
<tr><td rowspan="4">评价内容与分值</td><td>本小组本次任务完成质量（30 分）</td><td rowspan="4">成绩（分）</td><td></td></tr>
<tr><td>个人本次任务完成质量（30 分）</td><td></td></tr>
<tr><td>个人小组活动参与度（20 分）</td><td></td></tr>
<tr><td>个人对本次任务的贡献度（20 分）</td><td></td></tr>
<tr><td colspan="2">合计</td><td colspan="2">分</td></tr>
<tr><td colspan="4">总成绩 = 自我评价×20%+小组评价×30%+教师评价×50% =　　分</td></tr>
</table>

任务二 设计品牌与包装

任务描述

项目名称	项目六 制定产品策略	任务名称	任务二 设计品牌与包装
学习目标	知识目标	1. 掌握品牌、商标、包装相关概念 2. 掌握品牌、包装设计的要求和策略 3. 熟悉品牌、包装作用 4. 了解包装的分类	
	能力目标	能够根据产品特点设计适合产品的品牌与包装	
	思政目标	民族品牌，中国骄傲	
任务内容	本任务引导学生掌握品牌、商标、包装相关概念，熟悉品牌、包装作用，掌握品牌、包装设计要求。 学习本任务，学生能够根据资料设计产品品牌与包装		
任务准备	在网络上搜索品牌与包装设计的相关资料，为后面品牌与包装设计作准备		

任务知识

一、产品的品牌与商标

（一）品牌与商标的概念

1. 品牌

学术界对品牌的定义有多种，一般认为，品牌是用以识别某企业的产品并使其与其他竞争产品区别开来的商业名称和视觉标识，通常由文字、图形、符号等组成。品牌包括两个部分的内容：品牌名称和品牌标识。品牌名称指品牌中能够用语言称呼的名称，如“华为”“平谷大桃”“鸿星尔克”等。品牌标识指无法用语言称呼但可以依靠视觉来识别的标识，如“华为”的伞形花形象、“平谷大桃”的天坛形象、“鸿星尔克”的鸿鹄形象等。品牌的内涵见图 6-3。

2. 商标

在我国，商标有注册商标和未注册商标之分。商标和品牌是很容易混淆的两个概念，有时二者可以指相同的事物，但二者又有不同。品牌泛指产品的牌子，是市场概念，商标则是法律术语。有的企业在开展市场营销活动的时候，品牌意识淡薄，产品

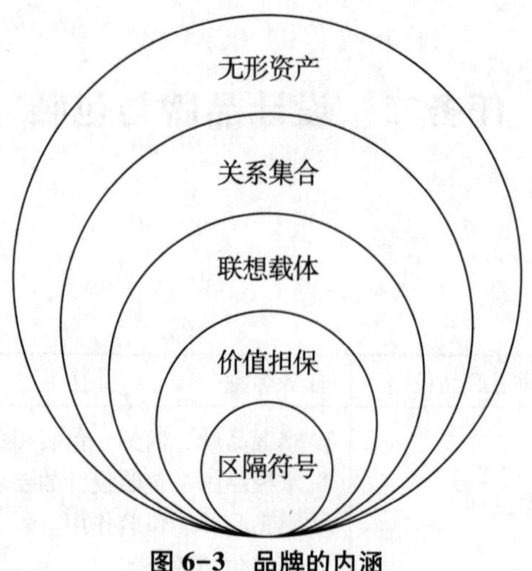

图 6-3　品牌的内涵

非常成功，却不知将商标进行注册，结果被竞争对手抢先注册，造成了很大损失。国际上对商标权的认定，有注册在先和使用在先两种原则，我国主要是采取注册在先的原则，使用在先原则是在非常特殊的情况下才使用。

（二）品牌与商标的作用

为了方便生活，顾客会寻求各种捷径来简化消费决策过程，其中的一条捷径就是依习惯行事，即购买过去自己满意的、熟知品牌的商品。因此，企业经营的目标之一是培养顾客对品牌的忠诚度。顾客品牌忠诚高，可以使产品销量最大化，并且有利于维护企业品牌形象。

品牌与商标在企业市场营销中的作用见图 6-4。

品牌与商标在企业市场营销中的作用

- 1.有利于保护企业正当权益。品牌经注册登记，即可得到法律的保护，防止别人模仿、抄袭或假冒，保护企业的正当权益
- 2.便于企业管理、识别商品。产品的特色和质量特征被简明地由商标来代表，既便于卖主管理订货，也方便顾客选购
- 3.监督和保证产品的质量。商标是商品质量的体现，它可以增强生产者对产品质量的责任感，也便于有关部门和顾客对产品质量进行监督
- 4.宣传产品、促进销售。品牌与商标象征着企业的声誉和产品的质量，有利于企业开辟市场，维护和增强产品竞争力，同时是企业促进销售的重要措施
- 5.良好的品牌有助于企业树立形象。品牌可以帮助企业细分市场，是企业重要的无形资产

图 6-4　品牌与商标在企业市场营销中的作用

二、产品包装

（一）产品包装的概念与作用

1. 包装

包装是为在流通过程中保护产品、方便储运、促进销售，按一定技术方法而采用的容器、材料及辅助物等的总体名称，也指为了达到上述目的而使用容器、材料和辅助物的过程中施加一定方法等的操作活动。包装是产品的盛载物和保护物，是产品运动过程的有机组成部分。

2. 包装的作用

一般来说，绝大多数产品在运输、装卸、分配和使用过程中需要一定的包装，它对于保护商品、健全运输、方便储存、助力销售等都有着重要的作用。从某种意义上来说，包装也是增加产品价值的一种手段。

包装的功能：保护功能；方便功能；销售功能；增值功能。

（二）包装的分类

按作用不同，包装可分为运输包装和销售包装两大类。前者是为了便于商品运输、装卸和储存，习惯上称为大包装或外包装，后者是为了便于商品分配、销售和消费，习惯上称为小包装或内包装。

产品的包装工作涉及的范围较广，其中包括包装材料的选用、容器结构和造型的确定、包装方法以及装潢设计等各个方面。企业必须注意市场调查研究，努力使商品包装达到科学、经济、牢固、美观和适销的要求。

包装的分类见图 6-5。

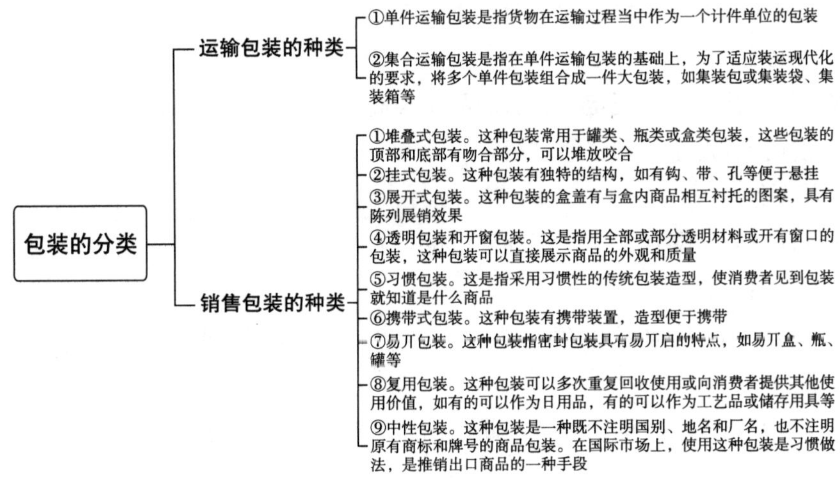

图 6-5 包装的分类

（三）包装化过程

包装化指为产品设计并生产容器或包扎物的一系列活动。策划有效的包装，要进行一系列决策。

1. 建立包装的概念

建立包装的概念，指规定产品包装应为何物及起什么作用。在这一阶段，市场营销人员要确定产品包装的形态、目的和基本功能。

2. 决定包装因素

包装因素指包装物的大小、形状、材料、色彩、文字说明及品牌标识。包装因素是由包装概念决定的，同时又要与价格、广告等市场营销组合因素一致。

（1）包装大小，即包装的尺寸、规格。它主要取决于目标顾客的消费习惯、购买力水平及产品的性能、大小等因素。包装应力求让顾客使用方便，经济合算，过大过小都不利于销售。

（2）包装材料。在包装材料选用上，要注意以下几个方面：能充分保护产品，如防潮、防震、隔热等；有利于促销，开启方便；节省费用，降低售价。

（3）包装形状。它主要取决于产品的物理性质，如固体产品、液体产品在包装形状上有所不同。包装形状应能美化产品，使产品有吸引力，便于运输、装卸、携带及陈列、展示。

三、设计品牌与包装

（一）设计品牌

1. 设计品牌的要求

一般来说，好的品牌设计应符合以下要求。

（1）合规性

品牌设计要符合法律规定。合法的品牌和商标才能受到法律保护；非法的品牌不仅不会受到保护，还会受到法律制裁。

（2）简明性

品牌设计应简洁醒目，易于识别和记忆。

（3）暗示性

成功的品牌设计应能向目标客户群体展示出产品所具有的某些性能、作用等。

（4）新颖性

品牌设计要想成功，标识独特、新颖比简单明了更为重要。

（5）适应性

品牌设计应考虑不同国家的文化背景、宗教信仰等差异。

2. 品牌策略

品牌策略如图 6-6 所示。

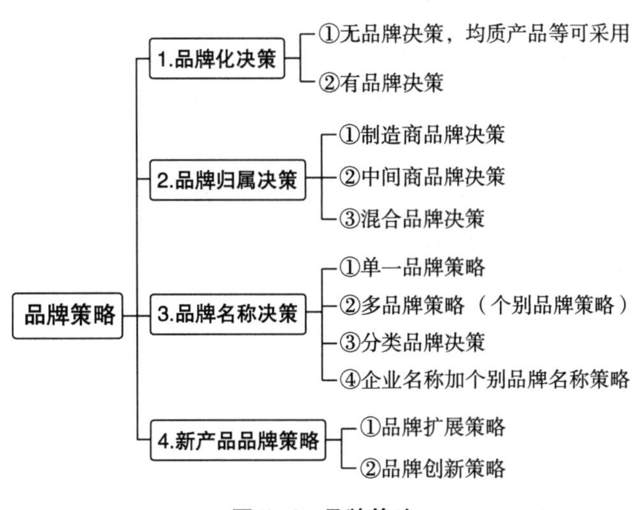

图 6-6　品牌策略

（二）设计包装

1. 包装设计的要求

现代市场营销中，包装不仅起到保护商品的基本作用，更是肩负着推销商品的重要使命。一个好的包装设计应符合以下要求：符合法律法规要求；醒目、独具特色、美观大方；直观、真实、与实物一致；便于消费者识别、选购、携带、储存和使用。

2. 包装装潢和产品包装策略

产品包装装潢是指按照产品的不同属性、形态、数量和销售意图，设计合理的销售包装造型、画面和文字说明。销售包装的造型要美观大方、新颖多样、科学合理，装潢画面的设计要突出商品特点，文字说明要与画面紧密配合、互相衬托、互相补充。文字说明主要包括商标、品牌名、商品名、产地、数量、规格、成分、用途、使用说明等内容。包装装潢还要有艺术吸引力，既要重视商标的宣传，有利于创名牌，还要考虑销售地区消费者的习惯和爱好，使用不同民族或国家的文字，做到准确易懂。一个好的产品包装装潢是非常重要的，它常常可以直接引发消费者的购买行为，如果企业再能配以相应的产品包装策略，那么就会获得更好的销售效果。

包装设计通用要求

目前，中、外市场上常见的包装策略有如下几种。

（1）类似包装策略。企业所有产品均用一种包装装潢。

（2）配套包装策略。企业将相关的一系列产品都纳入一个包装，这样既可以增加销售，也可以方便顾客选购和使用，新旧产品搭配在一起，有利于新产品顺利进入市场。

（3）等级包装策略。企业对不同档次的产品或不同质量的产品使用不同的包装。

（4）差异包装策略。企业生产的各种产品都有其独特的包装设计。

（5）重复使用包装策略，也称再使用包装策略。

（6）附赠品包装策略。这是在国内外市场很流行的一种包装策略，是在包装内附赠奖券或实物，以吸引消费者。

（7）更新包装策略。企业放弃陈旧的、落后的或没有任何影响力的包装，采用新的装潢设计，以改变原来的产品形象。

学习表单

品牌名称策略及优势

品牌名称策略	优势
单一品牌策略	
个别品牌策略	
分类品牌决策	
企业名称加个别品牌名称策略	

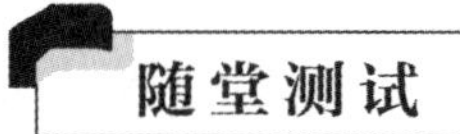

随堂测试

任务工单

<table>
<tr><td rowspan="2">第（ ）组</td><td>姓名</td><td></td><td></td><td></td><td></td><td></td><td></td></tr>
<tr><td>学号</td><td></td><td></td><td></td><td></td><td></td><td></td></tr>
<tr><td>任务名称</td><td colspan="7">设计品牌与包装</td></tr>
<tr><td>任务目的</td><td colspan="7">能够根据要求，设计某产品的品牌与包装</td></tr>
<tr><td>任务描述</td><td colspan="7">各学习小组自己查找资料，选择一种产品，根据产品的消费特点、目标顾客等，为产品设计一个品牌（包括品牌名称与品牌标识），解释该品牌的含义、设计思路。为该产品设计一个合适的包装，解释选择这种包装的原因。
考核点：品牌设计合规、有创意，包装设计合规合理</td></tr>
<tr><td>任务实操</td><td colspan="7">（任务呈现形式：□Word 文字版　□视频　□小组现场完成图片　□Excel 表格）</td></tr>
</table>

任务评价

本次任务完成后，由任课教师主导，采用学习过程评价与学习结果评价相结合的形式，综合运用自我评价、小组评价及教师评价 3 种方式，由教师确定 3 种评价方式权重，计算出学生本次任务的考核评价得分。

任务完成考核评价表

<table>
<tr><td>班级</td><td></td><td>学生姓名</td><td></td></tr>
<tr><td>项目名称</td><td>项目六　制定产品策略</td><td>任务名称</td><td>任务二　设计品牌与包装</td></tr>
<tr><td colspan="4">自我评价</td></tr>
<tr><td rowspan="4">评价内容与分值</td><td>对知识技能的掌握程度（20 分）</td><td rowspan="4">成绩（分）</td><td></td></tr>
<tr><td>学习表单完成情况（20 分）</td><td></td></tr>
<tr><td>任务工单完成情况（40 分）</td><td></td></tr>
<tr><td>小组内工作胜任情况（20 分）</td><td></td></tr>
<tr><td colspan="2">合计</td><td colspan="2">分</td></tr>
<tr><td colspan="4">小组评价</td></tr>
<tr><td rowspan="4">评价内容与分值</td><td>本小组的本次任务完成质量（30 分）</td><td rowspan="4">成绩（分）</td><td></td></tr>
<tr><td>个人本次任务完成质量（30 分）</td><td></td></tr>
<tr><td>个人参与小组活动的态度（20 分）</td><td></td></tr>
<tr><td>个人的合作精神和沟通能力（20 分）</td><td></td></tr>
<tr><td colspan="2">合计</td><td colspan="2">分</td></tr>
<tr><td colspan="4">教师评价</td></tr>
<tr><td rowspan="4">评价内容与分值</td><td>本小组本次任务完成质量（30 分）</td><td rowspan="4">成绩（分）</td><td></td></tr>
<tr><td>个人本次任务完成质量（30 分）</td><td></td></tr>
<tr><td>个人小组活动参与度（20 分）</td><td></td></tr>
<tr><td>个人对本次任务的贡献度（20 分）</td><td></td></tr>
<tr><td colspan="2">合计</td><td colspan="2">分</td></tr>
<tr><td colspan="4">总成绩 = 自我评价×20%+小组评价×30%+教师评价×50% =　　　　分</td></tr>
</table>

任务三　开发新产品

任务描述

<table>
<tr><td>项目名称</td><td>项目六　制定产品策略</td><td>任务名称</td><td colspan="2">任务三　开发新产品</td></tr>
<tr><td rowspan="3">学习目标</td><td>知识目标</td><td colspan="3">1. 掌握产品生命周期、新产品概念
2. 掌握产品各生命周期特点和策略
3. 熟悉新产品开发管理程序
4. 熟悉新产品开发策略和方法</td></tr>
<tr><td>能力目标</td><td colspan="3">能够根据市场需求开发新产品</td></tr>
<tr><td>思政目标</td><td colspan="3">开拓精神，创新意识</td></tr>
<tr><td>任务内容</td><td colspan="4">本任务引导学生掌握产品生命周期、新产品概念，产品生命周期特点和策略，熟悉新产品开发管理程序和新产品开发策略、方法。
学习本任务，学生可以根据要求开发新产品</td></tr>
<tr><td>任务准备</td><td colspan="4">在网络上搜索新产品开发相关资料，为开发新产品作准备</td></tr>
</table>

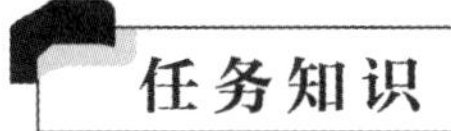

一、产品生命周期

企业研究产品生命周期的发展变化，可以根据产品生命周期的发展阶段，及时、有效地制定市场策略。对企业来说，运用产品生命周期的理论主要有三个目的：缩短产品的介绍期；延长产品在市场的增长阶段；避免产品很快被淘汰。产品生命周期各阶段有各自的特点，企业应主动采取相应的市场策略，以变应变。

（一）产品生命周期的概念

产品生命周期，也称经济生命周期，指产品在市场上因需求而出现，进入市场，直至被淘汰，退出市场的全过程。产品生命周期不同于产品使用寿命，二者是完全不同的两个概念。产品使用寿命指一件产品从新的直到完全不能使用的时间。产品使用寿命是具体的，产品生命周期是抽象的。有的产品生命周期很短，但使用寿命很长，如流行服饰；有的产品使用寿命短，但生命周期长，如鞭炮。了解产品生命周期的概念很重要，它有助于营销人员认识所经营的产品的市场地位、所处的形势、发展前景并据此制定相应的营销策略。一个典型的产品生命周期通常包括4个阶段，分别是介绍期、成长期、成熟期和衰退期，如图6-7所示，每个阶段都有各自的特点和适用的策略。

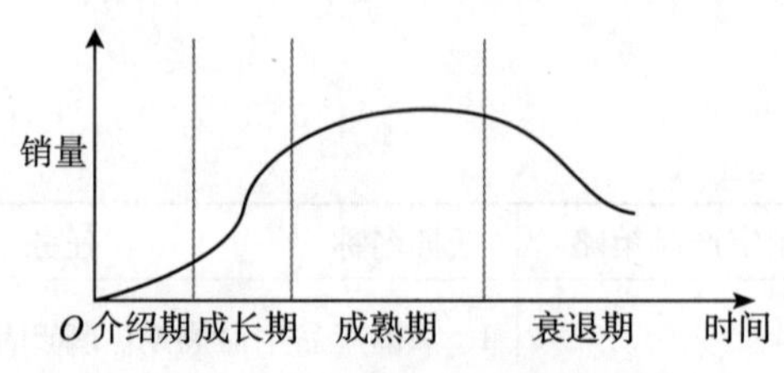

图6-7　产品生命周期形态

产品生命周期的各个阶段并没有明确规定的销量，主要是根据销量曲线的显著变化来区分的。

当然，并不是每种产品的生命周期都呈现这样的形态，不同的产品，生命周期形态是不一样的。有的商品呈现循环的形态，衰退一段时间后，又重新流行起来，然后又衰退，如图6-8所示。

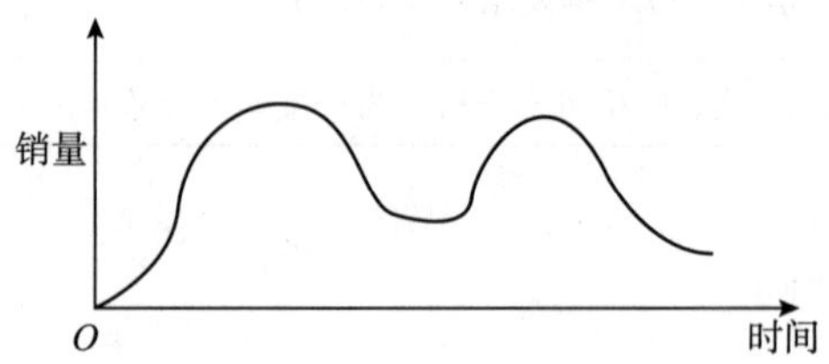

图6-8　循环型产品生命周期曲线

有的产品进入成熟期后，企业不断地开发新的市场，或采取其他有效的营销措施，产品生命周期不断延伸，生命周期曲线呈现扇贝形，如图6-9所示。

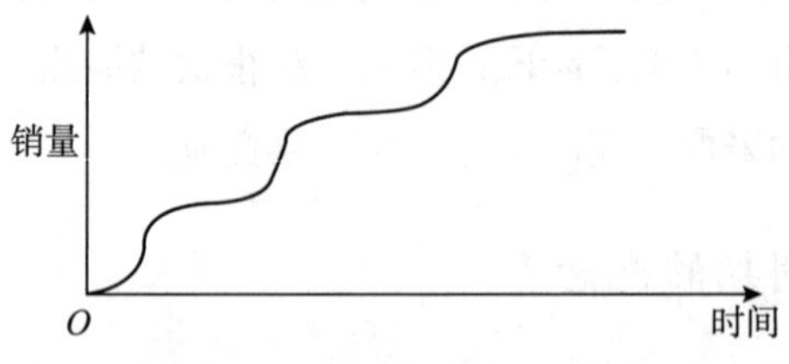

图6-9　扇贝形产品生命周期曲线

一般来说，由于科学技术迅速发展，科技含量高的商品很快就会出现替代品，这类商品成熟期短；流行商品由于消费者偏好变化快，成熟期也很短；消费者偏好稳定、生产技术也稳定的商品，成熟期较长。产品生命周期的不同阶段均有各自的特点，企业要根据产品所处的生命周期阶段来制定相应的营销策略。

（二）产品生命周期各阶段特点和策略

1. 介绍期

介绍期也称导入期。这一阶段，产品刚刚投放至市场，质量性能开始经受考验，成本高，知名度较低，销售量少。此时，为了提高产品销量，企业要提高产品的知名度，进行有力的促销活动。此外，产品刚刚上市，价格制定也是一个极为关键的问题，这将关系到企业产品的销量、所能取得的利润及产品的竞争能力。因此，产品定价和促销费用的高低是介绍期新产品能否成功进入市场的最大影响因素。这一阶段，有 4 种策略可供企业选择。

（1）快取脂策略。这种策略以高价格、高促销水平来推销产品，力求快速打入市场。这种策略适用的市场情况：①消费者对该产品的价格不是很敏感，适当的高价格能被他们接受；②产品知名度很低，大量的促销活动有助于增加产品销量；③企业面临潜在竞争对手的威胁，需要及早树立品牌形象。

（2）慢取脂策略。这种策略以高价格、低促销水平来推销产品，以求获得更多利润。这种策略适用的市场情况：①消费者对该产品价格不敏感，可以接受高价格；②产品已经有了一定的知名度，不需要太高的促销花费；③竞争并不激烈。

（3）快渗透策略。这种策略以低价格、高促销水平来推销产品，先发制人，力求迅速打进市场，取得最大市场占有率。这种策略适用的市场情况：①产品知名度低；②消费者对该产品价格敏感；③竞争非常激烈；④市场容量足够大；⑤产品成本可以随着产品销量的增加而降低。

（4）慢渗透策略。这种策略用低价格和低促销水平来推销产品，以图逐步打入市场。这种策略适用的市场情况：①消费者对该产品价格较敏感；②产品已经有了一定的知名度，不需要再进行大量的促销宣传；③潜在的竞争比较激烈；④市场容量大。

4 种策略均有各自适用的市场条件，企业应根据实际情况选择相应的市场策略。

2. 成长期

这是产品销路已经打开的阶段，它的特点是消费者已经熟悉产品，销量迅速增加，企业利润增长很快，但竞争对手也随之增加。这一阶段企业可以选择的营销策略如下。

（1）努力提高产品质量，改进工艺。

（2）寻求新的细分市场。寻找新的消费者群体，进行新的销售分配。

（3）改变广告宣传重点。从对产品的宣传转到对商标信誉的宣传，努力创名牌，树立产品形象，争取更多的顾客。

（4）设法降低成本，增强竞争能力。

（5）降价。选择适当时机，采取降价策略，吸引更多对价格反应敏感的潜在购买者。

3. 成熟期

这一阶段，产品已达到饱和状态，特点是销量的上升变得缓慢、平稳，类似产品增多，竞争激烈。这一阶段，企业的任务主要是维护市场占有率，延长产品的成熟期。这一时期企业可以采取以下策略。

（1）市场扩张策略。增加现有产品的用途，促使消费者购买产品，即大力推销现有产品。一般有两条途径：一是“激发”现有顾客，增加使用率；二是寻找新的细分市场或进一步细分市场。

（2）加强产品策略。修改产品的样式、提高产品的质量、增加产品的新特点等，结合产品组合策略，调整产品的外延部分。

（3）调整市场营销组合，如削价或间接削价、增加销售渠道、扩大销售网、提出新的广告主题等。

4. 衰退期

这一阶段，无论是企业的销量、现金流量还是顾客数量，都急剧下降。可以说，企业在这一阶段所面临的抉择就是保留产品或淘汰产品。企业建立完整的产品淘汰制度是非常重要的，定期检查各种产品计划的执行情况，有利于企业恰当地做出决策。对此，企业要收集的各方面资料如下：销量、销售额、市场占有率；产品的成本、产品的价格；竞争情况；产品改进情况；促销计划及其执行情况。

一般来说，如果产品销量是由于短期情况而导致衰退，那企业应该持保留产品的态度，采取产品的新生策略，改变市场营销工作，以恢复衰退产品的销量。采取这一策略所要考虑的各种因素如下：重新确定目标市场；改变销售渠道；改变广告媒体和广告主题；增加或减少销售人员及销售费用；改进产品或提高产品质量。

如果经过周密的评价和审查，企业接受产品衰退，那有 3 种市场策略可以选择：

（1）连续策略。继续保持过去的策略不变，仍然沿用原来的细分市场、销售渠道、定价和推广方法，使产品在市场上自然衰竭。

（2）集中策略。企业把资源集中到最有利的细分市场和渠道上去，缩短营销战线，逐步撤回市场营销力量。

（3）榨取策略。精减人员，减少开支费用，选择精干有力的分销机构，获得眼前利益。

二、新产品

（一）新产品的概念

新产品指整体产品的核心及形式部分发生改变以及全新发明创造的产品。

1. 全新产品

全新产品指社会上从未出现过的新产品。这类新产品对技术、设备和资金的要求极高，因而极不易开发。这类新产品一经出现，就会有重大的社会意义，甚至改变人类社会的生活方式，例如蒸汽机、汽车、火箭、光纤维等。

2. 改良新产品

改良新产品指在原有产品基础上改良而成的新产品。这类新产品较易开发，为企业常规性战略的运用提供了广阔的空间。产品改良包括改变或增加产品性能，变换外形、颜色或体积，以及更改品牌或包装等。这类产品之所以被认为是新产品，主要是消费者在这些产品身上感受到了新意。需要注意的是，这类新产品不应构成企业对消费者的欺骗。

（二）新产品开发管理程序

企业制定一套完整的、周密的新产品开发管理程序，是非常重要的，它会大大减少企业风险，使投资新产品成功的概率更高。每个企业的内部条件不同，新产品的性质和特点不同，新产品开发管理程序也就各有特点。一般新产品最基本的开发与管理过程可分成5个阶段，即构思设计阶段、分析筛选阶段、试制阶段、试销阶段和商业性投产阶段。

1. 构思设计阶段

新产品的形成，始于构思设计。所谓构思，就是满足某种市场需求的设想。构思新产品的数目越多，设计方案的选择也就越多，最后供分析筛选的产品项目也就会更加接近实际需要。因此，了解市场需求对构思设计新产品极有帮助，企业应经常分析市场，以探测消费需求的变化。

构思设计思路来源于多方面，一般从企业内部的生产部门和销售部门就能得到，在企业外部，各种经销商、零售商、广告公司、有关专家以及顾客也能提供大量有价值的资料。另外，好的创意也许来自工厂的参观者及各界人士的疑问或批评。当然，还有一个有效的构思来源，那就是竞争对手的成功。因此，企业平时应密切注意市场竞争的动态情况，以便不断巩固自身产品的有利地位。

2. 分析筛选阶段

企业在取得足够多的构思设计后，要对这些创意加以研究，分析其可行性，筛选出可行性较强的产品项目。在这一阶段，企业要确定完整、周密的产品评价标准和成本、销量与利润关系模式。建立这些标准与模式的目的，是淘汰那些没有前途的构思设计，使企业有限的资源集中于成功机会较大的产品项目。因为并不是所有的构思都符合企业目标，也不是所有的设计都能付诸实施。

企业筛选新产品设计方案时，应努力避免两种偏差：一是对某个良好构思的潜在价值估计不足，以致漏选，失去机会；二是误选了没有发展前途的新产品设计方案，最后导致失败。

3. 试制阶段

完成新产品的分析筛选后，企业的研制部门或工程部门就要试制样品了，这是一个很重要的步骤。实际上，在产品试制阶段，企业需要完成两项分析工作：一是研制部门或工程部门进行工程分析；二是销售部门进行消费者分析。这两项分析工作的结果是制成一件体现产品整体概念的新产品。就工程分析方面而言，有关部门要完成外形设计、材料与加工分析、价值分析等；就消费者分析方面而言，有关部门要解决包装设计、厂牌设计、商标设计以及相宜的色调等问题。

经过研究和分析，产品的外观及内涵都应较为适合潜在消费者的要求，这为新产品的试销和最后上市奠定了基础。就消费者利益及有益于销售两个方面而言，制作出的新产品应具备下述特点。

（1）相对优点。相对于已有产品或竞争产品，新产品应有独到之处，优点越大、越明显就越容易被消费者接受。这种优点主要反映在质量、性能、使用、价格等方面。

（2）适应性。若新产品与社会消费习惯及价值观念相适应，就比较容易被接受，反之就难以推广。

（3）简易性。新产品的结构和使用方法要简单易懂，如果用法复杂，消费者难以操作、使用，新产品被接受的过程就慢。

（4）可分割性。消费者购买力不同，生活习惯不同，新产品应力求可以分割，以便于消费者购买。

（5）可试性。潜在顾客对新产品有兴趣以后，通常都想先试一试，满意后再作购买决策，因此，新产品应具备可试性。

（6）明确性。新产品的特点和使用方法应当明确，切忌模糊不清，使人产生怀疑。

4. 试销阶段

新产品正式上市前，企业通常会制造少量产品，投到一定范围的市场进行试销。试销是把新产品首次投入市场并首次实行与之相关的营销策略，以测试主要的中间商和消费者的反应。一般只试销一次，有时会根据情况再次试销，试销的结果决定着新产品的命运。

第一次试销可能有 3 种结果：一是反应良好，企业可决定全面上市；二是反应一般，这种情况下，企业最好分析后再试销，全面上市或放弃上市都不够妥当；三是结果很差，企业应该果断放弃，再试销或修改后再试销都不够明智。

一般企业在实行试销计划的时候，要做出 4 项基本决定：确定试销的地区；合理的试销时间；试销中必须收集的反应资料；试销后所要采取的行动。

5. 商业性投产阶段

新产品试销成功后，企业应立即决定大批量正式投产。新产品上市后首先进入的是产品市场生命周期的介绍期，新产品在这一阶段夭折的实例有很多，企业应该尽最大的努力使新产品尽快度过这一阶段。在商业性投产阶段，企业需要做出 4 个方面的决策：新产品的销售时间；新产品的投放地区和扩散地区；目标市场及产品定位；具体的市场销售策略。

三、开发新产品

（一）新产品开发策略

企业必须有雄厚的实力并充分了解竞争对手和消费者需求，而且新产品要与企业的长期发展战略相适应，这样才能制定切实可行的新产品开发策略，确保新产品上市成功。总结国内外经验，新产品开发策略如图 6-10 所示。

新产品开发策略

新产品开发策略

- **1.挖掘需求的策略：**企业开发新产品的重点，应放在捕捉挖掘市场潜在需求方面，这样才能扩展新的市场领域
- **2.挖掘产品功能策略：**增加产品功能开发新产品，可以延长产品的生命周期，老产品增加新功能、新用途，可以重新受到消费者的欢迎
- **3.以竞争为主旨的开发策略：**抢先策略、紧跟策略
- **4.降低风险策略：**降低投资风险策略、减少资源投入策略、试探风险策略、用户导向策略

图 6-10　新产品开发策略

（二）新产品开发方法

新产品开发方法如下。

1. 系列产品开发法

新产品开发方法

系列产品开发法是为了丰富产品品种、规格，满足各种顾客需求而开发新产品的方法。

2. 方便用品开发法

方便用品开发法是从方便消费者使用或消费的角度出发，以省时、省力、不费心为原则，使商品便于携带和储存的新产品开发方法。

3. 专用产品开发法

现代产品正由大批量、单一品种向小批量、多品种转变，这一过程中使用到的主要的就是专用产品开发法。

4. 材料选用开发法

主要包括：以常用材料替代稀有材料；采用新工艺；使用新型材料。

5. 缺点列举法

无论什么样的产品，都会有缺点。发现了产品的缺点，会使人们产生改变这些缺点的想法，于是新一代的产品便应运而生，其中用到的就是缺点列举法。

6. 特性列举法

这种方法是一种通过列举事物的各种特性以便引发新思维、寻求问题解决途径的创造学方法。

7. 希望点列举法

这是一种由用户对未来产品提出希望或设想并借以开发新产品的方法。

学习表单

产品介绍期的 4 种策略在产品价格和促销方面的特点

产品介绍期策略	特点	
	产品价格	促销
快取脂策略		
慢取脂策略		
快渗透策略		
慢渗透策略		

随堂测试

任务工单

<table>
<tr><td rowspan="2">第（ ）组</td><td>姓名</td><td></td><td></td><td></td><td></td><td></td><td></td></tr>
<tr><td>学号</td><td></td><td></td><td></td><td></td><td></td><td></td></tr>
<tr><td>任务名称</td><td colspan="7">开发新产品</td></tr>
<tr><td>任务目的</td><td colspan="7">能够根据市场需求开发新产品</td></tr>
<tr><td>任务描述</td><td colspan="7">分小组进行，每组自行选择产品，根据营销环境，结合消费者情况，提出新产品创意，形成产品概念；分析并讨论新产品开发在商业上的可能性；撰写新产品开发报告。由教师根据课堂讨论情况、报告的撰写情况赋分
考核点：新产品设计合规、有创意，能够满足消费需求</td></tr>
<tr><td>任务实操</td><td colspan="7">（任务呈现形式：□Word 文字版 □视频 □小组现场完成图片 □Excel 表格）</td></tr>
</table>

任务评价

本次任务完成后，由任课教师主导，采用学习过程评价与学习结果评价相结合的方式，综合运用自我评价、小组评价及教师评价 3 种方式，由教师确定 3 种评价方式的权重，计算出学生本次任务的考核评价得分。

任务完成考核评价表

<table>
<tr><td>班级</td><td></td><td>学生姓名</td><td></td></tr>
<tr><td>项目名称</td><td>项目六　制定产品策略</td><td>任务名称</td><td>任务三　开发新产品</td></tr>
<tr><td colspan="4">自我评价</td></tr>
<tr><td rowspan="4">评价内容与分值</td><td>对知识技能的掌握程度（20 分）</td><td rowspan="4">成绩（分）</td><td></td></tr>
<tr><td>学习表单完成情况（20 分）</td><td></td></tr>
<tr><td>任务工单完成情况（40 分）</td><td></td></tr>
<tr><td>小组内工作胜任情况（20 分）</td><td></td></tr>
<tr><td colspan="2">合计</td><td colspan="2">分</td></tr>
<tr><td colspan="4">小组评价</td></tr>
<tr><td rowspan="4">评价内容与分值</td><td>本小组的本次任务完成质量（30 分）</td><td rowspan="4">成绩（分）</td><td></td></tr>
<tr><td>个人本次任务完成质量（30 分）</td><td></td></tr>
<tr><td>个人参与小组活动的态度（20 分）</td><td></td></tr>
<tr><td>个人的合作精神和沟通能力（20 分）</td><td></td></tr>
<tr><td colspan="2">合计</td><td colspan="2">分</td></tr>
<tr><td colspan="4">教师评价</td></tr>
<tr><td rowspan="4">评价内容与分值</td><td>本小组本次任务完成质量（30 分）</td><td rowspan="4">成绩（分）</td><td></td></tr>
<tr><td>个人本次任务完成质量（30 分）</td><td></td></tr>
<tr><td>个人小组活动参与度（20 分）</td><td></td></tr>
<tr><td>个人对本次任务的贡献度（20 分）</td><td></td></tr>
<tr><td colspan="2">合计</td><td colspan="2">分</td></tr>
<tr><td colspan="3">总成绩 = 自我评价×20%+小组评价×30%+教师评价×50% =</td><td>分</td></tr>
</table>

思政园地

很长一段时间，世界高科技产业几乎被美国等发达国家所垄断。今天，中国在芯片等某些领域仍然受到西方国家的限制。说到大疆无人机，无论是国内还是海外，对它的评价都非常高。大疆几乎垄断了全球市场，在美国拥有超过70%的市场份额。

大疆创新致力于持续推动人类进步，自2006年成立以来，在无人机、手持影像、机器人教育及更多前沿创新领域不断革新技术产品与解决方案，重塑人们的生产和生活方式。大疆创新与全球合作伙伴携手开拓空间智能时代，让科技之美超越想象。2012年，大疆推出了首款全套无人机大疆精灵，配备了外置运动摄像头，无须组装即可起飞。此后，无人机市场从模型飞机市场拓展到航拍市场，其市场份额迅速上升。现如今，大疆已拥有3206项专利，并在美国申请了70多项专利。在无人机领域，没有人能超过大疆。如今，大疆市值已超1600亿元。

资料来源：搜狐，有删减。

【讨论】

大疆无人机是如何通过品牌建设与技术创新打破国际垄断，成为中国科技品牌典范的？谈谈我国科技企业应如何在全球市场中塑造具有国际影响力的品牌。

【思政融入】

通过案例引导学生分析大疆通过持续的技术创新和产品迭代，成功塑造国际知名品牌的过程，讨论我国科技企业如何通过自主创新提升品牌竞争力，强调创新是品牌建设的核心动力。结合大疆在全球市场的成功布局，讨论企业如何通过精准的市场定位和全球化战略提升品牌影响力，引导学生理解在全球化背景下，企业应如何通过品牌建设提升国际竞争力，增强民族品牌的国际话语权。通过分析大疆在疫情防控、应急救援、生态保护等领域的社会责任实践（如协助防疫、参与灾后重建等），引导学生认识到品牌建设不仅是市场行为，更是社会责任的体现，培养学生的社会责任感和使命感。

项目七　制定价格策略

学习目标

1. 知识目标

- 掌握价格等的概念
- 了解影响企业定价的因素
- 掌握3类定价方法
- 掌握新产品定价策略

2. 能力目标

- 能根据价格影响因素正确选择企业产品定价方法
- 能根据所学知识，结合资料实际情况，确定新产品定价策略

3. 思政目标

- 法律意识，规范意识
- 明码标价，诚信经营

思维导图

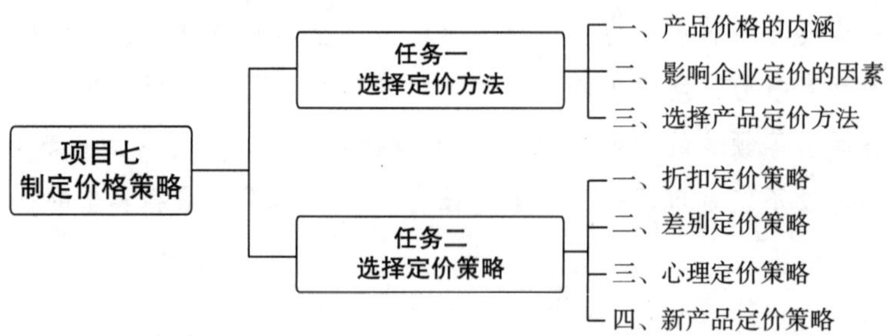

案例导入

品牌农产品常见六种定价诀窍：

诀窍一：薄利多销，维持生存

这主要针对尚未进入、正在进入农业圈子或竞争能力很弱的新农人。对他们来说，生存比发展更重要。因此，定价不能定得太高，只要能弥补“变动成本+固定成本”，有一定的盈利，能够维持生存就可以。但是，这种定价方法不可长期使用，情况一有变化，就要马上作出调整。

诀窍二：利润最大化定价很重要

这主要是针对“新奇特”农产品或渠道来源可控的农产品，以满足顾客追求新产品的心理。在市场上，这些农产品竞争产品很少或没有，经营者可以定高价，以便更快、更高地获得利润。一旦出现竞争产品，可以逐步降低价格，这样先高后低的价格，可以吸引一些对价格敏感的消费者，再以薄利多销的方式增加总体利润。

诀窍三：“销售总额”最大化，价格优势握在手

这实质是变相地扩大消费者范围，经营者提供优质的农产品和服务，价格却定在中位、低位，以价格优势来吸引更多的消费者，这有利于产品的市场竞争，有利于企业长期占有市场份额收益。

诀窍四：面向高端市场，为“少数派”服务

根据“二八法则”，80%的利润由20%的产品带来；80%的收入由20%的顾客带来。因此，找到并抓住这些关键性农产品和顾客，针对他们定价，就可以达到事半功倍的效果。

诀窍五：低价竞争

这主要用来争夺顾客或打压竞争对手。利用消费者的求廉心理，对那些需求弹性大的农产品进行低价定价，会刺激消费者消费。

诀窍六：维持稳定价格，保持农产品质量

越是在同类产品降价的时候，越要稳定价格。但是，要有一定的宣传和经营策略。在消费者心目中，质量好的农产品价格会高一些且价格稳定，因此，在市场竞争和供求关系比较正常的情况下，为了避免不必要的价格竞争，保持行情稳定，占领固有市场，可以采取稳定的价格措施。

资料来源于网络，有删改。

请思考：

农产品有哪些定价依据？

任务一　选择定价方法

任务描述

项目名称	项目七　制定价格策略	任务名称	任务一　选择定价方法
学习目标	知识目标	1. 掌握价格、消极价格、积极价格的概念 2. 了解影响企业定价的因素 3. 掌握3类定价方法	
	能力目标	能根据价格影响因素正确选择企业产品定价方法	
	思政目标	法律意识，规范意识	
任务内容	本任务引导学生掌握价格、消极价格、积极价格的概念，了解影响企业定价的因素，掌握三类定价方法，了解市场调查作业程序，掌握市场调查方案内容。 通过本任务学习，学生能根据价格影响因素正确选择企业产品定价方法		
任务准备	在网络上搜索关于产品定价的资料，为后面完成实训任务作准备		

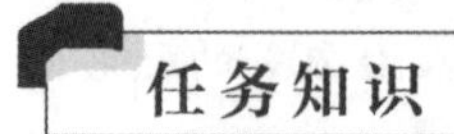

一、产品价格的内涵

1. 价格

在现代社会的日常应用中，价格一般指进行交易时买方所需要付出的代价或款项。按照经济学的定义，价格指产品同货币交换时单位产品量需要的货币多少，或者说，价格是单位价值（单价）。

价格是产品交换价值在流通过程中所呈现的转化形式，是以货币为表现形式，针对产品、服务及资产所明确的价值。在微观经济学中，价格是资源在需求者和供应者之间重新分配的重要变数之一，其中，需求与供给量的变化是价格变动的影响因素，是价格形成的基础。价格与需求负相关，与供给量正相关。价格是营销组合中一个十分重要的内容，价格的高低在很大程度上决定着成交的这笔生意是盈利还是亏损。营销者只有对营销组合中的“价格”有更加深入的认识，才有利于达成交易，在竞争中取胜并使利益最大化。

2. **“积极价格”与“消极价格”**

当产品能满足顾客的主要愿望时，顾客就会觉得产品价格便宜，这种价格即“积极价格”（顾客愿意接受的价格）。反之，如果顾客对产品不满意，认为购买该产品是负担，则价格属于“消极价格”（顾客不愿意接受的价格）。在营销中，很多产品价格对顾客来说都属于“消极价格”。因此，营销人员一定要掌握扭转“消极价格”的策略，把“消极价格”给营销带来的阻碍降至最低。

顾客如果迫切需要某种产品，就会把价格因素放在次要位置，着重考虑的可能是交货期或提供的数量等因素。

二、影响企业定价的因素

在市场经济条件下，企业作为生产者和经营者，在大多数情况下可以根据市场供求状况和生产经营成本来自主定价。这并不是说企业定价不受任何限制，企业在制定价格时必须充分考虑图 7-1 中的因素。

影响企业定价的因素

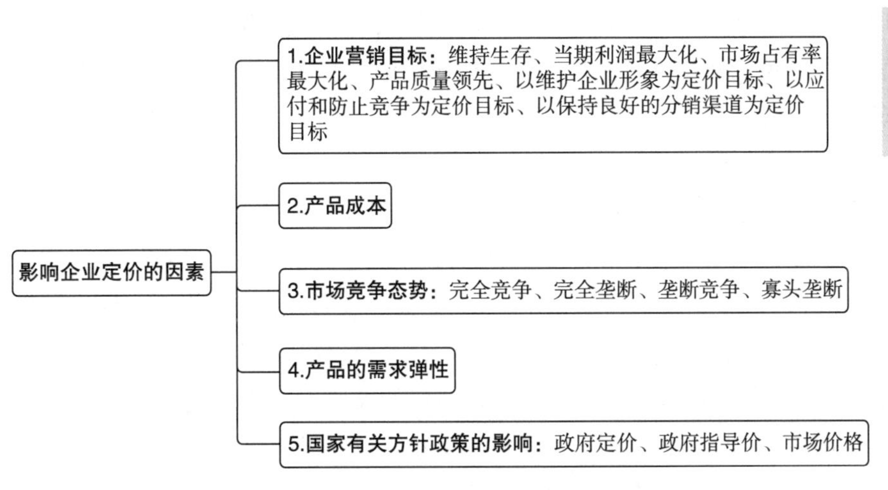

图 7-1　影响企业定价的因素

三、选择产品定价方法

成本和需求是影响企业定价的两个最基本的因素。企业制定的价格既不能低于成本，使企业亏损，也不能过高，抑制消费者的需求。产品成本是企业定价的下限，消费者对产品的需求和对产品价值的理解是企业定价的上限，竞争对手的价格是企业定价的第三方参照值。企业定价时应综合考虑这些影响因素，可以有所侧重，但必须避免依据和方法上的单一化。企业定价时对成本、需求及竞争的侧重，会形成 3 类不同的定价方法，即成本导向定价法、需求导向定价法和竞争导向定价法。掌握这 3 类定价方法是营销定价工作的基本要求。

（一）成本导向定价法

成本导向定价法就是以产品的成本为中心来制定价格的方法。成本导向定价法又分为成本加成定价法和目标利润定价法。

1. 成本加成定价法

成本加成定价法是在产品单位成本基础上加上一定比例的利润而制定出产品价格的方法。这是成本导向定价法最基本的形式。成本加成定价的公式为：

单价=单位产品成本×（1+成本加成率）

例如，一个电饭煲厂商生产的单个电饭煲成本为300元，如果该厂商想要取得40%的成本加成率，则每个电饭煲的定价应为单价=单位产品成本×（1+成本加成率）=300×（1+40%）=300+120=420元。

成本加成定价法被应用于许多产品，因为这种定价方法具有计算简便的特点。在正常情况下，按照此法定价可以使企业获得预期的利润，买方也不必因需求强烈而付出高价；同时，如果同行业中的所有企业都使用这种定价方法，各企业产品的价格就会趋于一致，可以避免价格竞争。但是，成本加成定价法忽视了需求和竞争，难以适应市场竞争的变化形势。

2. 目标利润定价法

目标利润定价法指企业在定价时根据总成本、预期利润和估计的销量计算产品价格的方法。企业的总成本又由固定成本和变动成本组成。固定成本是不随产量变化而变化的成本，如厂房租金等。变动成本是直接用于生产产品的成本，如每多生产一件衣服所多耗用的布料。削减变动成本可能要以牺牲品质为代价，充分利用固定成本却不会，如在一个厂房中，生产的产品越多，厂房租金分摊到每件衣服上的成本就越低，且不降低产品品质。运用目标利润定价法要借助于收支平衡点这一概念。如图7-2所示，总成本曲线和总收入曲线有一个交点，在这一点上，总收入与总成本相等，这一点就是收支平衡点。总收入高于总成本的部分，就是企业的利润。

例如，一个工厂，生产某商品的固定成本是100万元，变动成本是20元/个，该商品的预期销量为100万个，如果该企业想实现400万元的目标利润，则可以这样计算出产品的定价：总成本=总固定成本+总变动成本=100万元+20元/个×100万个=2100万元，总收入=单价×销量=单价×100万个。如果想要达到400万元的目标利润，则应使总收入-总成本=400万元，即单价×100万个-2100万元=400万元，由此可以计算出单价为25元/个。

运用目标利润定价法制定出来的价格能实现企业所追求的利润，但这种方法有一个重要缺陷，即企业是以预先估计的销量为基础制定产品价格，但价格恰恰是影响产品销

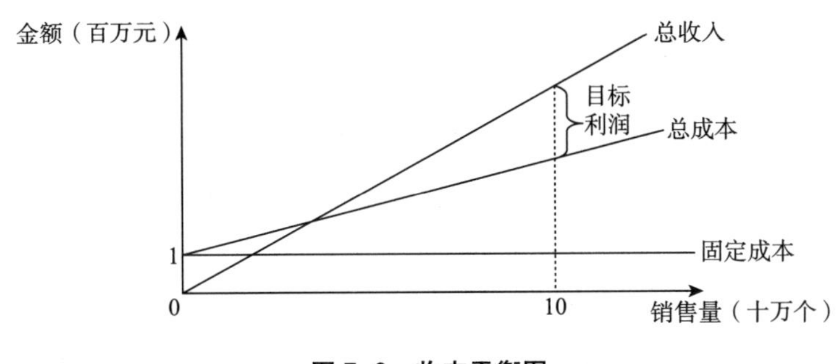

图 7–2 收支平衡图

量的重要因素。因此，在运用这种方法时，要充分考虑产品的需求弹性，综合考虑价格等各种因素对销量的影响，将价格定在企业目标利润能实现的水平上。

（二）需求导向定价法

需求导向定价法就是以消费者的需求为导向来制定产品价格的方法。这个定价方法主要是认知价值定价法，企业根据消费者对产品的认知价值而不是产品的实际价值来制定产品价格。不同消费者对产品价值的认知不同，就会形成不同的价格接受限度。因此，企业可以运用各种营销手段来影响消费者对产品价值的认知，从而提高他们的价格接受限度。

需求导向定价法又可分为以下几种。

1. 理解价值定价法

企业估计和测定消费者对该产品的认知价值，然后根据估计出的数值确定产品的价格，这就是理解价值定价法。这种定价方法的关键，是企业准确掌握了消费者的价值观念。如果企业对消费者理解的相对价值判断过高，那定出的价格必然让人难以接受，反之，若判断过低，可能会让消费者认为产品质量不佳，从而影响产品的市场形象和销量。因此，这种定价方法必须建立在市场调研基础上。

2. 区分需求定价法

这种定价方法是企业对需求水平不同的顾客、地区和季节采用不同的价格。实行区分需求定价法要具备一定的条件：市场能细分，而且需求有不同程度的差别；要防止低价买主向高价买主转售；确知竞争对手不以低价竞销；差别定价不致引起顾客反感。

3. 零售价格定价法

这种方法又称反向定价法，指企业根据产品的市场需求状况，通过价格预测和试销、评估，先确定顾客可以接受和理解的零售价格，然后逆推批发价格和出厂价格的定价方法。这种定价方法的依据不是产品成本，而是市场的需求定价，这种定价法力求使价格为顾客所接受。分销渠道中的批发商和零售商多采取这种定价方法。

（三）竞争导向定价法

竞争导向定价法指企业以同行竞争对手的价格为定价依据，跟随竞争对手的价格来制定或调整产品价格的定价方法。竞争导向定价法分为随行就市定价法、招标定价法和拍卖定价法。

1. 随行就市定价法

随行就市定价法指以本行业平均定价水平为本企业定价标准的定价方法。随行就市定价既可以反映行业的集体智慧和市场供求情况，又可以保证适当的收益，因此，在竞争十分激烈、差异不明显的同类产品市场，该法是惯用的定价方法，也是一种比较被动的定价方法。

2. 招标定价法

招标定价法也称密封递价法，指参加投标的企业，事先按照招标者的要求，密封递价，参加比价，招标者接受最低报价，投标者也可以获得合适利润的定价方法。建筑业常采用这一定价方法。

3. 拍卖定价法

招标实际上是创造了一种竞卖的环境，拍卖则相反，是创造了一种竞买的环境。拍卖定价，是拍卖人发出公告，在一定的时间、地点，将拍卖的货物整理好，向广大买主公开展示，买主看货后，出价竞买，最后拍卖人从中择取最高的价格。适合采用拍卖定价法的产品，大多是一些品质不易标准化或储存期短、季节性强、淘汰周期短的产品。

学习表单

3 种定价方法的常见方式、优点、缺点

定价方法	常见方式	优点	缺点
成本导向定价法			
需求导向定价法			
竞争导向定价法			

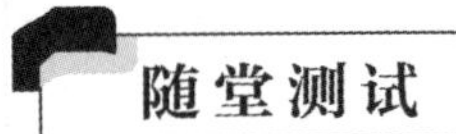

随堂测试

任务工单

<table>
<tr><td rowspan="2">第（　）组</td><td>姓名</td><td></td><td></td><td></td><td></td><td></td><td></td></tr>
<tr><td>学号</td><td></td><td></td><td></td><td></td><td></td><td></td></tr>
<tr><td>任务名称</td><td colspan="7">选择定价方法</td></tr>
<tr><td>任务目的</td><td colspan="7">能根据价格影响因素正确选择企业产品定价方法</td></tr>
<tr><td>任务描述</td><td colspan="7">各学习小组根据所学内容和兴趣范围，寻找某产品或服务的价格，分析其可能的定价因素，撰写一份简单的产品或服务定价方案
考核点：定价依据充分，选择方法合理</td></tr>
<tr><td>任务实操</td><td colspan="7">（任务呈现形式：□Word 文字版　□视频　□小组现场完成图片　□Excel 表格）</td></tr>
</table>

任务评价

本次任务完成后，由任课教师主导，采用学习过程评价与学习结果评价相结合的形式，综合运用自我评价、小组评价及教师评价 3 种方式，由教师确定 3 种评价方式的权重，计算出学生本次任务的考核评价得分。

任务完成考核评价表

<table>
<tr><td>班级</td><td></td><td>学生姓名</td><td></td></tr>
<tr><td>项目名称</td><td>项目七　制定价格策略</td><td>任务名称</td><td>任务一　选择定价方法</td></tr>
<tr><td colspan="4">自我评价</td></tr>
<tr><td rowspan="4">评价内容与分值</td><td>对知识技能的掌握程度（20 分）</td><td rowspan="4">成绩（分）</td><td></td></tr>
<tr><td>学习表单完成情况（20 分）</td><td></td></tr>
<tr><td>任务工单完成情况（40 分）</td><td></td></tr>
<tr><td>小组内工作胜任情况（20 分）</td><td></td></tr>
<tr><td colspan="2">合计</td><td colspan="2">分</td></tr>
<tr><td colspan="4">小组评价</td></tr>
<tr><td rowspan="4">评价内容与分值</td><td>本小组本次任务完成质量（30 分）</td><td rowspan="4">成绩（分）</td><td></td></tr>
<tr><td>个人本次任务完成质量（30 分）</td><td></td></tr>
<tr><td>个人参与小组活动的态度（20 分）</td><td></td></tr>
<tr><td>个人的合作精神和沟通能力（20 分）</td><td></td></tr>
<tr><td colspan="2">合计</td><td colspan="2">分</td></tr>
<tr><td colspan="4">教师评价</td></tr>
<tr><td rowspan="4">评价内容与分值</td><td>本小组本次任务完成质量（30 分）</td><td rowspan="4">成绩（分）</td><td></td></tr>
<tr><td>个人本次任务完成质量（30 分）</td><td></td></tr>
<tr><td>个人小组活动参与度（20 分）</td><td></td></tr>
<tr><td>个人对本次任务的贡献度（20 分）</td><td></td></tr>
<tr><td colspan="2">合计</td><td colspan="2">分</td></tr>
<tr><td colspan="4">总成绩 = 自我评价×20% + 小组评价×30% + 教师评价×50% =　　　　　　分</td></tr>
</table>

任务二　制定定价策略

任务描述

<table>
<tr><td>项目名称</td><td>项目七　制定价格策略</td><td>任务名称</td><td>任务二　制定定价策略</td></tr>
<tr><td rowspan="3">学习目标</td><td>知识目标</td><td colspan="2">1. 掌握新产品定价策略
2. 熟悉折扣定价策略
3. 了解差别定价策略、心理定价策略</td></tr>
<tr><td>能力目标</td><td colspan="2">能根据所学知识，结合资料实际情况，确定新产品定价策略</td></tr>
<tr><td>思政目标</td><td colspan="2">明码标价，诚信经营</td></tr>
<tr><td>任务内容</td><td colspan="3">本任务引导学生掌握新产品定价策略，熟悉折扣定价策略，了解差别定价策略、心理定价策略。
学习本任务，学生应能根据产品资料确定合适的价格策略</td></tr>
<tr><td>任务准备</td><td colspan="3">在网络上搜索产品价格策略资料，为后面完成实训任务作准备</td></tr>
</table>

任务知识

价格是企业市场营销组合中最敏感的因素，企业定价不是在价签上更改数字，而是要结合产品的差异特色、销售环境、成本费用、需求状况、竞争状况、促销模式等来制定有利于企业拓展市场、扩大销售和长足发展的价格策略。企业营销人员的工作任务，就是及时了解同类产品的价格水平、市场行情、顾客反应及行业内主要竞争对手的价格策略，并将可靠的信息及时反馈给企业的价格决策部门，以此指导企业调整产品价格，制定有利于巩固企业市场地位、扩大产品销售的价格策略。

一、折扣定价策略

这种定价策略是企业为鼓励客户尽早付清货款、大量购买、淡季购买，或为鼓励渠道成员积极推销本企业的产品，在基本价格基础上按一定的折扣给予买方一定优惠的策略，是企业促销产品、发展稳定客户的一种定价策略。在营销实践中，企业常用的有以下几种：

（1）现金折扣。现金折扣是卖方为鼓励买方快速付款而给予其的一种折扣，如对提前付款的顾客给予一定的折扣。现金折扣有利于加速资金周转，减少坏账损失。

（2）数量折扣。又称批量折扣，是为刺激中间商或用户大量购买而采取的一种定价策略。一般来说，购买数量越多，折扣力度越大。

（3）功能折扣。又称贸易折扣，针对不同功能的中间商制定不同的折扣，目的在于刺激各类中间商充分发挥各自组织市场营销活动的能力，多争取顾客。

（4）季节折扣。季节折扣是企业为了保持均衡生产和销售，鼓励消费者在淡季购买而给予其折扣的一种定价策略。例如，旅行社的旅游项目，因淡季的到来而制定较低的价格；羽绒服在夏季卖得比冬季便宜。

（5）折让。折让是制造商或经销商根据价目表给予顾客一定折扣的一种形式，常见的有以旧换新折让、促销折让等。

二、差别定价策略

对同一产品或服务制定不同价格的策略称差别定价策略。差别定价策略有以下几种形式。

1. 顾客差别定价

顾客差别定价指对于相同的产品，企业根据不同的顾客采取不同的价格。例如，有些公园对教师和学生给予一定的门票优惠，因为教师和学生有寒暑假，有旅游的时间，景点这样定价，是为了吸引顾客；有些商家给予会员极大的优惠，但不是会员的顾客就不能享受这种优惠，其目的是吸引会员顾客重复消费。

2. 产品形式差别定价

产品形式差别定价指企业为不同式样的产品制定不同的价格。例如，质量和成本相同的两种衣服，因为式样不同，可能消费者对它们的需求量也不同，因此，对这两种衣服要制定不同的价格。

3. 产品部位差别定价

产品部位差别定价指企业对处于不同位置的产品或服务制定不同的价格。例如，卧铺火车票的上铺、中铺、下铺价格不一样。

4. 销售时间差别定价

销售时间差别定价指企业根据产品销售时间的不同来给产品制定不同的价格，其目的是促使消费者尽快购买。

5. 地区差别定价策略

随着经济全球化进程的加快和经济外向化程度的提高，企业产品的销售范围越来越广，产品在不同地区销售，物流成本、促销费用以及面对的消费群体不同，因此，从差别营销上来讲，企业需要灵活制定适宜不同地区的价格。

三、心理定价策略

心理定价策略是企业在定价时，有意将价格定得高些或低些，以迎合消费者的某些心理，从而扩大销售量的一种定价策略。心理定价策略主要有以下几种形式。

1. 尾数定价策略

尾数定价策略是利用消费者的求廉心理，给产品定一个以零头数结尾的非整数价格，以给消费者一种比较便宜的心理感觉。例如，一件产品定价为 99.9 元，虽然与 100 元只有 1 角之差，却可以给消费者产品比较便宜的感觉。此外，尾数定价法还可以给消费者一种价格很精确的感觉，让消费者觉得价格是经过精确计算的，从而使其感觉物有所值。

2. 声望定价策略

声望定价策略指企业利用消费者仰慕名牌的心理，将产品价格定高的策略。有些产品的质量不易鉴别，消费者鉴别产品品质的依据就是产品的价格。“一分钱，一分货”，如果产品价格低，一些消费者就觉得产品质量低。企业可利用消费者的这种心理，有意将价格定高，使消费者觉得产品是高质量的。另外，有些消费者愿意出高价购买名牌产品，以显示他们的身份和地位，这能给他们带来一种心理上的满足感。

3. 招徕定价策略

招徕定价策略又称促销定价策略，就是利用多数顾客的求廉心理，将某几种产品的价格定得较低，以广泛招徕顾客，或利用店庆、节假日等进行让利酬宾活动，把部分产品打折出售，以刺激顾客购买。例如，超市中某个商品广告上写着“原价 39 元，现价 29 元”，由于有原价作为参照，消费者会觉得现价是便宜的，从而刺激其购买。

4. 习惯定价策略

顾客在长期的、大量的购买活动中，对某种产品需要支付多少金额会产生牢固的印象，进而在购买时形成一种价格心理定势。这种价格心理定势对顾客的购买行为有重要的影响，他们往往从习惯价格出发，去联想和对比价格的高低涨落，以及产品质量的优劣差异。对已形成习惯价格的产品，即使生产成本降低，也不能轻易减价，否则易引起消费者对其品质的怀疑；即使生产成本增加，亦不能轻易涨价，否则易引起消费者的反感。若产品确实需要调整价格，则应预先做好宣传，让顾客充分了解调价原因，先让价格为顾客心理所接受，再行调价。

5. 首尾定价策略

首尾定价策略可以应用在房地产领域。房地产商将楼盘中最早面市的个别或一些单元以相对较低的价格销售，取得促销轰动效应；将楼盘中最后难以出售的“死角房”，也以较低的价格出售，从而形成开盘价格与收盘价格的首尾呼应。

6. **梯子定价策略**

梯子定价策略指分阶段对商品进行由低到高的打折促销。例如，商品上市后，前12天按全价销售，从第13天到第24天降价25%，第25天到第30天降价75%，第31天到第36天，如仍未售出，则送慈善机构。折价比例的不确定性和折价活动时间的不确定性会使顾客形成一种焦虑心理，从而做出购买行为。

四、新产品定价策略

新产品上市定价多少，将决定其市场前景，也直接影响企业能获得的利润。因此，新产品定价是定价策略中一个非常重要的问题。

（一）取脂定价

取脂定价又称撇脂定价，指企业的产品在最初投放到市场时，把产品价格定得很高，以攫取最大利润，尽快收回投资。

取脂定价适用于以下情况：①消费者对这种产品价格不敏感，即使把价格定得很高，市场需求也不会减少太多；②市场竞争并不激烈；③企业经营的是科技含量高、更新换代快的产品；④高价可以树立产品的高档形象。

（二）渗透定价

渗透定价与取脂定价刚好相反，新产品最初投放到市场时，给产品制定较低的价格，以吸引大量的顾客，迅速占领市场。

渗透定价适用于以下情况：①消费者对这种产品价格敏感，即低价可以促使消费者需求迅速增长；②市场竞争比较激烈；③市场容量足够大，成本可以随销量的增加而降低。

（三）温和定价

温和定价又称适中定价、满意定价，是介于撇脂定价与渗透定价之间的一种定价策略，所定的价格一般比撇脂价格低，比渗透价格高。这种价格是企业在进行充分的市场调查的基础上，认真权衡制造商、经销商及顾客三方经济利益后制定的价格，因此，往往能使各方都满意。

学习表单

差别定价策略及典型案例

差别定价策略	典型案例
顾客差别定价	
产品形式差别定价	
产品部位差别定价	
销售时间差别定价	
地区差别定价策略	

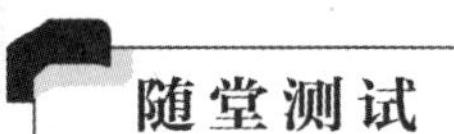

随堂测试

任务工单

<table>
<tr><td rowspan="2">第（ ）组</td><td>姓名</td><td></td><td></td><td></td><td></td><td></td><td></td></tr>
<tr><td>学号</td><td></td><td></td><td></td><td></td><td></td><td></td></tr>
<tr><td>任务名称</td><td colspan="7">新产品定价策略</td></tr>
<tr><td>任务目的</td><td colspan="7">能根据新产品资料确定合适的价格策略</td></tr>
<tr><td>任务描述</td><td colspan="7">各学习小组根据所学内容和兴趣范围，找个刚上市的新产品，分析其可能适用的定价策略，撰写一份简单的产品或服务定价策略方案
考核点：定价策略依据充分，选择策略合理</td></tr>
<tr><td>任务实操</td><td colspan="7">（任务呈现形式：□Word 文字版　□视频　□小组现场完成图片　□Excel 表格）</td></tr>
</table>

任务评价

本次任务完成后，由任课教师主导，采用学习过程评价与学习结果评价相结合的形式，综合运用自我评价、小组评价及教师评价 3 种方式，由教师确定 3 种评价方式的权重，计算出学生本次任务的考核评价得分。

任务完成考核评价表

<table>
<tr><td>班级</td><td></td><td>学生姓名</td><td></td></tr>
<tr><td>项目名称</td><td>项目七　制定价格策略</td><td>任务名称</td><td>任务二　制定定价策略</td></tr>
<tr><td colspan="4">自我评价</td></tr>
<tr><td rowspan="4">评价内容与分值</td><td>对知识技能的掌握程度（20 分）</td><td rowspan="4">成绩（分）</td><td></td></tr>
<tr><td>学习表单完成情况（20 分）</td><td></td></tr>
<tr><td>任务工单完成情况（40 分）</td><td></td></tr>
<tr><td>小组内工作胜任情况（20 分）</td><td></td></tr>
<tr><td colspan="2">合计</td><td colspan="2">分</td></tr>
<tr><td colspan="4">小组评价</td></tr>
<tr><td rowspan="4">评价内容与分值</td><td>本小组本次任务完成质量（30 分）</td><td rowspan="4">成绩（分）</td><td></td></tr>
<tr><td>个人本次任务完成质量（30 分）</td><td></td></tr>
<tr><td>个人参与小组活动的态度（20 分）</td><td></td></tr>
<tr><td>个人的合作精神和沟通能力（20 分）</td><td></td></tr>
<tr><td colspan="2">合计</td><td colspan="2">分</td></tr>
<tr><td colspan="4">教师评价</td></tr>
<tr><td rowspan="4">评价内容与分值</td><td>本小组本次任务完成质量（30 分）</td><td rowspan="4">成绩（分）</td><td></td></tr>
<tr><td>个人本次任务完成质量（30 分）</td><td></td></tr>
<tr><td>个人小组活动参与度（20 分）</td><td></td></tr>
<tr><td>个人对本次任务的贡献度（20 分）</td><td></td></tr>
<tr><td colspan="2">合计</td><td colspan="2">分</td></tr>
<tr><td colspan="4">总成绩＝自我评价×20%＋小组评价×30%＋教师评价×50%＝　分</td></tr>
</table>

思政园地

北京市市场监督管理局和北京市发展和改革委员会印发相关指导意见，旨在规范新冠疫情防控期间市场价格行为，维护粮、油、肉、蛋、菜、奶等生活必需品及防疫用品价格稳定，强化市场监管部门对于哄抬价格违法行为的查处。

指导意见的适用范围为，人民群众维持基本生活所必需的粮、油、肉、蛋、菜、奶等民生产品；与抗击疫情关系较为密切的口罩、抗病毒药品、消毒杀菌用品、相关医疗器械等防疫用品；生产上述第一项和第二项产品所需的相关原辅材料；为上述第一项和第二项产品提供的运输、交易、配送、摊位出租等相关服务。有以下情形之一的构成哄抬价格行为：经营者捏造、散布涨价信息，大幅度提高价格的；生产成本或进货成本没有发生明显变化，大幅度提高价格的；在一些地区或行业率先大幅度提高价格的；囤积居奇，导致产品供不应求而出现价格大幅度上涨的；利用其他手段哄抬价格，推动产品价格过快、过高上涨的。

来源于网络，有修改。

【讨论】

根据“捏造涨价信息”“囤积居奇”等具体违法情形，讨论企业利益与社会责任的辩证关系，谈谈应如何构建兼顾经济效益与社会价值的市场经济伦理。

【思政融入】

结合案例指导意见中“成本未变大幅提价”的认定标准，探讨社会主义市场经济与西方自由市场经济的本质区别。通过分析指导意见中“捏造涨价信息”“囤积居奇”等具体违法情形，引导学生思考市场行为中诚信原则的重要性，链接社会主义核心价值观中的“法治”“诚信”要求。结合“生活必需品价格稳定”的民生保障目标，讨论企业在特殊时期应承担的社会责任，引申社会主义制度“以人民为中心”的价值立场。以“防疫物资价格管控”为切入点，对比中外抗疫政策，凸显我国社会主义市场经济体制“有效市场+有为政府”的优越性。

项目八　分销渠道策略

学习目标

1. 知识目标

- 了解市场营销中分销渠道的含义与构成
- 掌握分销渠道的类型和结构
- 掌握影响分销渠道设计的因素
- 掌握分销渠道评估内容、渠道整理方法

2. 能力目标

- 能制定分销渠道设计方案
- 能够选择与管理分销渠道商
- 能够评估与调整渠道方案，避免分销渠道冲突的发生

3. 思政目标

- 培养责任意识，高效完成任务
- 培养合作精神，成员分工协作

思维导图

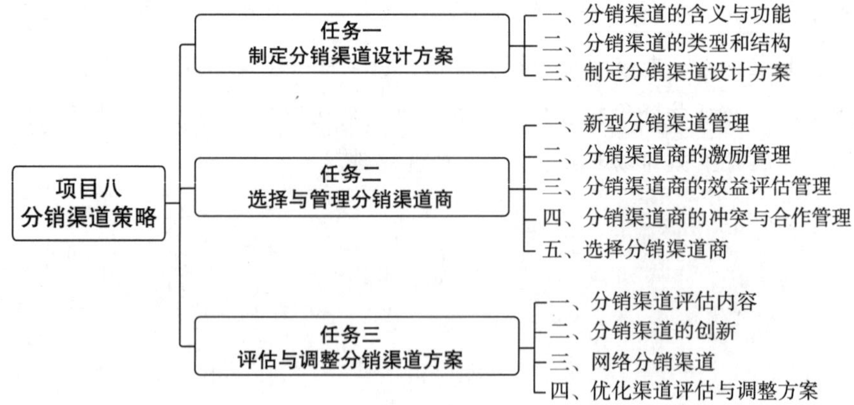

案例导入

作为我国当前销售规模较大的食品电商企业，三只松鼠的发展离不开飞速发展的互联网。

三只松鼠并不满足于只线上销售，2021 年迈出了战略调整的关键一步——攻坚线下。2021 年 10 月 15 日，三只松鼠首次亮相 2021 天津秋糖会并召开战略星品发布会，宣布进军线下分销渠道，前期聚焦坚果来建立分销渠道，后期将其他精选零食子品牌导入分销系统，计划 5 年实现 100 亿元的营收目标。三只松鼠创始人在发布会上表示：三只松鼠线下的主力战场就在上百万的线下终端，在未来 1~2 年，一旦三只松鼠分销渠道发力，这部分空白会被迅速填补。

对三只松鼠来说，“分销 3 年 50 亿，5 年 100 亿”的目标并不是无源之水、无本之木。在宣布发力线下分销市场前，三只松鼠的线下分销已初具成效。三只松鼠在公司内部完成了全国销售团队组建、分销业务流程规则制定、分销 CRM 系统开发上线、经销商专属中心仓配送模式的成功运行等，更与全国 200 多家年平均销售规模 6500 万元以上的休闲零食大商确定品牌授权代理合作，与中国百强连锁商超中的 80%确定经销商代理进场销售合作。

对于三只松鼠的整体战略布局而言，渠道才是核心“内功”，也是影响销量的关键因素。

牢牢占据坚果行业主导地位的三只松鼠，此次发力线下这一庞大的蓝海市场，既是挑战，也是一次蝶变新生。线下坚果市场，必将有三只松鼠的一席之地。

资料来源于网络，有删改。

请思考：

1. 案例中“三只松鼠”是如何发力线下市场的？
2. 案例中“三只松鼠”是如何构建其线下分销体系的？

任务一　制定分销渠道设计方案

任务描述

项目名称	项目八　分销渠道策略	任务名称	任务一　制定分销渠道设计方案
学习目标	知识目标	1. 了解市场营销中分销渠道的含义与功能 2. 掌握分销渠道的类型和结构 3. 掌握影响分销渠道设计的因素	
	能力目标	能制定分销渠道设计方案	
	思政目标	培养责任意识，高效完成任务	
任务内容	本任务引导学生了解市场营销中分销渠道的含义与功能、掌握分销渠道的类型和结构、掌握分销渠道设计的影响因素。 学习本任务，学生应能根据提供的材料制定简单的分销渠道设计方案		
任务准备	在网络上搜索制定分销渠道设计方案的相关资料，为后面编制方案作准备		

任务知识

一、分销渠道的含义与功能

（一）分销渠道的含义

分销渠道是产品由生产者移动到最终消费者所经历的路线、方式、环节的总和，是产品从生产领域移动到消费领域所有权转移、经过的直接或间接的途径。分销渠道既包括中间商、代理商、辅助商（运输企业、公共货栈），也包括起点的生产者和最终消费者。参与分销渠道的各企业功能各不相同，各司其职。

（二）分销渠道的功能

分销渠道的基本功能是按人类的需求把自然界提供的原料转换成有意义的产品组合。分销渠道对产品从生产者转移到消费者所必须完成的工作加以组织，目的是消除产品或服务与消费者之间的分离。

分销渠道的主要功能：①收集信息，收集制订计划以及产品交换所必需的信息；②促销，通过吸引和说服消费者购买产品和服务所展开的沟通活动；③接洽协商，寻找可能的购买者并与之沟通；④订货，经销商和购买者就价格、服务等事项达成协议；⑤融资，为弥补分销渠道运营成本而进行的资金筹集与支持活动；⑥风险承担，承担与分销渠道运营相关的所有风险；⑦实体分配，实物的仓储、配送、运输等；⑧付款及所有权的转移，产品完成交付后的付款及所有权转移活动。

二、分销渠道的类型和结构

分销渠道从不同的角度可以划分为不同的类型。

按经过环节的多少分为：①直接渠道，生产者不经过任何中间商，将产品直接出售给消费者，是最直接、最简单和最短的营销渠道，也称“零级渠道”；②间接渠道，产品经由一个或多个中间商销售给消费者的渠道类型。按中间环节的多少分为：①零级渠道，企业不经过中间环节直接为消费者提供商品和服务；②一级渠道，企业只经过一个中间商为消费者提供商品和服务；③二级渠道，企业经过两个中间商为消费者提供商品和服务（其中，一级渠道及以下渠道环节/层次称为短渠道，两个或两个以上渠道环节/层次称为长渠道）。按每层中间商的多少分为：①宽渠道，很多中间商同时在同一个分销渠道层级中；②窄渠道，在某一区域、层级只有一个中间商，又称独家代理。

分销渠道的结构如图 8-1 所示。

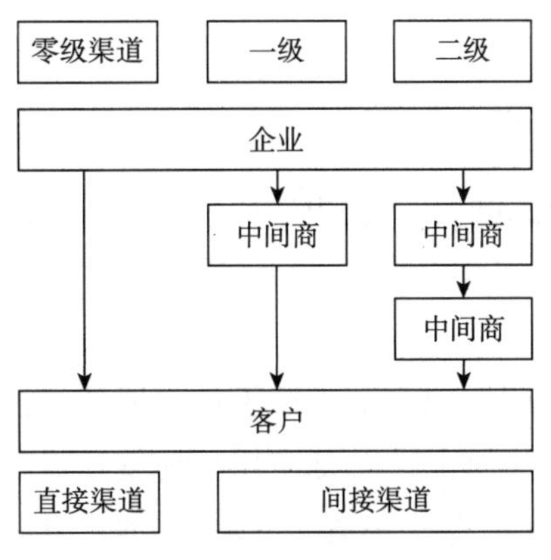

图 8-1　分销渠道结构

三、制定分销渠道设计方案

设计分销渠道，首先要明确哪些因素会影响渠道设计，然后按照一定的程序设立所需的渠道。

（一）影响分销渠道设计的因素

分销渠道设计问题的中心环节，是确定到达目标市场的最佳途径。影响分销渠道设计的因素如图 8-2 所示。

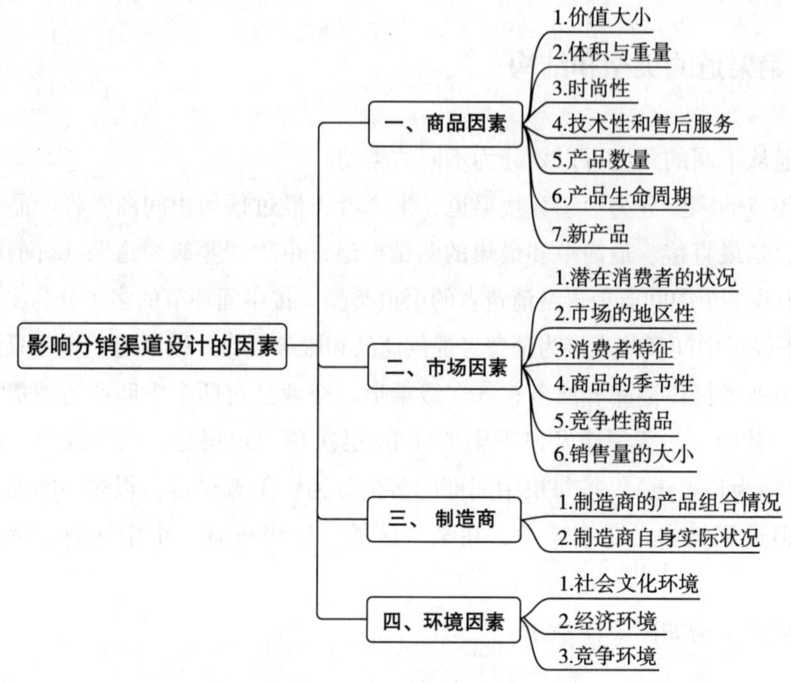

图 8-2　影响分销渠道设计的因素

（二）分销渠道模式的选择原则

选择具体的分销渠道模式时，无论出于何种考虑，从何处着手，一般都要遵循以下原则。

1. 畅通高效的原则

这是渠道选择的首要原则。任何正确的渠道决策都应符合物畅其流、经济高效的原则。商品的流通时间、流通速度、流通费用是衡量分销效率的重要标志。畅通高效的分销渠道模式，不但要让消费者在适当的地点、时间以合理的价格买到满意的商品，而且应努力提高企业的分销效率，争取降低分销费用，以尽可能低的分销成本获得最大的经济效益，赢得竞争的时间和价格优势。

2. 覆盖适度的原则

生产者在选择分销渠道模式时，仅仅考虑发展速度、降低费用是不够的，还应考虑及时、准确送达的商品能不能销售出去，是否有较高的市场占有率足以覆盖目标市场。因此，不能一味地强调降低分销成本，这样可能导致销量下降、市场覆盖率不足。成本的降低应是规模效应和速度效应的结果。在分销渠道模式的选择中，也应避免过度扩张、分布范围过广的情况，以免造成沟通和服务上的困难，导致无法控制和管理目标市场。

3. 稳定可控的原则

分销渠道模式需花费相当大的人力、物力、财力去建立和巩固，整个过程往往是复杂而缓慢的。因此，企业轻易不会更换渠道成员，更不会随意转换渠道模式。只有保持渠道的相对稳定，才能进一步提高效益。

4. 协调平衡的原则

生产者在选择、管理分销渠道时，不能只追求自身效益的最大化而忽略中间商的局部利益，而是应合理分配中间商的利益。渠道的领导者应对中间商合作、冲突、竞争关系有一定的控制能力，统一、协调、有效引导中间商充分合作，鼓励有益竞争，减少冲突发生的可能性，积极解决矛盾，确保总体目标的实现。

5. 发挥优势的原则

在选择分销渠道模式时，为了争取在竞争中处于优势地位，生产者要发挥各个方面的优势，将分销渠道模式的设计与企业产品策略、价格策略、促销策略结合起来，增强营销组合的整体优势。

（三）分销渠道的设计流程

新型分销渠道的特点与优势

设计有效的分销渠道，需要确定渠道设计要求、制定渠道目标、明确渠道任务、选择可行的渠道结构等。

1. 确定渠道设计的两种情形

分销渠道设计包括设计全新的分销渠道或改进现有的分销渠道两种情形。

（1）设计全新的分销渠道

出现以下三种情形时，企业需要设计全新的分销渠道：一是公司刚成立时；二是合并或收购后产生一个新公司时；三是公司进军一个全新的目标市场时。

（2）改进现有的分销渠道

改进现有的分销渠道，分为以下两种情况：一是公司内部调整，包括企业战略发生变化、新产品开发等；二是公司外部原因，主要是分销商的改变和遇到渠道方面的冲突等。

2. 制定渠道目标

渠道目标通常以公司如何、何时、何地使产品到达目标客户来表述。需要格外注意的是，渠道目标需要与公司的战略目标以及营销目标相匹配。分销渠道不仅是一个产品的销售渠道，也是一个服务的提供渠道。渠道成员为产品提供一系列的附加服务，正是这些附加服务，使消费者的消费行为真正得以实现。因此，渠道目标的制定要做到顾客渠道需求与企业成本的均衡与协调。

企业在设计分销渠道时，如果一味地强调提高分销渠道的服务产出水平，会误入歧途。原因有二：一是可能导致分销渠道阻塞。服务产出水平影响着分销成本，进而影响着产品价格。尽管从一般意义上来说，服务产出水平越高，销售额可能越大，但是若服务产出水平过高，无疑会使整个渠道的分销成本大大增加，最终反映为产品价格的上涨，顾客就有可能放弃购买。集贸市场、仓储超市、折扣商店都没有很高的服务产出水平，却提供了对顾客有吸引力的低价，一样渠道顺畅。二是可能导致微利或无利。服务产出水平过高，分销成本加大，如果不通过提高价格来弥补成本，企业就有可能亏本。

3. 明确渠道销售任务

渠道目标确定后的首要任务是明确渠道销售任务。渠道任务最基本的要求是具体、明确，最好有量化的指标。渠道销售任务主要包括推销、渠道支持、物流、产品修正与售后服务及风险承担等。渠道销售任务如表 8-1 所示。

表 8-1　　渠道销售任务

任务名称	任务明细	任务名称	任务明细
推销	新产品推广	物流	产品运输
	现有产品推广		向顾客报单
	向最终消费者促销		单据处理
	建零售展厅	产品修正与售后服务	提供技术服务
	价格谈判与销售形式的确定		调整产品以满足顾客需求
渠道支持	市场调研		产品维护与修理
	地区市场信息共享		处理退货
	向顾客提供市场信息		处理取消订单
	与最终消费者洽谈	风险承担	存货融资
	选择经销商		向最终消费者提供信用
	培训经销商的员工		存货的所有权
物流	存货		仓储设施投资
	订单处理		

4. 选择可行的渠道结构

（1）长渠道或短渠道

选择长渠道或短渠道即准备通过多少流通环节将商品销售出去，其决定因素主要是生产和消费在空间及数量上的差异性。对于集中生产、分散消费的商品（如日用品），应采用长渠道；对于分散生产、分散消费且产销空间距离较远的商品（如产销异地的农产品)，采用的渠道会更长。影响渠道长度选择的具体因素如表 8-2 所示。

表 8-2　　影响渠道长度选择的主要因素

影响因素		长渠道（多级）	短渠道（一级）	短渠道（零级）
产品因素	体积、重量	小、轻	中等	大、重
	易腐性	不易	中等	容易
	单位价值	低	中等	高
	规格	规格化	中等	非规格化
	技术特性	低技术性	中等	高技术性
	生命周期	旧产品	中等	新产品
市场因素	规模	巨大	适中	狭小
	聚集特点	分散	中等	集中
购买行为因素	顾客购买量	少量	中等	大量
	顾客购买季节性	随季节变化	中等	无季节性
	顾客购买频率	高频率	中等	低频率
	顾客购买探索度	弱	中等	探索后购买
企业因素	规模	小	中等	大
	财务状况	财力弱	中等	财力强
	渠道管理能力	低	中等	高
	渠道控制度	低	中等	高
	对顾客了解程度	低	一般	高
中间商因素	利用的难易度	容易	中等	困难
	利用成本	低	中等	高
	提供服务	好	一般	不好

（2）密集分销渠道、选择分销渠道或独家分销渠道

选择密集分销渠道、选择分销渠道还是独家分销渠道，主要应考虑商品的特性，如属于日用品还是选购品、特殊品。一般情况下，消费者购买越频繁，越应增加中间商的数目。影响渠道宽度选择的主要因素如表 8-3 所示。

（3）一种渠道模式或多种渠道模式并用

这里涉及两个决策问题：一是用相同分销渠道销售不同的商品还是用不同分销渠道销售不同的商品；二是用一种分销渠道还是多种分销渠道销售某种商品。

表 8-3 影响渠道宽度选择的主要因素

影响因素		密集分销渠道（宽渠道）	选择分销渠道（中宽渠道）	独家分销渠道（窄渠道）
产品因素	体积、重量	小、轻	中等	大、重
	单位价值	低	中等	高
	规格	规格化	中等	非规格化
	技术特性	低技术性	中等	高技术性
	售后服务	不需要	一般	必要
	仓库投资程度	低	中等	高
市场因素	市场规模	巨大	适中	狭小
	市场聚集特点	分散	中等	集中
购买行为因素	顾客购买量	少量	中量	大量
	顾客购买季节性	季节性强	中等	季节性不强
	顾客购买频率	高频率	中等	低频率
	顾客购买探索度	强	中等	弱
企业因素	渠道长度	长	中等	短
	销售区限制度	弱	一般	强
	渠道控制度	弱	中等	强

（4）选择把商流与物流一体化或非一体化

生产者无论使用哪种类型的分销网络，都必须在一定程度上负责组织向中间商或最终消费者供应实体产品，即完成商品的实体分配，也就是通常所说的“物流”。如果生产者的实力强，渠道控制能力强，则可实行一体化策略。当然，生产者也可以选择社会性物流渠道，如各种物流中心、配送中心，把商流渠道和物流渠道分开。

要完成渠道方案设计，首先，设计者有必要对整体市场进行子区域市场细分，并结合不同产品的特点，构思渠道方案；其次，设计者需要结合区域与产品构建具体的渠道模式；最后，设计者要对渠道模式进行细节部署并作出相应的渠道成员安排。在整个渠道方案设计过程中，掌握必要的渠道设计知识与技能是关键。

学习表单

分销渠道设计的影响因素及举例

分销渠道设计的影响因素	举例
商品	
市场	
竞争对手	
消费者	
制造商	
环境	

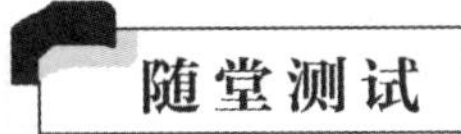

随堂测试

随堂测试

任务工单

<table>
<tr><td rowspan="2">第（ ）组</td><td>姓名</td><td></td><td></td><td></td><td></td><td></td><td></td></tr>
<tr><td>学号</td><td></td><td></td><td></td><td></td><td></td><td></td></tr>
<tr><td>任务名称</td><td colspan="7">编制分销渠道设计方案</td></tr>
<tr><td>任务目的</td><td colspan="7">能够根据要求编制渠道设计方案</td></tr>
<tr><td>任务描述</td><td colspan="7">各学习小组根据所学内容和兴趣范围自拟题目，撰写一份简单的渠道设计方案。
考核点：渠道设计方案总体科学、结构合理、可操作性强，至少包括5个方面的内容</td></tr>
<tr><td>任务实操</td><td colspan="7">（任务呈现形式：□Word 文字版　□视频　□小组现场完成图片　□Excel 表格）</td></tr>
</table>

任务评价

本次任务完成后，由任课教师主导，采用学习过程评价与学习结果评价相结合的形式，综合运用自我评价、小组评价及教师评价 3 种方式，由教师确定 3 种评价方式的权重，计算出学生本次任务的考核评价得分。

任务完成考核评价表

<table>
<tr><td>班级</td><td></td><td>学生姓名</td><td></td></tr>
<tr><td>项目名称</td><td>项目八　分销渠道策略</td><td>任务名称</td><td>任务一　制定分销渠道设计方案</td></tr>
<tr><td colspan="4">自我评价</td></tr>
<tr><td rowspan="4">评价内容与分值</td><td>对知识技能的掌握程度（20 分）</td><td rowspan="4">成绩（分）</td><td></td></tr>
<tr><td>学习表单完成情况（20 分）</td><td></td></tr>
<tr><td>任务工单完成情况（40 分）</td><td></td></tr>
<tr><td>小组内工作胜任情况（20 分）</td><td></td></tr>
<tr><td colspan="2">合计</td><td colspan="2">分</td></tr>
<tr><td colspan="4">小组评价</td></tr>
<tr><td rowspan="4">评价内容与分值</td><td>本小组本次任务完成质量（30 分）</td><td rowspan="4">成绩（分）</td><td></td></tr>
<tr><td>个人本次任务完成质量（30 分）</td><td></td></tr>
<tr><td>个人参与小组活动的态度（20 分）</td><td></td></tr>
<tr><td>个人的合作精神和沟通能力（20 分）</td><td></td></tr>
<tr><td colspan="2">合计</td><td colspan="2">分</td></tr>
<tr><td colspan="4">教师评价</td></tr>
<tr><td rowspan="4">评价内容与分值</td><td>本小组本次任务完成质量（30 分）</td><td rowspan="4">成绩（分）</td><td></td></tr>
<tr><td>个人本次任务完成质量（30 分）</td><td></td></tr>
<tr><td>个人小组活动参与度（20 分）</td><td></td></tr>
<tr><td>个人对本次任务的贡献度（20 分）</td><td></td></tr>
<tr><td colspan="2">合计</td><td colspan="2">分</td></tr>
<tr><td colspan="4">总成绩＝自我评价×20%＋小组评价×30%＋教师评价×50%＝　　分</td></tr>
</table>

任务二　选择与管理分销渠道商

任务描述

<table>
<tr><td>项目名称</td><td>项目八　分销渠道策略</td><td>任务名称</td><td>任务二　选择与管理分销渠道商</td></tr>
<tr><td rowspan="3">学习目标</td><td>知识目标</td><td colspan="2">1. 熟悉渠道商管理内容
2. 了解分销渠道商的激励管理方式
3. 了解分销渠道商的冲突管理
4. 掌握选择中间商、零售终端网点的标准与方法</td></tr>
<tr><td>能力目标</td><td colspan="2">能够选择与管理分销渠道商</td></tr>
<tr><td>思政目标</td><td colspan="2">培养合作精神，成员分工协作</td></tr>
<tr><td>任务内容</td><td colspan="3">本任务引导学生掌握渠道管理的内容及方法，了解渠道整合的含义及作用，掌握渠道整合模式。
学习本任务，学生应能制定中间商管理方案并根据环境变化提出渠道整合建议</td></tr>
<tr><td>任务准备</td><td colspan="3">在网络上搜索关于渠道管理的资料，为后面制定中间商管理方案作准备</td></tr>
</table>

任务知识

渠道是市场营销组合中最宝贵的要素。企业只有熟悉分销渠道及其设计与管理决策，正确选择合理、高效的分销渠道，才能使产品顺利完成从生产领域到消费领域的转移。

一、新型分销渠道管理

分销渠道不应仅仅是一个由经济利益联系起来的松散的组织。营销者应考虑如何在渠道成员之间构建一个统一、团结的整体，而不是满足于传统渠道的运营模式。在传统渠道中，各种各样的渠道成员很少与其他人合作，他们彼此间只是买卖关系，只关注自身利益，而不考虑对同一渠道中其他成员的影响，越区销售等现象比比皆是。

新型分销渠道管理的理念是发展渠道成员之间密切合作的伙伴关系。渠道伙伴关系（或称渠道合作），指所有的渠道成员相互配合工作，创建服务于最终消费者或用户的供应链并争取竞争优势，以实现双赢或多赢。通过合作，供应商、制造商、批发商和零售商加速商品流动，提高服务质量，并且降低分销渠道的总成本。

二、分销渠道商的激励管理

分销渠道商的激励管理，指厂商为使渠道成员执行销售策略而采取的管理行为。中间商和制造商是各自独立的经济实体，他们有各自的利益诉求，彼此是合作关系，而不是上下级命令与被命令的关系，所以中间商管理是十分复杂的。对其的激励也比一家公司内部激励更为困难，因此，要想激励渠道成员出色地完成任务，制造商必须了解各个中间商的不同需求，对渠道成员给予支持，帮助他们解决问题。激励中间商的方式有两类，即直接激励与间接激励。

1. 直接激励

直接激励是通过给予中间商物质或金钱奖励，如返利政策、价格折扣、促销活动等，促使其做出更好的销售业绩。

2. 间接激励

间接激励指间接帮助中间商进行销售管理，如帮助分销商做好零售终端的管理、铺货和商品陈列管理等。这种激励措施具有一定的短期性，从长远看，制造商和中间商应该结成合作伙伴，形成风险共担、利益共享的共同体。制造商可以通过分销规划与中间商建立长期稳定协调的双赢关系。分销规划指建立一个有计划的、实行专业管理的垂直渠道系统，以便把制造商与中间商的需要更为紧密地结合起来。在建立垂直渠道系统的过程中，制造商应在公司内部专设一个分销关系计划部门，负责确定中间商需求，制定交易计划及有关方案，帮助中间商以最佳方式经营。该部门应与中间商合作，确定存货水平、商品陈列计划、销售人员训练要求、促销计划等。建立垂直管理系统，有利于大大提高分销系统的运行效率，制造商和中间商都可从中受益。

三、分销渠道商的效益评估管理

制造商应按一定标准定期评估中间商的业绩，如销售定额的完成情况、平均存货水平、向顾客交货时间、对损坏和遗失商品的处理、与公司促销和培训的合作情况等。如果渠道成员的绩效低于既定标准，应找出原因并考虑采取改善措施。

1. 衡量中间商绩效的方法

一是将中间商的销售绩效与上期比较，并以渠道全体成员的升降百分比作为评价标准。同时，将每一中间商的本期销售绩效与整个群体的平均销售绩效进行比较。二是将中间商的绩效与该地区基于销售潜量分析而设立的销售定额相比较，然后对各个中间商按名次先后进行排列。

中间商的销售绩效低于群体平均水平或未达到既定水平的可能原因：当地经济衰退、某些顾客不可避免的流失、主力推销员的跳槽等。制造商应根据具体情况采取有针对性的措施。

2. 调整分销渠道的方式

分销渠道并不是一成不变的，而是需要根据竞争态势、市场需求规模和中间商的业绩来调整。制造商在对渠道成员绩效进行评估的基础上，需要考虑适应不断变化的市场环境，对分销渠道进行必要的调整。

（1）减少渠道成员。例如，某个中间商的绩效低下，则可以考虑淘汰该中间商。

（2）增加渠道成员。随着市场需求、营销环境以及企业产品线的变化，某些中间商可能会营利不佳，此时，需要增加新的渠道成员。

（3）对整体分销渠道进行调整。对制造商而言，这是难度和风险最大的决策。因为这不仅涉及整体分销渠道，还涉及一系列营销策略的改变。

四、分销渠道商的冲突管理

在分销渠道中总会出现某些形式或某种程度的冲突。冲突可能发生在同一分销渠道不同成员之间或不同制造商的分销渠道之间。这里主要讨论发生在同一分销渠道不同成员之间的冲突。这种冲突指不同渠道成员因利益争执、碰撞或侵犯而导致的行为上不协调的状况。

渠道冲突在分销渠道中十分常见。虽然多数冲突并不会导致诉讼，但可能会很激烈。一般来说，渠道冲突有显著的负面影响，不仅会影响顾客的购买行为、企业的品牌形象和销售业绩，还容易分散制造商的注意力，耗费其精力和资源。因此，营销者应正视渠道冲突。

从另一个角度看，发生适度的渠道冲突未必完全是一件坏事，因为如果没有冲突，渠道成员就会故步自封、不求创新。营销者必须能够区分渠道冲突的类型，分析冲突原因，寻找解决对策。

五、选择分销渠道商

分销渠道商包括中间商和终端零售商。渠道管理有两种不同的视角：一是从制造商或生产商的位置沿渠道向终端看市场；二是从零售商或其他最终销售者的位置向起点看制造商或生产商。前者是划分渠道、选择渠道成员最常用的思路。

（一）选择中间商

1. 中间商选择标准

中间商的选择直接关系到市场营销的效果。在选择中间商时，应评估其从业年限、所经营的产品线、成长情况和经营业绩、合作态度、协作性和声誉等，应避免选择缺乏良好声誉的中间商。对于销售代理商，还应评估其经营的其他产品品种、销售人员的规模和素质。对于零售商，则应重点考察店铺的位置、面积、每平方米销售毛利、未来发展潜力、经常光顾的顾客类型等。

在渠道成员选择上，可以建立一套标准，在此参考标准基础上，企业制定与公司分销目标一致、更细致实用的标准。

（1）市场覆盖范围。中间商的经营范围和销售活动涉及的地区应与公司分销目标一致，中间商的销售对象应与公司界定的目标市场的潜在顾客一致。

（2）产品政策。应考察中间商的产品线、经销的产品组合有无竞争品牌的产品。一般应避免使用有竞争品牌产品的代理商和批发商。

（3）地理区位优势。应选择处在顾客流量较大地点的零售商，还应考虑批发商所处位置是否有利于产品的批量存储和运输。通常以处于交通枢纽为宜。

（4）产品知识。许多中间商被大公司选中，往往是因为他们在销售产品方面有丰富的经验。选择有经验的中间商有利于快速打开销路。

（5）预期合作程度。中间商与制造商应友好地合作，这对双方都有益。有些中间商希望制造商参与促销，因为这样会扩大市场需求，带来高利润。

（6）财务及管理状况。中间商能否按时结算，包括必要时能否预付货款，与其财力大小有关。整个企业销售管理是否规范、高效，关系着中间商营销的成败。

（7）促销政策和技术。要考虑中间商采用何种方式推销商品及应用选定促销手段的能力，以及中间商是否愿意承担一定的促销费用，是否具有必要的物质、技术基础和相应的人才。

（8）综合服务能力。有些产品需要中间商提供售后服务，有些产品在销售过程中需要中间商提供技术指导或财务支持（如赊购或分期付款），有些还需要专门的运输存储服务，这些都要考虑到。

（9）中间商的信誉。中间商的信誉不仅直接影响回款，还关系到市场的网络支持。一般来说，中间商信誉越高，产品销量就越大。

渠道成员的选择，就是从众多相同类型分销成员中选出适合公司渠道结构、能有效帮助公司完成分销目标的分销伙伴。渠道成员的选择是双向的，即制造商要选择中间商，中间商也会选择愿意与他们打交道的制造商。不同制造商吸引合格中间商的能力有差别，大型制造商拥有著名品牌和有质量保证的产品，相对容易吸引合格中间商。

2. 中间商的选择方法

（1）评分法

评分法又称加权平均法，即对拟选择合作的中间商，分别就其所具备的商品分销能力和条件进行打分，然后按照分数高低进行选择。具体步骤：①列出分销渠道成员选择所需考虑的全部因素；②根据重要程度不同，为对渠道功能有影响的各个因素赋予一定的权重；③根据渠道成员在不同因素中的表现进行打分；④将每个成员在每一因素上的得分与该因素的权重相乘，得出加权分；⑤将每个成员在每一因素上的加权分数相加，得出总分；⑥对各渠道成员的总分进行排序，为渠道成员选择提供标准。

（2）销售量分析法

销售量分析法是分析中间商近年来销售额的总量情况、每年增长情况及顾客流量等指标，判断中间商是否有担当销售任务的能力，这也是挑选中间商的主要方法。

（3）销售费用分析法

在日常管理和运作过程中，渠道销售不可避免地会产生一些费用，主要包括市场开拓费用、让利促销费用、货款延迟支付带来的收益损失、谈判和监督履约的费用等。这些费用构成了销售费用或流通费用，减少了生产企业的净收益。因此，渠道销售费用分析对生产者来说格外重要，一般来说，分析方法主要有以下 3 种：

①总销售费用比较法。在分析候选中间商的可控性、营销战略、市场声誉、顾客流量、销售记录的基础上，预估各个中间商作为分销渠道成员执行分销任务的总费用，然后选择费用最低的中间商作为渠道成员。

②单位商品销售费用比较法。当销售费用一定时，产品销量越大，单位商品的销售成本就越低，渠道成员的效率就越高。因此，在评价有关渠道成员的优劣时，需要把销售量与销售成本两个因素综合起来考虑，选择单位商品销售成本最低的中间商作为渠道成员。

③费用效率分析法。以销售业绩与销售费用的比值作为评价依据，取效率高者作为渠道成员。此方法采用的比值是某渠道成员能够实现的销售业绩（总销售量或总销售额）与该成员总销售费用的比值，因此被称为费用效率。费用效率的计算公式为：

费用效率=某分销商的总销售额（或总销售量）÷该分销商的总销售费用

（二）选择终端零售商

1. 终端零售网点的选择标准

由于消费者需求个性化、多样化，终端零售网点的选择要考虑消费者的购物心理。对终端零售网点的选择，主要考虑以下几方面：一是顾客最方便购买的地点要求；二是顾客最乐意光顾并购买的地点要求；三是商品最充分展现、让更多人认知的地点要求；四是树立商品形象的地点要求。

这些要求具体反映在终端零售网点的选择上，是根据目标市场特征及竞争状况、企业自身经济实力、产品特点、公关环境、市场基础等，以及企业外部市场环境、竞争对手状况、市场购买力水平等因素，综合权衡后选择直接面向顾客的分销点。

2. 市场销售终端网点选择方法

（1）根据消费者收入和购买力选择

购买力是“市场”的重要构成要素，直接影响着消费者对商品的购买量和商品档次。一般来说，高购买力的消费者更愿意出高价购买质量高的名牌商品；如果消费者购买力低，不但商品的档次上不去，而且档次低的商品销量也很有限。消费者的购买力取决于其个人收入，因此，也可以说所在地居民收入水平与购买力的高低是指导企业选择终端零售网点的重要依据。

（2）根据目标顾客出现的位置选择

要确保消费者一有需求就能方便地购买，这就意味着“商品必须跟踪消费者”。消费者出现在哪里，满足他们需求或欲望的商品就要同时出现在哪里。这就要认真研究消费者可能的活动范围，在每个地方他们可能产生的需求和购买欲望是什么。

（3）根据顾客购买心理选择

不同顾客的购买兴趣、关注因素、购物期望等心理特征是不同的。顾客的购买心理直接影响其购买行为。总的来说，顾客往往会在质量、品牌、价格、服务质量等方面表现出不同的偏好。因此，企业要结合顾客在一定条件、时间和地点下的购买心理来选择终端零售网点。

（4）根据竞争需要选择

企业在选择终端零售网点时，无论是从生存的角度还是从发展的角度来看，都必须考虑竞争对手的情况，为此，要考虑的因素有竞争对手数量、竞争对手策略、企业的战略目标、产品生命周期等。

（5）根据销售方式选择

销售方式主要指企业销售产品时所采取的形式，它主要包括店铺销售和无店铺销售两种。在现代市场条件下，销售方式出现多元化趋势，企业在选择终端零售网点时，既可采用某一种销售方式，也可同时采用多种销售方式。

学习表单

选择中间商的标准及实例

选择中间商的标准	实例
市场覆盖范围	
产品政策	
地理区位优势	
产品知识	
预期合作程度	
财务及管理状况	
促销政策和技术	
综合服务能力	
中间商的信誉	

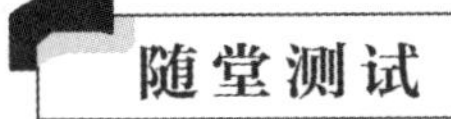

随堂测试

任务工单

<table>
<tr><td rowspan="2">第（ ）组</td><td>姓名</td><td></td><td></td><td></td><td></td><td></td><td></td></tr>
<tr><td>学号</td><td></td><td></td><td></td><td></td><td></td><td></td></tr>
<tr><td>任务名称</td><td colspan="7">制定中间商管理方案</td></tr>
<tr><td>任务目的</td><td colspan="7">能够根据要求制定中间商管理方案</td></tr>
<tr><td>任务描述</td><td colspan="7">各学习小组根据所学内容制定一份中间商管理方案，并能根据环境变化提出渠道整合建议。
考核点：①体现选择中间商的标准；②中间商的激励方式合理；③渠道整合建议合理</td></tr>
<tr><td>任务实操</td><td colspan="7">（任务呈现形式：□Word 文字版 □视频 □小组现场完成图片 □Excel 表格）</td></tr>
</table>

任务评价

本次任务完成后，由任课教师主导，采用学习过程评价与学习结果评价相结合的形式，综合运用自我评价、小组评价及教师评价 3 种方式，由教师确定 3 种评价方式的权重，计算出学生本次任务的考核评价得分。

任务完成考核评价表

班级		学生姓名	
项目名称	项目八　分销渠道策略	任务名称	任务二　选择与管理分销渠道商
自我评价			
评价内容与分值	对知识技能的掌握程度（20 分）	成绩（分）	
	学习表单完成情况（20 分）		
	任务工单完成情况（40 分）		
	小组内工作胜任情况（20 分）		
合计		分	
小组评价			
评价内容与分值	本小组本次任务完成质量（30 分）	成绩（分）	
	个人本次任务完成质量（30 分）		
	个人参与小组活动的态度（20 分）		
	个人的合作精神和沟通能力（20 分）		
合计		分	
教师评价			
评价内容与分值	本小组本次任务完成质量（30 分）	成绩（分）	
	个人本次任务完成质量（30 分）		
	个人小组活动参与度（20 分）		
	个人对本次任务的贡献度（20 分）		
合计		分	
总成绩＝自我评价×20%＋小组评价×30%＋教师评价×50%＝			分

任务三　评估与调整分销渠道方案

任务描述

项目名称	项目八　分销渠道策略	任务名称	任务三　评估与调整分销渠道方案
学习目标	知识目标	1. 了解分销渠道评估标准与流程 2. 掌握分销渠道评估内容、渠道调整方法 3. 熟悉分销渠道创新的常见形态	
	能力目标	能够评估与调整渠道方案，避免分销渠道冲突的发生	
	思政目标	培养合作精神，成员分工协作	
任务内容	本任务引导学生了解分销渠道评估标准与流程，掌握分销渠道评估内容、渠道调整方法，熟悉分销渠道创新的常见形态。 学习本任务，学生应能根据提供的材料撰写简单的渠道评估与调整优化方案		
任务准备	在网络上搜索渠道评估与调整优化方案相关资料，为后面撰写方案作准备		

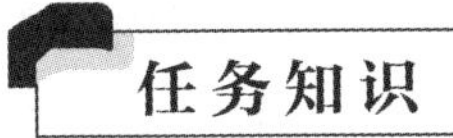

一、分销渠道评估内容

（一）渠道管理组织评估

渠道管理组织评估包括两个方面的内容：①考察渠道系统中销售经理的素质和能力；②考察制造商分支机构对零售终端的控制能力。

（二）渠道运行状况评估

渠道运行状况评估是以渠道建设目标和分销计划为依据，考察分配任务是否合理，以及渠道成员合作意愿与努力程度、渠道冲突性质与程度、销售是否达到既定目标等。可从渠道通畅性、渠道覆盖面、渠道流通能力及利用率、渠道冲突等方面分析。

（三）服务质量评估

（1）信息沟通。主要考察渠道的下游对上游所反馈的市场信息与产品信息是否有效，衡量指标包括沟通频率、沟通内容、沟通时间和沟通方式。

（2）实体分配。实体分配指原料和最终产品从生产者向使用者转移，以满足顾客需要，并使相关方从中获利的实物流通过程。实体分配的服务质量指渠道成员满足顾客需求的及时程度。

（3）促销效率。促销效率指在促销活动的前后渠道中，产品流通量的变化与预期效果的比值。例如，××公司采用销量浮动评估法、随机抽样评估法和数据综合分析评估法来评估促销效果，对渠道促销效率的评估是其整体促销评估方案的一部分。

（4）顾客抱怨及处理。顾客对产品或服务的不满或责难称顾客抱怨。生产者应协助渠道成员建立顾客抱怨管理制度。

（四）经济效益评估

1. 销售分析

销售分析是分销渠道运行效果分析的主要内容，用于测量和评估分销计划及销售目标的实现情况。主要是比较计划目标与实际销售水平，常采用销售差异分析评估方法。

2. 市场占有率分析

计算和评估市场占有率可以剔除一般的环境影响，通过企业之间的横向比较，考察企业市场营销和分销渠道管理的改善情况。

3. 分销渠道费用分析

评估分销渠道经济效益，须认真分析在分销渠道中产生的各种费用，这些费用的总和称分销渠道费用，一般是零售总成本与制造成本之差。分销渠道费用主要包括直接人员费用、促销费用、仓储费用、运输费用、包装与品牌管理费用、其他营销费用。

4. 盈利能力分析

盈利能力分析主要通过计算销售利润率、费用利润率、资产收益率等来进行。相应的计算公式如下：销售利润率＝税后利润/销售额×100%；费用利润率＝当期利润/费用总额×100%；资产收益率＝当期利润/资产总额×100%。

二、分销渠道的创新

（一）分销渠道创新的途径

当渠道本身不能满足或落后于产品在市场上的发展，或限制了整体市场的向前推进，阻碍了消费需求的满足和企业经营理念的实施时，企业就必须进行渠道创新。渠道创新包含两方面：一是渠道模式方面的创新；二是渠道管理方面的创新。

1. 有效利用和整合现有的渠道资源

企业一方面要有效利用现有的渠道资源，另一方面需通过销售流程及管理方式的调整、改进，充分发挥渠道关系、配送体系、促销配套等方面的资源效用，实现渠道效率的提高和费用的节约，其间，企业应注意保证渠道成员利益的均衡化，同时完善渠道的信息收集和服务支持功能。

2. 建立复合渠道模式

企业应顺应消费者收入分层化、需求个性化以及零售业态复杂化的趋势，建立复合型渠道模式，即针对不同的细分市场安排不同的渠道，多路并用。例如，有在二、三级市场占主导地位的传统分销渠道模式和在中心市场占主导地位的新兴渠道模式，有直接面向消费者的社区渠道和网络渠道，有细分出来的具体的专业化渠道模式，还有直销、分销、直供等模式。企业在建立复合渠道模式时，一定要注意避免几种分销渠道在同一市场内争夺同一种客户群而引起利益冲突的情况。

（二）分销渠道创新的常见形态

1. 特许经营

特许经营分产品、商标型特许经营和经营模式型特许经营。在产品、商标型特许经营中，特许人通常为生产者，同意受许人对特许商品或商标进行商业开发，作为代价回报，特许人定期收取特许费用。经营模式型特许经营是形式较新的特许经营，受许人不仅被授权使用特许人商号，还有全套经营方式、指导和帮助，包括商店选址、人员培训、管理营销、财务战略和执行，乃至整个生产过程控制、产品质量监督等。

2. 直复营销

直复营销，即通过与目标受众直接沟通，取得反馈，实现交易。

（1）直接邮购。企业给原有的消费者或目标市场消费者邮寄信函或印刷广告（其中一些附有订单、回执卡、免费电话等回复工具），传递商品或服务信息，消费者直接回应后，直复营销人员再根据消费者的具体要求，邮寄更详细的资料或直接寄出商品。

（2）电话营销。企业或商家使用电话直接向消费者传递信息、销售商品，消费者也可以通过拨打所提供的免费电话进一步询问或直接订货。

（3）目录营销。直复营销人员通过向消费者或目标消费者邮寄综合性或专业性目录，或者由消费者索取目录，以及在报刊市场上出售或免费发送目录等方式，使消费者了解目录中介绍的有关产品或服务信息，以及联系或订购方式，进而按照目录要求购物。

（4）电视营销。企业在电视上做广告，或设专门的家庭购物频道传递商品或信息，同时告诉消费者咨询或订购电话，消费者打电话询问详细信息或订购商品。

（5）网络营销。企业通过网络系统发布信息，比如，通过电子邮件直接向特定的目标消费者提供产品或服务信息，或者在网上展示商品，收集消费者信息，消费者网上回应、网上购物。

三、网络分销渠道

（一）网络分销渠道的概念

网络分销渠道是利用互联网的特性，在网上建立产品或服务分销体系，通过互联网平台，将产品或服务从生产者转移至消费者的具体通道或路径。

（二）网络分销渠道的功能

以互联网为支撑的网络分销渠道也具备传统分销渠道的功能。一个完善的网络分销渠道应有以下三大功能。

1. 订货功能

订货功能指企业利用通信网络和终端设备，以在线连接的方式进行订货作业和订货信息交换，主要由订货、通信网络和接单计算机三部分构成。订货功能为顾客提供产品信息，同时也方便企业获取顾客的需求信息。一个完善的订货功能系统，可以最大限度地降低库存，减少销售费用。

2. 结算功能

结算功能主要是管理网络分销渠道中的资金流，企业需要有具备结算功能的系统，以使顾客在订购商品后可以选择付款方式。目前比较流行的支付方式有货到付款、预存款结算、邮政汇款、银行卡网上付款、银行电汇、第三方支付平台（如阿里巴巴的“支付宝”）付款等。

3. 配送功能

网络上销售的产品主要有实体产品和无形产品两种类型，对于无形产品，如服务、信息、软件、音乐等，企业可以直接通过互联网配送，如现在许多软件都可以直接在网上购买和下载后使用。因此，网络分销渠道中的配送系统一般讨论的是实体产品的配送问题。实体产品的配送在现阶段主要有两种方式：一是企业拥有自己的物流配送队伍，顾客订货后，企业安排配送部门送货；二是企业和第三方物流企业合作，顾客订货后，企业委托第三方物流服务企业送货。

（三）网络分销渠道建设

由于销售对象不同，网络分销渠道也有很大区别的，一般有两种方式。一是B2B，即企业对企业的模式，每次交易量大，交易次数较少，并且购买方比较集中，因此，B2B的建设关键是功能完善的订货系统，方便购买方选择货品。此外，该模式下，由于企业信用一般较好，网上结算付款比较简单。二是B2C，即企业对消费者模式，每次交易量小，交易次数多，且购买者非常分散，因此，B2C的建设关键是结算系统和配送系统。

在具体建设网络分销渠道时，还要考虑以下几个方面。

1. 从消费者角度设计渠道

只有设计消费者比较放心、容易接受的方式，才有可能吸引消费者网上购物，以克服网上购物“虚”的感觉。

2. 订货系统简单明了

不宜让消费者填写太多信息，应该模拟超市，采用“购物车”模式，让消费者一边比较一边选购。

3. 结算方式的选择应考虑到实际发展情况

应尽量提供多种结算方式以方便消费者选择，同时要考虑到网上结算的安全性，应将不安全的直接结算方式替换成安全的间接结算方式。

4. 建立快速有效的配送系统

消费者只有真正看到购买的商品，才会真正感到踏实，因此，建立快速有效的配送系统非常重要。

四、优化渠道评估与调整方案

（一）分销渠道评估标准与流程

每个渠道方案都是企业产品送达顾客的可能路线。生产者所要解决的问题，就是根据一定时间的运营，不断调整与优化渠道方案，以实现企业的长期经营目标。因此，企业必须对各种渠道方案进行评估，然后进行调整与优化。

1. 分销渠道评估标准

（1）经济性标准

经济性标准主要是看每一条渠道的销售额与渠道成本之间的关系。正常情况下，不同的分销渠道方案会有不同的销售额与渠道成本，生产者应对此作出评估。在不同区域，生产者利用企业销售人员直接销售及利用代理商销售之间的关系如图 8-3 所示。

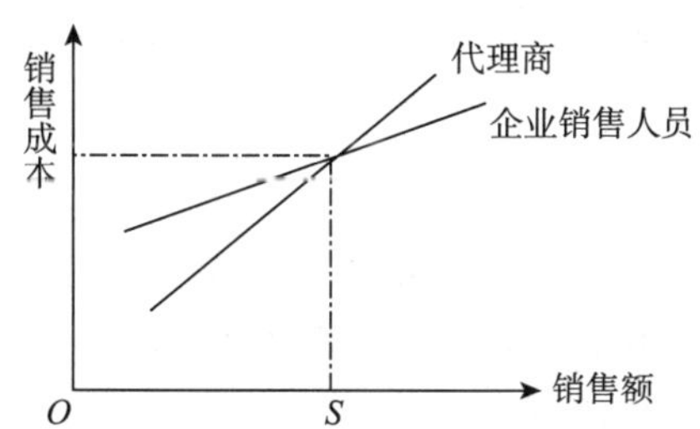

图 8-3　企业销售人员与代理商的经济比较

由上图可以看出，销售额为 S 时，两种分销渠道的成本相等；销售额小于 S 时，利用代理商销售是较佳的分销渠道方案；销售额大于 S 时，由企业销售人员直接销售更好。一般来说，规模较小的企业或在较小市场从事营销的大企业利用代理商销售为宜。

（2）控制性标准

利用代理商销售，在渠道控制方面往往会产生一些问题。代理商作为独立运营的企业，其关心的是自身如何实现利润最大化。其可能不愿与相邻地区的同一委托制造商的其他代理商合作，可能只注重访问那些与自身销售产品有关的客户而忽略对委托制造商来说很重要的客户。代理商的推销员可能不会深入了解与委托制造商产品相关的技术细节，或很难认真对待委托制造商提供的促销数据和相关资料。因此，控制性标准成为渠道方案好坏的重要评估标准。

（3）适应性标准

在评估各渠道选择方案时，还要考虑渠道适应环境变化的能力。生产者与销售代理商签订长期合同，如果在合同有效期内市场环境发生变化，那合同条款将降低生产者的灵活性和适应性。例如，某一生产者与其销售代理商签订 5 年合同，这段时间，即使采用其他销售方式利润会更多，生产者也不得任意取消与销售代理商的合约。

2. 分销渠道评估流程

对分销渠道进行评估，旨在建立一套与企业特定经营目标一致的评价指标，以引导渠道行为。渠道评估整体流程如图 8-4 所示。

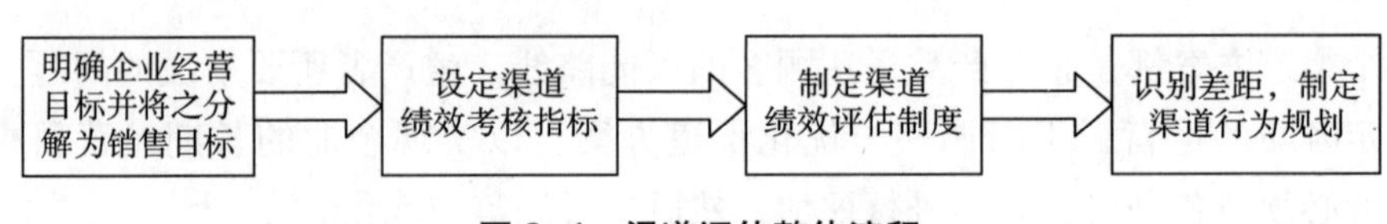

图 8-4 渠道评估整体流程

（二）分销渠道调整

根据渠道评估结果，如现行渠道体系不能实现企业经营目标或不能解决渠道运营存在的问题，则需要对渠道进行调整。渠道调整的具体方法有以下几种。

1. 调整渠道政策

这是渠道的“软性”改进，不增减渠道成员，调整的范围包括但不限于价格政策、铺货政策、市场推广政策、信用政策、激励政策等。

2. 调整渠道结构

这是渠道的“硬性”改进，通常会增减某些渠道成员。生产者在作出这项决策时，要进行渠道改进分析，考察增减某个渠道成员给生产企业利润带来的影响。对渠道进行“硬性”改进的常用方法有以下几种。

（1）渠道结构的调整

在渠道结构调整之前，首先应该对渠道结构存在的问题进行分析，确定应在渠道结构的哪些方面作出调整。例如，渠道整体长度的延长与缩短、渠道宽度的扩展与收缩。

（2）渠道成员的增减与替换

进行渠道成员的增减与替换，一个重要的指标是渠道成员的边际影响力。企业在改变渠道成员前要对因中间商替换产生的各方面影响进行分析，同时要考虑除销售、利润、成本外这种替换对渠道整体性功能产生的影响。

（3）改进整个渠道系统

这是最复杂的一种渠道改进方法，它不仅涉及改进，还涉及整个营销系统的修正。这种决策通常由企业的最高层来制定。

学习表单

渠道运行状况评估中的外部影响因素及举例

外部影响因素	举例
顾客特征	
需求层次	
经济状况	
技术发展	
竞争压力	
政策法规	

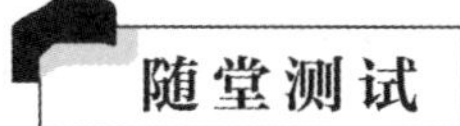

随堂测试

随堂测试

任务工单

<table>
<tr><td rowspan="2">第（ ）组</td><td>姓名</td><td></td><td></td><td></td><td></td><td></td><td></td></tr>
<tr><td>学号</td><td></td><td></td><td></td><td></td><td></td><td></td></tr>
<tr><td>任务名称</td><td colspan="7">渠道评估与调整方案</td></tr>
<tr><td>任务目的</td><td colspan="7">能够根据提供的资料，撰写简单的渠道评估与调整优化方案</td></tr>
<tr><td>任务描述</td><td colspan="7">各学习小组根据所学内容，能根据提供的材料撰写简单的渠道评估与调整优化方案。
考核点：总体方案科学、结构合理、可操作性强；体现分销渠道评估标准，能够根据渠道评估的结果提出调整优化方案，具有一定创新思维</td></tr>
<tr><td>任务实操</td><td colspan="7">（任务呈现形式：□Word 文字版　□视频　□小组现场完成图片　□Excel 表格）</td></tr>
</table>

任务评价

本次任务完成后，由任课教师主导，采用学习过程评价与学习结果评价相结合的形式，综合运用自我评价、小组评价及教师评价 3 种方式，由教师确定 3 种评价方式的权重，计算出学生本次任务的考核评价得分。

任务完成考核评价表

班级		学生姓名	
项目名称	项目八　分销渠道策略	任务名称	任务三　评估与调整分销渠道方案
自我评价			
评价内容与分值	对知识技能的掌握程度（20 分）	成绩（分）	
	学习表单完成情况（20 分）		
	任务工单完成情况（40 分）		
	小组内工作胜任情况（20 分）		
合计		分	
小组评价			
评价内容与分值	本小组本次任务完成质量（30 分）	成绩（分）	
	个人本次任务完成质量（30 分）		
	个人参与小组活动的态度（20 分）		
	个人的合作精神和沟通能力（20 分）		
合计		分	
教师评价			
评价内容与分值	本小组本次任务完成质量（30 分）	成绩（分）	
	个人本次任务完成质量（30 分）		
	个人小组活动参与度（20 分）		
	个人对本次任务的贡献度（20 分）		
合计		分	
总成绩 = 自我评价×20% + 小组评价×30% + 教师评价×50% =		分	

思政园地

在供给、配送端人力和运力紧张的情况下，如何买药是许多人关心的事。特殊时期，上海第一医药股份有限公司（简称“上海第一医药”）围绕“保基本刚需+供特药特需”对社区居民药品需求进行保供。根据患者病种配置基本药物目录，提供“基本保障+特殊用药”需求登记服务。对重点服务区域，以“中心大仓+中心店”的模式，覆盖全区域的市民用药需求。

上海第一医药将黄浦区等作为重点服务区域，通过虚拟店接单的模式，采用下单后48小时内将药品配送到小区的服务。在操作上，以大仓为配送中心仓，同时辅以药品齐全、面积较大的3家门店作为服务中心店，以此满足上述区域市民的用药需求。

随着“三区”政策明朗，药店应开尽开趋势明显。上海第一医药各区恢复经营的门店，做好3公里半径的社区居民服务。由门店的店长牵头，与本店周边的3公里范围内的街道或社区居委会取得联系，指定药店店员（以职业药师为主）作为小区专属服务人员，开展药师健康咨询服务。小区的团长则负责指导小区居民在“药到家”上自费购药的操作以及收集医保卡购药相关资料，店长、店员、药师，通过社群等工具，对基本病种和基本药品进行远程线上展示，为小区居民开展药师服务和用药指导、健康咨询，并且通过“药到家”App接单，实现远程服务，确保宅家用药不间断。

在服务渠道上，第一医药开启“线上线下+医保支付”的模式，全面满足市民购药需求。

在配送保障上，第一医药加快流转优化，启动云店、中心店以及仓库集中分拣直送的业务模式，突破线下在营网点数量不足的局限性，最大限度地提升特殊时期药品保供服务范围。

同时，为全方面保证订单及时、有序配送至社区，百联集团协调旗下企业，特派保供车辆支援第一医药，以保障门店及时补货，以及“最后3公里”触达流畅。

资料来源：财经杂志。

【讨论】

结合案例中疫情期间的药品保供渠道措施，谈谈企业如何在特殊时期发挥社会责任，保障居民基本生活需求。

【思政融入】

通过分析案例中“中心大仓+中心店”模式和远程药师服务，满足居民用药需求的创新做法，强调服务意识和创新精神在企业履行社会责任中的重要性。结合企业行为，引导学生树立正确的价值观，认识到在国家和社会需要时，企业和个人都应积极贡献，体现社会主义核心价值观中的“友善”和“敬业”精神。

项目九　促销策略

学习目标

1. 知识目标

- 理解促销的内涵
- 掌握广告宣传、人员推销、营业推广、公共关系 4 种促销方式的含义及其特征
- 掌握广告宣传、人员推销、营业推广、公共关系 4 种促销方式的应用要点
- 掌握促销组合的含义
- 掌握影响促销组合的因素
- 理解常见的促销组合策略

2. 能力目标

- 能够制定合适的广告宣传方案
- 能够策划促销活动方案

3. 思政目标

- 培养创意精神
- 培养职场执行力

思维导图

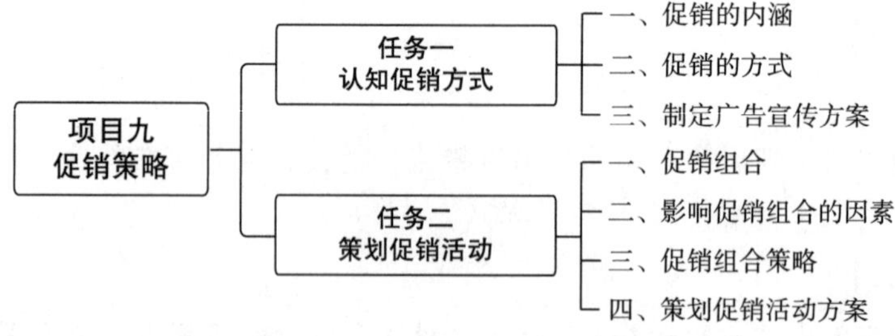

案例导入

“双十一”是淘宝于2009年开创的网络促销活动日，每年的“双十一”都是一次轰动。

多年来，“双十一”营销策略不断优化和升级。总体来看，“双十一”购物狂欢节采用了以下几种促销策略。

（1）优惠券攻势

通常的形式有打折促销、满减活动、优惠券服务等。在“双十一”即将到来的前几个月，淘宝、天猫就开始在商城平台挂上“双十一”购物狂欢节字样，同时利用其他新媒体平台进行线上宣传，或者在公交站牌、地铁走廊等张贴广告。通过这些广告宣传，提醒消费者一年一度的购物狂欢节到了。

各大入驻商家也会在平台“首页”“详情页”“双十一预热专区”设置优惠券，用户登录后会自动弹出一系列优惠券，可以点击领取和使用。通常促销力度很大，能唤起消费者的购买欲望。

（2）明星助阵

阿里巴巴采用“全明星阵容+矩阵直播”新模式，借助明星自身的流量属性，把消费和追星结合起来，既巩固了超级会员，又能吸引新的用户前来消费，狠狠刷了一把天猫平台的“整体消费流量和关注度”。

明星参与购物节晚会，不但会观看节目、欣赏表演，而且会在晚会现场结合游戏，发挥阿里巴巴旗下其他娱乐领域功能。还有一种模式是多屏互动，结合微信摇一摇抢红包、支付宝口令红包等，让购物变得更有趣味。

（3）O2O全渠道打开

大规模的网络购物促销看起来只是线上服务，其实，阿里巴巴逐渐开展全渠道营销。在2016年，其就扶持了超过60家门店，走线上线下相结合的路径。其初衷是打通品牌线上和线下的渠道，让线上商品和线下实体体验得到联通，并且建立了“会员服务体系”，一些品牌如GAP、优衣库等已加入。这样的话，消费者可以先线下实体店体验，再在淘宝、天猫商城相对低价地选购品牌产品，产品则依然由线下门店发货。

未来，我国电商领域还会有更多的促销形式与新策略，不断创新，不断影响世界。

资料来源于网络，有删改。

请思考：

1. 你所知道的“双十一”促销手段还有哪些？
2. 你认为“双十一”促销策略成功的原因有哪些？

任务一　认知促销方式

任务描述

<table>
<tr><td>项目名称</td><td>项目九　促销策略</td><td>任务名称</td><td>任务一　认知促销方式</td></tr>
<tr><td rowspan="3">学习目标</td><td>知识目标</td><td colspan="2">1. 理解促销的内涵
2. 掌握广告宣传、人员推销、营业推广、公共关系 4 种促销方式的含义及特征
3. 掌握上述 4 种促销方式的应用要点</td></tr>
<tr><td>能力目标</td><td colspan="2">能够制定合适的广告宣传方案</td></tr>
<tr><td>思政目标</td><td colspan="2">培养创意精神</td></tr>
<tr><td>任务内容</td><td colspan="3">本任务引导学生掌握促销的内涵，认知及体会广告宣传、人员推销、营业推广、公共关系这 4 种促销方式。
学习本任务，学生应能够深刻理解上述 4 种促销方式并能根据情境制定广告宣传方案</td></tr>
<tr><td>任务准备</td><td colspan="3">在网络上搜索感兴趣的商品广告宣传方案，为后面的任务实操作准备</td></tr>
</table>

一、促销的内涵

社会经济飞速发展，市场需求与市场竞争越来越复杂多变，仅有合理的价格、优质的产品和恰当的渠道，不一定能让消费者对企业的产品及服务产生关注，企业还需采取各种合理有效的方式和手段，促进商品销售，加快企业发展。促销活动已成为现代市场营销活动的重要组成部分，促销策略也成为企业营销策略的重要组成部分。

促销，就是营销者向消费者传播企业及产品的各种信息，创造有利的销售条件，促进消费者购买产品或服务的推销过程。促销可以看作一种沟通活动，即营销者发出各种能刺激消费者购买的信息，把信息传递给更多的目标对象，以影响目标对象的态度和行为。一方面，促销活动可以使消费者知晓产品的存在并使他们认识产品的优良性能；另一方面，促销活动能够影响购买者的动机，激发消费者的购买需要。

二、促销的方式

促销的过程中要运用各种推销方法，这些方法一般可分为人员推销和非人员推销两大类，其中，非人员推销包括广告、营业推广和公共关系等。促销策略则是对促销方法的选择、组合和应用。一般来说，促销主要有以下 4 种方法。

（一）广告

广告是广告主以付费的方式，通过一定的媒体有计划地向公众传递有关商品、服务和其他信息，借以影响受众的态度并说服其作出购买行动的大众传播活动。

从以上定义可以看出，广告主要具有以下特点：①广告是一种有计划、有目的的活动；②广告的主体是广告主，客体是消费者或用户；③广告的内容是商品或服务的有关信息；④广告的手段是借助广告媒体直接或间接传递信息；⑤广告的目的是促进产品销售或树立良好的企业形象。

作为一种高度大众化的媒体传播方式，广告在促销功用上最大的优点是信息传播广、传播速度快、重复性良好，传达时间、频率及人文、地理覆盖面一般都方便控制和选择；缺点是接受信息的部分人有时并非广告主预期的宣传对象，难免会造成一定广告投放费用的浪费。此外，广告在反馈信息的收集方面，即时性较差。这些特点决定了广告更适合于消费品的宣传，工业产品一般较少将广告作为主要促销手段。

奔驰新广告，为女性打call！

（二）人员推销

人员推销是一种传统的推销方式，也是一种非常有效的推销方式。人员推销是企业派出销售人员，与一个或多个潜在消费者交谈，通过口头讲解推销商品，促进或扩大销售的活动。推销主体（销售人员）、推销客体（推销品）和推销对象（消费者）构成了推销活动的 3 个基本要素。商品的推销过程就是推销主体运用各种推销方法说服推销对象接受推销客体的过程。

推销员在推销商品的过程中，承担着寻找客户、传递信息、销售产品、提供服务、收集信息、分配货源等多重功能，这是其他促销手段所没有的。

人员推销主要应用于集团销售和购买规格复杂、价值高昂的商品的销售业务。其优点是注重人际关系、针对性强、及时促成购买、灵活性强、双向沟通、信息传递准确，缺点是很难物色和培养合格的推销员，而且信息传播面比较窄。

人员推销的 7 个步骤如图 9-1 所示。

（三）营业推广

营业推广被誉为现代营销的开路先锋，也称销售促进或特种推销，是除人员推销、广告和公共关系外能有效刺激顾客购买、提高交易效率的各种促销活动。它的范围较广，包括产品展销、使用操作演示及各种赠券、有奖销售、附加赠品、特别折扣等非经

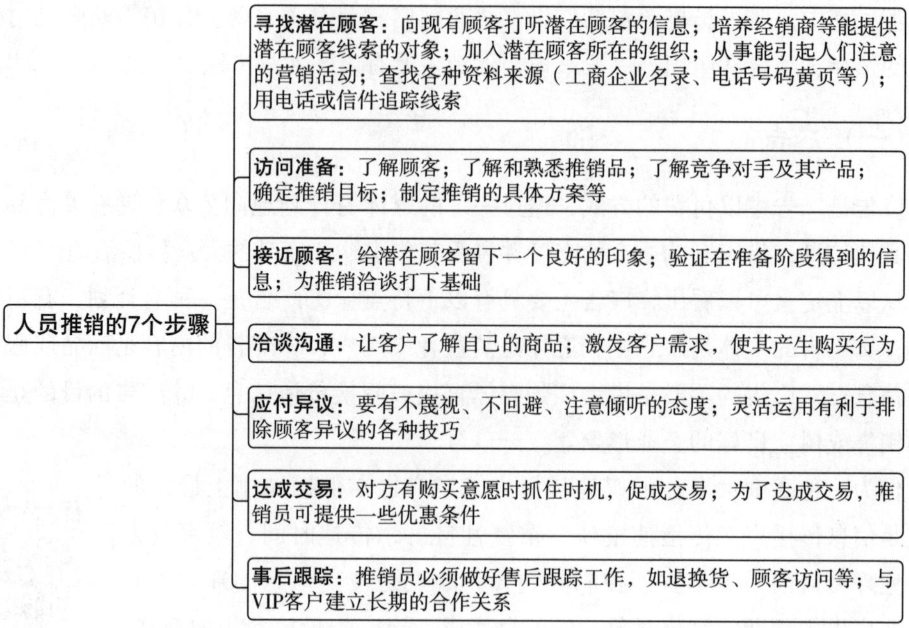

图 9-1　人员推销的 7 个步骤

常性的推销活动。一般用于暂时和额外的促销活动，是人员推销和广告的一种补充。

营业推广的优点是能够强行刺激消费并产生速效功能，刺激人们试购。因此，在竞争相对激烈的市场条件下，它能为新产品打开缺口，但从树立企业和产品自身形象的角度来看，也可能产生某些副作用。

营业推广比较适合于对消费者和中间商开展促销工作，一般不太适用于产业用户。对于个人消费者，营业推广主要吸引 3 类人群：一是已经使用本企业产品的消费者，促使其消费更多；二是已使用其他品牌产品的消费者，吸引其转向本企业的产品；三是未使用过该产品的消费者，争取其试用本企业的产品。对于中间商，营业推广主要是吸引中间商更多地进货和积极经销本企业的产品，增强中间商的品牌忠诚度，争取新的中间商。

在产品处于产品生命周期的介绍期和成长期时，营业推广效果较好；在成熟期，营业推广的作用明显减弱。对于同质化程度较高的产品，营业推广可在短期内迅速提高销售额，但对于高度异质化的产品，营业推广的促销作用相对较小。

一般来说，市场占有率较低、实力较弱的中小企业，由于无力负担大笔的广告费，对所需费用不多又能迅速增加销量的营业推广往往情有独钟。有时，企业也可以将营业推广与广告、公共关系等促销方式结合起来，先以营业推广吸引竞争对手的顾客，再用广告和公共关系使之产生长期偏好，从而争取竞争对手的市场份额。

营业推广的形式：①对消费者营业推广的形式，包括样品、优惠券、特价包装、赠品印花、礼品券、付现金折款（或称退款）、馈赠；②对中间商营业推广的形式，包括价格折扣、推广津贴、承担促销费用、销售竞赛、产品展览；③对推销人员营业推广的形式，包括销售提成、销售竞赛、培训学习的机会。

（四）公共关系

公共关系是促销组合的重要组成部分之一。菲利普·科特勒认为，作为促销手段的公共关系，是这样一些活动：争取对企业有利的宣传报道，协助企业与有关的各界公众建立和保持良好关系，建立和保持良好的“企业形象”，以及消除和处理对企业不利的谣言、传说和事件。

公共关系不限于企业与顾客之间的关系，更不限于买卖关系，而是一种以长期目标为主的间接促销手段。与前述其他促销手段相比，公共关系有自己的特点：①注重长期效应。企业需要通过公关活动树立良好的社会形象，从而创造良好的社会环境。这是一个长期的过程。良好的企业形象也能为企业的经营和发展带来长期的促进效应。②注重双向沟通。在公关活动中，企业既要把本身的信息传播、解释给公众，也要把公众的信息传播、解释给企业，使企业和公众在双向传播中形成和谐的关系。③可信度较高。相对而言，大多数人认为公关报道比较客观，比企业的广告更加可信。④具有戏剧性。经过特别策划的公关事件，容易成为公众关注的焦点，可使企业和产品戏剧化，引人入胜。

公共关系的优点是具有更高的可信度，具有更为灵活、多样的表现方式，能够更为丰满地塑造品牌形象，使品牌形象具有更强的可读性；缺点是操作周期比较长、不能直接促进销售、可控性较差。

星巴克成功的公共关系营销策略

三、制定广告宣传方案

随着商品经济的迅速发展，市场竞争日趋激烈，传播手段日益丰富，企业和经营者越来越需要借助广告来进行产品宣传。产品的日益丰富，买方市场的形成，使消费者对广告的依赖程度越来越高，他们需要通过广告来了解产品信息，以便在众多产品中选择适合自己需求的。

（一）广告的要素

广告，又称商业广告，指各类企业、组织有计划地借助各种媒体传导方式，向消费者传播商品或服务信息的付费促销方式。广告由广告主体、广告信息、广告媒体和广告费用 4 个要素构成，缺一不可。

广告主体，即将信息传递给大众的当事人，包括各类企业、组织或个人。广告信息，即广告的主要内容，包括产品的性能、质量、功效、价格、品牌等服务信息。广告媒体，即传播广告信息的中介，是广告主体和广告对象的信息媒介。广告媒体的种类较多，传统媒体包括电视、广播、报纸、杂志，近年来随着高科技的发展，网络媒体已成为越来越重要的新兴媒体。广告费用，即广告活动需要支付的费用，利用任何一种广告媒体，都需要给媒体部门支付费用。

（二）制作广告的基本原则

（1）真实性原则。广告的生命在于真实。广告必须坚持实事求是和对顾客高度负责的态度，真实地介绍有关产品的质量、性能和特点，向顾客提出的承诺必须坚决兑现。

（2）思想性原则。广告的信息内容和表现形式等都必须具有思想性。在我国，就是要遵循党和国家的路线、方针和政策，遵守法律，符合我国国情和民族风格，反映社会主义精神文明，鼓舞人们奋发向上。

（3）科学性原则。所谓科学性，就是要使广告的内容和表现形式符合人们的认知程序，以及适应人们的心理接受过程。

（4）艺术性原则。广告的艺术性能够使其真实性、思想性和科学性得以充分体现。

（5）感召性原则。广告是否具有感召力，最关键的因素是诉求主题。广告的诉求点必须与产品的优势、目标顾客购买产品的关注点一致。

士力架“横扫饥饿，备考真来劲”

（6）简明性原则。简短、清晰明了地点明品牌个性，是品牌广告设计的客观要求。符合简明性原则的广告，能够让顾客在较短的时间里理解广告的传播意图，了解品牌个性，有利于提高广告的传播效果。

（三）广告宣传方案的制定

在激烈的市场竞争下，企业所要考虑的是如何做出精品广告，从而赢得消费者对广告的信任，这需要企业做出科学的广告决策。企业的广告决策一般包括 5 个重要步骤。

广告宣传方案的制定步骤如下。①确定广告目标：告知性广告、劝说性广告、提示性广告；②制定广告预算：产品生命周期、市场占有率的高低、竞争的激烈程度、广告频率的高低、产品的差异性；③确定广告信息：确定广告主题、广告信息的评估与选择、信息的表达；④选择广告媒体：广告产品的特征、目标市场的特征、广告目标、广告信息的特征、竞争对手的媒体使用情况、广告媒体的特征、国家广告法规；⑤评估广告效果：广告传播效果的评估、广告促销效果的评估、广告社会效果的评估。

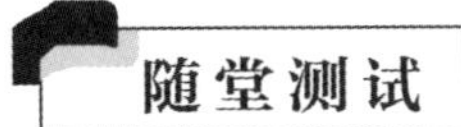

学习表单

主要促销方式的内容、特点、优点及缺点

促销方式	内容	特点	优点	缺点
广告				
人员推销				
营业推广				
公共关系				

随堂测试

随堂测试

任务工单

<table>
<tr><td rowspan="2">第（ ）组</td><td>姓名</td><td></td><td></td><td></td><td></td><td></td><td></td></tr>
<tr><td>学号</td><td></td><td></td><td></td><td></td><td></td><td></td></tr>
<tr><td>任务名称</td><td colspan="7">制定广告宣传方案</td></tr>
<tr><td>任务目的</td><td colspan="7">根据任务背景和要求，制定合理的广告宣传方案</td></tr>
<tr><td>任务描述</td><td colspan="7">请任选校园生活中的一件必需品，从产品促销的角度，制定针对该产品的广告宣传方案。
考核点：①广告宣传方案合理、可操作性强，重点包括对于广告目标、广告信息、广告媒体选择的分析与阐述；②广告策划符合基本原则且具备一定的创意</td></tr>
<tr><td>任务实操</td><td colspan="7">（任务呈现形式：□广告宣传方案汇报 PPT　□能反映团队任务完成过程的图片）</td></tr>
</table>

任务评价

本次任务完成后，由任课教师主导，采用学习过程评价与学习结果评价相结合的形式，综合运用自我评价、小组评价及教师评价 3 种方式，由教师确定 3 种评价方式的权重，计算出学生本次任务的考核评价得分。

任务完成考核评价表

班级		学生姓名	
项目名称	项目九　促销策略	任务名称	任务一　认知促销方式
自我评价			
评价内容与分值	对知识技能的掌握程度（20 分）	成绩（分）	
	学习表单完成情况（20 分）		
	任务工单完成情况（40 分）		
	小组内工作胜任情况（20 分）		
合计		分	
小组评价			
评价内容与分值	本小组本次任务完成质量（30 分）	成绩（分）	
	个人本次任务完成质量（30 分）		
	个人参与小组活动的态度（20 分）		
	个人的合作精神和沟通能力（20 分）		
合计		分	
教师评价			
评价内容与分值	本小组本次任务完成质量（30 分）	成绩（分）	
	个人本次任务完成质量（30 分）		
	个人小组活动参与度（20 分）		
	个人对本次任务的贡献度（20 分）		
合计		分	
总成绩 = 自我评价×20%+小组评价×30%+教师评价×50% =		分	

任务二　策划促销活动

任务描述

项目名称	项目九　促销策略	任务名称	任务二　策划促销活动
学习目标	知识目标	1. 掌握促销组合的含义 2. 掌握影响促销组合的因素 3. 理解常见的促销组合策略	
	能力目标	能够策划促销活动方案	
	思政目标	培养职场执行力	
任务内容	本任务引导学生领会促销组合及其营销策略，掌握选择促销组合策略时要考虑的因素。学习本任务，学生应能深刻理解促销组合策略及其运用，并能根据情境策划促销活动方案，撰写促销活动策划书		
任务准备	在网络上搜索自己喜欢的品牌的促销活动资料，为后续完成任务作准备		

任务知识

促销要想成功达到预期效果，需要做好充分的准备工作，不能仅靠单一的促销方式，还需要天时、地利、人和，需要各个部门的配合，需要多种促销方式的叠加。善用促销组合策略，能够最大限度地保障促销活动成功，实现营销效果最大化。

一、促销组合

促销组合是企业根据现实需要，有目的、有计划地将人员推销、广告、营业推广和公共关系 4 种促销方式结合起来，通过综合选择、有效编排，形成有利于实现目标的促销策略，达到促销目的。

上述 4 种促销方式包括的推销方法多种多样，如各种广告、各类人员推销以及橱窗陈列、店内装饰、奖券、抽奖、信函、免费样品等，如何加以选择，适时、适地、适量地协调与配合各种促销方式，是企业经营管理面临的一项艰巨工作，也是整体营销的一个重要表现。实践证明，是否能够综合运用企业的各种促销方式，利用促销组合满足顾客需要、实现企业营销目标，是现代营销活动与传统营销活动的一个重要分界，也是市场营销观念能否得以贯彻的关键。

人员推销、广告、营业推广以及公共关系，其形式、特点和作用是不同的，但是它们增加产品需求、扩大产品销售的目的是一致的。促销组合必须与产品、价格、渠道这三大因素配合起来，形成最佳的内部营销结构，以适应外部环境的要求。只有这样，促销组合才能反映整体营销的思想，销售组合本身才能构成一个有意义的有机体。

科特勒认为，对于消费品和产业用品，不同促销方式的重要性是不同的，因而会产生不同的组合促销策略。消费品促销中，各促销方式的重要性排序是广告、营业推广、人员推销、公关宣传；产业用品组合促销中，各促销方式的重要性排序为人员推销、营业推广、广告、公关宣传。

二、影响促销组合的因素

企业在进行促销活动时，应综合考虑两方面的内容：一是促销组合与整体营销的关系，二是目标市场的环境、消费者的数量、类型及要求、不同商品的性质和产品生命周期等。只有对以上两个方面的内容做出充分的分析，企业对促销方式的运用才会具有针对性。

（一）不同的产品生命周期阶段

产品生命周期阶段不同，市场境况不同，企业促销目标不同，促销手段的组合结构也就有所不同（见表 9-1）。

表 9-1 产品生命周期各阶段的促销组合

产品生命周期阶段	促销重点目标	促销主要方式
介绍期	认识、了解产品	广告为主，人员推销为辅
成长期	提高产品知名度	广告为主，人员推销为辅
成熟期	增加兴趣和偏爱	消费品：广告为主，营业推广为辅 工业品：人员推销+公共关系
衰退期	消除不满，促进信任	营业推广

（二）企业情况

企业的规模与资金状况不同，选择的促销组合也应不同。一般小型企业生产规模小，而且资金力量弱，支付大量的广告费用比较困难，应该以人员推销为主。大型企业生产规模大，产品数量多，资金雄厚，有能力负担大量的广告费用，向广泛的消费者施加影响，所以应以广告促销为主、人员推销为辅。

（三）产品的市场特点

不同的产品，市场会呈现出不同的特点，应采用不同的促销组合。例如，当产品的目标市场较为集中或不同类型的潜在顾客数量不多时，应以人员推销为主。这样人员推销的作用会得到充分发挥，而且能够节省一些广告费用。如果产品的销售市场范围广阔，分散于全国各地，或不同类型的潜在顾客数量很多，就应以广告为主，因为大量采用人员推销是不现实的，它无法适应广泛的市场要求。

（四）产品性质

不同性质的产品，消费者购买要求和使用特点不同，因此，需要采取不同的促销组合。产品一般按性质可分为工业品和消费品两大类。消费品与工业品相比，更多地采用广告宣传，工业品则更多地采用人员推销。营业推广和公共关系属于次要的促销形式，企业可以灵活采用。消费品的购买者众多且分布广泛，购买行为频繁且对技术要求相对较低，因而可以通过广告向消费者介绍和提醒，必要的时候可以派推销员劝说中间商进行经销。工业品的特点是技术性强，行业差别大，购买者较少，因此，企业推销工业品主要采用人员推销，即使是制作广告，往往也只起到让用户知道的作用。

当然，也有其他情况，以消费品为例，产品处于分销渠道的不同阶段，促销组合就可能有不同的形式。当产品在生产者和批发商手里时，促销组合以广告与人员推销为主。当产品在零售商手里时，广告与营业推广便成了主要的促销组合形式。此外，还要结合产品的档次和价格来确定促销组合。

三、促销组合策略

（一）推动策略与拉引策略

1. 推动策略

推动策略强调顺着分销渠道垂直向下推销，也就是生产企业把产品销售给各个经销商，经销商依次将产品销售给零售商，零售商再将产品出售给最终消费者。这种推销策略需要推销人员针对不同顾客、不同产品灵活采取不同的推销方法。

常用的推动策略有以下几种。

（1）示范推销法

通过现场演示、实物展销、技术讲座、试看试玩试用等方法，将所要推广的产品充分地展现在顾客面前，引导消费，刺激顾客的购买欲望。

（2）走访推销法

由推销人员携带样品目录走访顾客，征求顾客意见并了解顾客需求，掌握各种市场需求信息。

（3）网点推销法

在目标市场设立销售网点，采取经销和联销等方式，邀请顾客登门选购。

（4）服务推销法

例如，在售前阶段，按顾客的要求对产品进行设计，与顾客进行价格协商；在售中阶段，向用户介绍产品，教授其安装及调试知识，帮其解决各种技术难题；在售后阶段，坚持提供送货上门服务、征询顾客意见，做好产品保养、维修等工作。

（5）会议促销法

组织专业性或综合性的产品展销会、订货会，邀请有关企业及个人前来参观或订货。

2. 拉引策略

拉引策略与推动策略正相反，“拉引”的目的是使产品被买走，“推动”的目的是让产品被卖出。企业的促销力量集中在使用者或消费者身上，先由生产者激起顾客对产品的需要，顾客向市场询购此产品，然后零售商转向经销商（批发者）询问，最后经销商向生产厂家订货。

常见的拉引策略有如下几种。

（1）广告促销法

通过广告、信函、订单等向目标市场的消费者及时传递产品信息，介绍产品的特征、性能和订货方法，吸引顾客购买。

（2）代销试销法

为了消除目标市场中间商承担风险的顾虑，提高中间商推销产品的积极性，在新产品问世时，由生产厂家委托中间商代销或试销，以达到尽快占领市场的目的。

（3）信誉促销法

通过实施“三包”政策、赠送样品、开展捐赠与慈善活动等，创名牌、树信誉，增强顾客对产品及企业的信任，从而促进销售。

拉引策略比较复杂，它不但需要大量的广告投入，而且常常要运用人员推销以及其他推广手段等。拉引策略的实施需要很高的费用，企业愿意采用这一策略的原因如下：生产者广泛销售产品，获得尽可能高的市场占有率；影响面大，制造声势；经销商反应冷淡，不愿意经销产品，企业不得不由下而上地对其施加压力。另外，企业运用这一策略的时候，还必须研究促销对象。比如，生产建筑材料的厂家要推销新的建筑材料，将建筑公司作为促销对象更合适，把促销力量集中于用户就很不明智。

3. 推拉结合

实际上，“推动”和“拉引”这两种策略结合使用是最理想的，多数情况下，合并采用这两种策略，推销速度会更快、效果会更好。不过，结合使用并不等于平均分配企业的时间和精力，而是要有主有次、有效分配，达到的效果应该是既能引起中间商经销产品的兴趣又能使消费者或使用者实际购买。

（二）联合促销策略

联合促销指两个以上的企业或品牌合作开展促销活动，往往能够达到事半功倍的效果。

1. **联合促销**

联合促销下，相关产品可以进行合并广告，如西装、领带、衬衫可以合并做一个广告。在广告中强调穿着××牌西装和××牌衬衫、佩戴××牌领带，不但可以引导消费者，使消费者产生联想，而且在颜色、式样、流行上相互照应，有利于创造流行。三种产品做同一幅广告，可以达到相互推销的目的。更重要的是，广告费用可以分摊，有利于降低广告成本。在产品的陈列、展销及柜台摆设上，产品也可以配套或组合销售，如洗衣机专用洗衣粉与洗衣机相配。

2. **联合促销的目的**

联合促销的目的是集合各种品牌来增强推销能力。如果联合数家品牌共同进行市场推广，推销可能就会容易很多，有利于各品牌共赢。另外，从消费者角度来看，在广告过分充斥于市场的情况下，以消费者有限的记忆力，联合两种以上品牌所产生的记忆效果，较一种牌子更好。可见，联合促销能使每种品牌相得益彰，充分利用有限的推销成本，达到推广产品的最佳效果。从今后的发展趋势来看，联合促销将是解决推销费用偏高的方法之一。

四、策划促销活动方案

通常，一份完整的促销方案主要包括 11 个部分，见图 9-2。

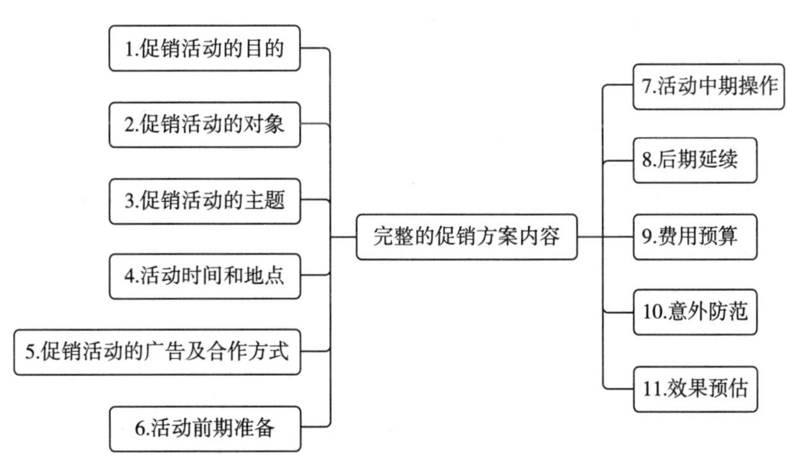

图 9-2　完整的促销方案内容

1. **促销活动的目的**

首先要明确促销活动的目的是什么，比如处理库存、提升销量、打击竞争对手、提升品牌认知度及美誉度等，只有目的明确，才能够合理地根据企业自身的情况以及市场的需要量身制定一份促销方案。

I DO七夕情人节促销活动策划书

2. 促销活动的对象

明确此次活动中参与的商品有哪些，哪些商品是活动的主要商品，哪些人是促销的主要目标，这些选择正确与否会直接影响促销的最终效果。

3. 促销活动的主题

此次活动是以什么样的主题进行的，比如节日、纪念日等，所有活动的设计都应围绕主题进行。

4. 活动时间和地点

时间和地点选择得当会事半功倍，选择不当则会费力不讨好。在时间上，应尽量让消费者有空闲参与；在地点上，也要方便消费者，而且要提前与城管、工商等部门沟通好。

5. 促销活动的广告及合作方式

一个成功的促销活动需要全方位的广告来配合。选择什么样的广告创意及表现手法，选择什么样的媒介来发布，对受众抵达率和费用投入有很大影响。

6. 活动前期准备

前期准备主要包括人员安排、物资准备、试验方案等。在人员安排方面，要做到“人人有事做，事事有人管”，无空白点，也无交叉点。在物资准备方面，要事无巨细、按单清点，确保万无一失，否则必然导致现场的忙乱。

7. 活动中期操作

主要是现场纪律和现场控制两个方面。纪律是战斗力的保证，是方案得以完美执行的先决条件，促销方案应对参与活动人员各方面的纪律作出细致的规定。现场控制的主要工作内容是把各个环节安排清楚，要做到忙而不乱、有条有理。在方案实施过程中，应及时对促销范围、强度、额度和重点进行调整，保持对促销方案的控制。

8. 后期延续

主要是媒体宣传的问题，即这次活动将以何种方式在哪些媒体进行后续宣传。

9. 费用预算

应对促销活动的费用投入和产出作出预算。

10. 意外防范

每次活动都有可能出现一些意外，比如消费者的投诉、天气突变导致户外的促销活动无法继续进行等，促销方案必须对各种可能出现的意外事件作必要的人力、物力、财力方面的安排。

11. 效果预估

预测这次活动会取得什么样的效果，以利于活动结束后与实际情况进行比较，可以从刺激程度、促销时机、促销媒介等方面总结成功点和失败点。

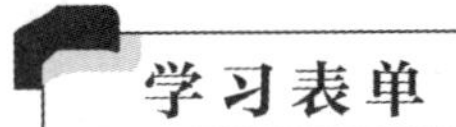

策划促销活动学习任务

任务描述	任务汇报
实地观摩并学习某超市的促销活动，思考其活动执行过程中的优点与不足，并与团队成员交流讨论	

随堂测试

任务工单

<table>
<tr><td rowspan="2">第（ ）组</td><td>姓名</td><td></td><td></td><td></td><td></td><td></td><td></td></tr>
<tr><td>学号</td><td></td><td></td><td></td><td></td><td></td><td></td></tr>
<tr><td>任务名称</td><td colspan="7">策划促销活动方案</td></tr>
<tr><td>任务目的</td><td colspan="7">根据任务背景和要求完成促销活动策划书</td></tr>
<tr><td>任务描述</td><td colspan="7">根据之前选定的某校园生活中的必需品，在已有广告宣传方案的基础上进一步策划该商品的整体促销活动方案。
考核点：①促销活动方案合理、可操作性强，体现了对促销组合及其策略的思考与合理运用；②促销活动策划书思路清晰、表述合理，内容符合基本要求</td></tr>
<tr><td>任务实操</td><td colspan="7">（任务呈现形式：□Word 文字版促销活动策划书 □PPT 演示文稿促销活动方案 □反映小组完成情况的过程性图片）</td></tr>
</table>

任务评价

本次任务完成后，由任课教师主导，采用学习过程评价与学习结果评价相结合的形式，综合运用自我评价、小组评价及教师评价 3 种方式，由教师确定 3 种评价方式的权重，计算出学生本次任务的考核评价得分。

任务完成考核评价表

<table>
<tr><td>班级</td><td></td><td>学生姓名</td><td></td></tr>
<tr><td>项目名称</td><td>项目九　促销策略</td><td>任务名称</td><td>任务二　策划促销活动</td></tr>
<tr><td colspan="4">自我评价</td></tr>
<tr><td rowspan="4">评价内容与分值</td><td>对知识技能的掌握程度（20 分）</td><td rowspan="4">成绩（分）</td><td></td></tr>
<tr><td>学习表单完成情况（20 分）</td><td></td></tr>
<tr><td>任务工单完成情况（40 分）</td><td></td></tr>
<tr><td>小组内工作胜任情况（20 分）</td><td></td></tr>
<tr><td colspan="2">合计</td><td colspan="2">分</td></tr>
<tr><td colspan="4">小组评价</td></tr>
<tr><td rowspan="4">评价内容与分值</td><td>本小组本次任务完成质量（30 分）</td><td rowspan="4">成绩（分）</td><td></td></tr>
<tr><td>个人本次任务完成质量（30 分）</td><td></td></tr>
<tr><td>个人参与小组活动的态度（20 分）</td><td></td></tr>
<tr><td>个人的合作精神和沟通能力（20 分）</td><td></td></tr>
<tr><td colspan="2">合计</td><td colspan="2">分</td></tr>
<tr><td colspan="4">教师评价</td></tr>
<tr><td rowspan="4">评价内容与分值</td><td>本小组本次任务完成质量（30 分）</td><td rowspan="4">成绩（分）</td><td></td></tr>
<tr><td>个人本次任务完成质量（30 分）</td><td></td></tr>
<tr><td>个人小组活动参与度（20 分）</td><td></td></tr>
<tr><td>个人对本次任务的贡献度（20 分）</td><td></td></tr>
<tr><td colspan="2">合计</td><td colspan="2">分</td></tr>
<tr><td colspan="4">总成绩 = 自我评价×20%+小组评价×30%+教师评价×50% =　　分</td></tr>
</table>

思政园地

一要着眼于“严”。积极进取，增强责任意识。责任心和进取心是做好一切工作的首要条件。责任心强弱，决定着执行力度的大小；进取心强弱，决定着执行效果的好坏。因此，要提高执行力，就必须树立起强烈的责任意识和进取精神，坚决克服不思进取、得过且过的心态；要把工作标准调整到最高、精神状态调整到最佳、自我要求调整到最严，认认真真、尽心尽力、不折不扣地履行自己的职责，决不消极应付、敷衍塞责、推卸责任。

二要着眼于“实”。脚踏实地，树立实干作风。天下大事必作于细，古今事业必成于实。要提高执行力，就必须发扬严谨务实、勤勉刻苦的精神，坚决克服夸夸其谈、评头论足的毛病。真正静下心来，从小事做起，从点滴做起。一件一件抓落实，一项一项抓成效，干一件成一件，积小胜为大胜，养成脚踏实地、埋头苦干的良好习惯。

三要着眼于“快”。只争朝夕，提高办事效率。要提高执行力，就必须强化时间观念和效率意识，弘扬“立即行动、马上就办”的工作理念。做任何事都要有效地进行时间管理，时刻把握工作进度，做到争分夺秒，赶前不赶后，养成雷厉风行、干净利落的良好习惯。

四要着眼于“新”。开拓创新，改进工作方法。只有改革，才有活力；只有创新，才有发展。要提高执行力，就必须具备较强的改革精神和创新能力，坚决克服无所用心、生搬硬套的问题，充分发挥主观能动性，创造性地开展工作、执行指令。

在工作中，我们要敢于突破思维定式和传统经验的束缚，不断寻求新的思路和方法，使执行的力度更大、速度更快、效果更好，要养成勤于学习、善于思考的良好习惯。总之，提升职场执行力虽不是一朝一夕之功，但只要按照“严、实、快、新”四字要求用心去做，就一定会有成效！

资料来源于网络，有删改。

【讨论】

谈谈在职场中提升执行力是如何体现社会主义核心价值观中的“敬业”精神的。

【思政融入】

通过强调“责任心和进取心是做好一切工作的首要条件”“脚踏实地、兢兢业业”等内容，引导学生认识到敬业精神是社会主义核心价值观在职场中的具体体现。敬业不仅是个人职业发展的基础，也是社会主义职业道德的内在要求。结合材料中提到的“严、实、快、新”四字要求，鼓励学生思考如何在实际工作中践行敬业精神，如“不折不扣地履行职责”“从小事做起，积小胜为大胜”等，从而将思政教育与职业素养提升有机结合，增强学生对社会主义核心价值观的认同感和践行意识。

项目十　新媒体营销

学习目标

1. 知识目标

- 理解新媒体的概念，了解新媒体的发展趋势
- 理解新媒体营销的内涵
- 掌握新媒体营销的方式
- 理解新媒体用户定位，了解用户画像
- 掌握主流的新媒体营销平台及其特点
- 掌握常见的新媒体营销技能

2. 能力目标

- 能运用新媒体营销方式策划营销活动
- 能比较并选择合适的新媒体营销平台
- 能运用新媒体营销技能，开展营销活动

3. 思政目标

- 培养创新精神，锐意进取
- 培养刻苦精神，踏实肯干
- 感受真善美，传播正能量

思维导图

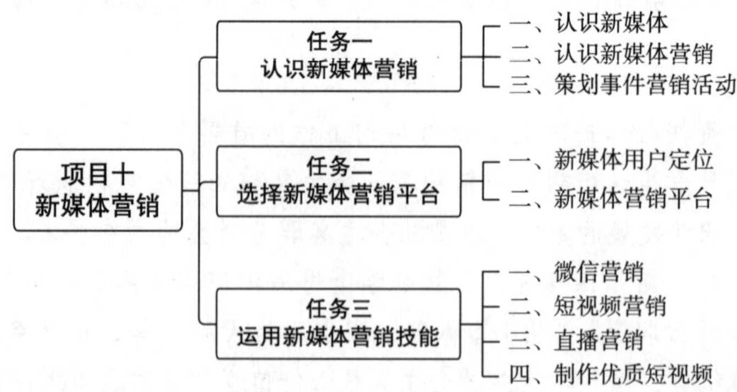

案例导入

春节对中国人来说是一年中最重要的节日，不少品牌、产品都想要把握住这个年度营销的黄金时机，“赢”销上位，迎接新春营销“开门红”。怎么做才能在春节营销中脱颖而出？支付宝“集五福”营销或许可以给人一些启示。

2016年，支付宝“集五福”活动一上线，就立即横扫互联网，掀起一场全民求敬业福的浪潮！2017年的“全民集福”、2018年的“五福狂欢”、2019年的“五福来了就是年”，2020年的“集五福，过福年”……连续几年的营销席卷，用户参与“集五福”的意图已经从获得现金转移为聚集福气。“集五福”起到强大的推广作用，为支付宝带来无数新用户。

以2022年为例，用户可在支付宝App AR扫福、写福字、打开蚂蚁森林和蚂蚁庄园、摇一摇、看“支付宝生活频道”、通过线下扫码进入商家支付宝小程序及在支付宝合作方渠道参与集五福联名活动等方式集福卡。获得的福卡种类包含和谐福、爱国福、敬业福、友善福、富强福五福福卡，五福万能福卡、五福沾福气卡等功能卡，以及生肖卡。

同时，五福全面向商家开放，商家成为主角，通过自己的支付宝小程序、生活号、App等多个私域阵地为全国用户发福卡。消费者线下扫码、上支付宝搜索进入商家机构的支付宝小程序，进入“生活频道”的商家生活号，均有机会领取福卡。没有小程序和生活号的商家，则可以通过红包码发福卡给自己拉生意，用户吃个路边摊、逛个菜场也有机会扫码得福卡。此外，登录网上国网、中国移动、哔哩哔哩、网易云音乐等多个App，也有机会得到福卡。

除了扫福、写福等“集五福”经典玩法，五福项目组还为视障人群定制了“摇一摇”集福玩法。集齐五福的用户会获得一个小小的福气红包。

支付宝“集五福”活动的巨大成功，引发了其他平台的竞相模仿，如今日头条的集12生肖、京东的红包雨等。支付宝能够获得如此巨大的成功，是因为它不仅采用了传统的市场营销方式，更充分结合了当前互联网环境，与新媒体互相融合，基于春节这个普天同庆的特殊节日，利用新媒体渠道进行了充分的网络发酵与传播。可见，企业营销与运营的关键是根据当前环境选择适合企业的营销方式（如支付宝的节日营销、明星效应、广告营销、微博营销等），将传统营销方式与新媒体环境相结合，打造出适合企业自身的营销方式，才是企业长期发展的根本。

资料来源：根据网络资料整理。

请思考：

1. 什么是新媒体？
2. 新媒体营销有哪些方式？

任务一　认识新媒体营销

任务描述

项目名称	项目十　新媒体营销	任务名称	任务一　认识新媒体营销
学习目标	知识目标	1. 理解新媒体的概念，了解新媒体发展趋势 2. 理解新媒体营销的内涵 3. 掌握新媒体营销的方式	
	能力目标	能运用新媒体营销方式策划营销活动	
	思政目标	培养创新精神，锐意进取	
任务内容	本任务引导学生认知新媒体，深刻体会新媒体营销的内涵和营销方式。 学习本任务，学生应能够深刻理解 6 种新媒体营销方式并能根据提供的材料策划事件营销活动		
任务准备	在网络上搜索关于事件营销的案例和资料，为策划新媒体营销方案作准备		

一、认识新媒体

（一）新媒体的概念

“新媒体”这个词最早出现在 20 世纪中叶，但直到近年来才形成相对完整的概念和体系。新媒体可以从狭义和广义两方面来理解。狭义上，新媒体可以理解为“新兴媒体”，是继报纸、广播、户外广告等传统媒体之后，运用技术手段改变信息传送通道而发展变化出来的一种媒体形态，如数字电视、互联网媒体等。广义上，新媒体指以网络数字技术和移动通信技术为基础，以无线通信网、宽带局域网、卫星及互联网等为传播渠道，利用手机、计算机和数字电视等各种输出终端，向用户提供文字、图片、音频、视频等合成信息与服务的新型传播形态。

简单地说，新媒体可以理解为数字化时代下各种媒体形态的总称，其是不断发展和变化的。我们不必过于固守传统概念，而要用发展的眼光来看待新媒体。例如，数字电视基于电视而属于新媒体，电子报刊基于报纸而属于新媒体，传统媒体通过数字技术和网络技术的改造后也可以变为新媒体。

（二）新媒体的发展趋势

目前，新媒体对传统媒体产生了越来越多的冲击，也影响了世界媒体的发展方向，呈现出不可阻挡的发展趋势，主要表现在以下 4 个方面。

1. **移动化**

受移动互联网和智能手机发展的影响，新媒体应用平台呈现大规模的移动化倾向。根据工信部发布的数据，2021 年，全国移动电话用户总数达 16.43 亿户，平板电脑、智能手机成为人们获取信息的主要渠道，新媒体营销和运营阵地继续朝着移动端发展。

2. **互动化**

与传统的书籍、报刊相比，新媒体平台的用户更容易因为内容缺乏吸引力而放弃阅览，交互性更强的内容有利于吸引用户阅读，如移动广播的用户既可以在线收听广播，也可以回放节目，还可以随时随地通过微博、微信等平台参与节目互动。未来，更多个性化、互动化的功能将成为新媒体营销的亮点。

3. **可视化**

短视频、直播等直观的视频化内容将是新媒体发展的主流趋势。这是因为在大数据技术的支持下，营销人员可以获得更加清晰的用户画像，更准确地进行用户需求定位，而视频这种传播方式，更直观、信息量更大，更容易实现用户接收营销信息的最大化。

4. **智能化**

大数据、云计算和人工智能等技术快速发展并普及到生活的方方面面，技术的发展使媒体信息采集、制作、发布和传播方式发生巨大变化，出现众多智能化工具，如语音识别、图像识别、自动翻译、自动成像与虚拟成像系统等。这些功能强大的智能化工具，将更有效地提取与整合信息，实现资源的高效利用。

二、认识新媒体营销

（一）新媒体营销的内涵

新媒体营销是一种传统营销理论在新媒体平台重新应用和发展的营销模式，它并不是简单地通过新媒体平台进行传统营销理论的实践，而是基于传统营销思维的升级和应用，产出更符合当前互联网环境的、更能吸引用户深度参与的营销活动。新媒体营销以产品特色为基础，通过对产品的准确定位，以更有体验性、沟通性、差异性、创造性和关联性的运营策略快速获得流量、实现强曝光，进而吸引用户并最终赢得用户认可。

新媒体营销的前提是做好产品和平台的定位，找到产品所具有的优势并选择合适的新媒体平台开展营销活动，例如，自媒体平台比较适合具有话题性的内容营销，也可以通过热点事件、明星效应打造产品热度。

（二）新媒体营销的方式

新媒体营销有一些具有代表性的营销方式，如体验营销、事件营销、口碑营销、病毒营销、饥饿营销、知识营销、情感营销、互动营销、IP 营销、跨界营销等，将这些营销方式与新媒体平台结合起来，可以获得高质量的营销效果。下面选取 6 种典型的新媒体营销方式进行介绍。

1. 体验营销

体验营销，是通过看、听、用等手段，充分刺激消费者的感官，影响消费者情感、思考、行动、联想等感性因素和理性因素，以全新视角重新定义、设计营销思考方式的一种营销方法。这种方法突破了传统上“理性消费者”的假设，认为消费者在消费时是理性与感性兼具的，消费者在消费前、消费中、消费后的体验才是消费行为研究与企业品牌经营的关键。

基于互联网技术，商家可以设计直接与消费者对接的体验接触点，让消费者在参与体验活动的同时最大限度地提升参与和分享的兴趣，进而促成交易和提高消费者对品牌的认同。

2. 事件营销

事件营销是企业通过策划、组织和利用具有新闻价值、社会影响以及名人效应的人物或事件，吸引媒体、社会团体和消费者的兴趣与关注，以求提高企业或产品的知名度、美誉度，树立良好的品牌形象，并最终促成产品或服务销售目的的手段和方式。简单地说，事件营销就是通过把握新闻的规律，制造具有新闻价值的事件，并通过具体的操作，让这一新闻事件得以传播，从而达到广告的效果。

3. 口碑营销

口碑营销是企业运用各种有效手段，引发目标用户对其产品、服务以及企业整体形象的谈论和交流，并激励用户向周边人群介绍和推荐的市场营销方式。这是一种以口碑传播为途径的营销方式，通过新媒体平台可以迅速地实现用户裂变，具有效率高、可信度高的特点。

4. 病毒营销

病毒营销，利用公众的积极性和人际网络，让营销信息像病毒一样传播、扩散、快速复制，传向数以万计、数以百万计的观众。这种传播是用户之间自发进行的，几乎不需要营销费用。

病毒营销需要找到营销的触发点，找到既迎合目标用户又正面宣传产品或品牌的话题是关键。营销技巧的核心在于打动用户，让产品或品牌深入人心，让用户认识、了解和信任甚至依赖品牌。

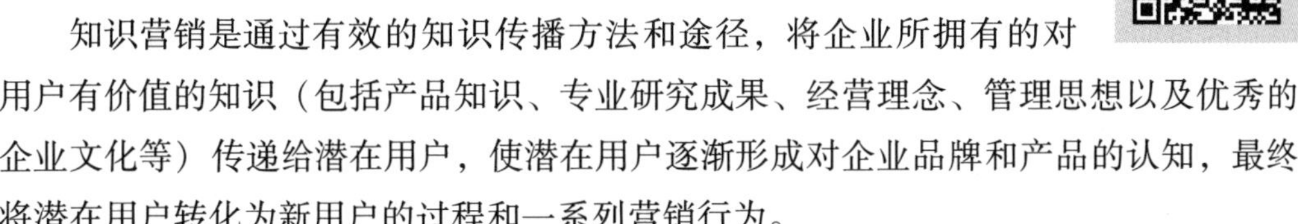

看见音乐的力量

5. **知识营销**

知识营销是通过有效的知识传播方法和途径，将企业所拥有的对用户有价值的知识（包括产品知识、专业研究成果、经营理念、管理思想以及优秀的企业文化等）传递给潜在用户，使潜在用户逐渐形成对企业品牌和产品的认知，最终将潜在用户转化为新用户的过程和一系列营销行为。

新媒体时代是知识经济时代，人们对知识的需求与日俱增，这促使信息资源和知识成为新的营销产品。一方面，借助新媒体平台进行知识信息的传播是非常方便的，如通过网络课程、微课等向用户传授科学技术知识，实现知识共享；另一方面，在社交媒体中也可以发布知识类文章以获取粉丝，提高企业综合竞争力。这种营销方式的关键是知识的质量要高、价格要合理，否则难以长期维系用户。

6. **情感营销**

情感营销是从消费者的情感需求出发，激起消费者的情感需求，引起消费者心灵上的共鸣，寓情感于营销之中。

三、策划事件营销活动

事件营销集新闻效应、广告效应、公共关系、形象传播、客户关系于一体，企业通过把握新闻规律，制造具有新闻价值的事件，并通过媒体投放和传播安排，让这一事件得以扩散，从而达到营销的目的。

（一）事件类型

容易吸引用户关注同时有利于提升品牌形象的事件，主要包括以下 4 种。

1. **公益活动**

公益活动是对打造口碑非常有利的一种事件营销形式。企业参与公益活动，不仅能够引起用户关注，提高用户对品牌的认知度和美誉度，还能树立良好的品牌形象。

2. **热点事件**

在事件营销中，热点事件一直是网络营销重要的借力对象。热点事件通常具有受众面广、突发性强、传播速度快等特点，合理利用热点事件可以为企业节约大量的宣传成本，同时带来爆炸性的营销效果。随着硬广告宣传推广效果的不断下降，现在的企业更倾向于利用受广大用户群体关注的新闻，并开发出形式多样的软性宣传推广手段。比如，2014 年“科比超过乔丹”这一新闻成为热门话题时，京东曾经推出一则微博文案，通过图文并茂的方式，将科比与京东配送人员凌晨四点的状态进行了对比。

3. **危机公关**

一般来说，企业面临的危机公关主要包括两个方面：一是危害社会或人类安全的重大事件，如自然灾害、疾病等；二是企业自身管理不善、同行竞争或外界特殊事件引起的负面影响。当出现危机公关情况时，合理的公关手段不仅可以提升企业形象，增加用户对企业的信任，还有可能改变用户的观念，拓展市场。

4. **名人效应**

名人效应是利用名人产生引人注意、强化事物、扩大影响的效应，这相当于品牌效应。名人效应在生活中应用非常广泛，比如，通过名人代言刺激消费，通过名人出席慈善活动来激发社会公众的关爱意识等。名人效应既可以迎合大多数人的心理，提高产品的附加值，也可以培养用户对产品的感情和忠诚度，因此，很多企业都喜欢借助名人效应来提升营销效果。

新世相“逃离北上广”

（二）事件营销成功的关键因素

事件营销成功的关键因素有产品与事件相关、满足消费者心理需求、具有大流量、充满趣味性 4 个方面。

学习表单

新媒体营销任务汇报

序号	任务描述	任务汇报
1	列举适合通过新媒体进行口碑营销的产品并说明原因	
2	列举你所知的情感营销案例并分析其营销效果	

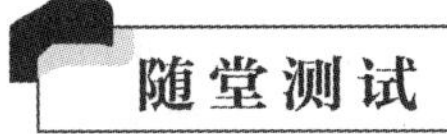

随堂测试

随堂测试

任务工单

<table>
<tr><td rowspan="2">第（ ）组</td><td>姓名</td><td></td><td></td><td></td><td></td><td></td><td></td></tr>
<tr><td>学号</td><td></td><td></td><td></td><td></td><td></td><td></td></tr>
<tr><td>任务名称</td><td colspan="7">策划事件营销活动</td></tr>
<tr><td>任务目的</td><td colspan="7">根据任务背景和要求，策划“5·20”事件营销活动</td></tr>
<tr><td>任务描述</td><td colspan="7">网络情人节是信息时代的爱情节日，定于每年的5月20日和5月21日。“5·20”被喻成“我爱你”，“5·21”也逐渐被情侣们赋予“我愿意”“我爱你”的意思。网络情人节又被称为“结婚吉日”“表白日”等。
请各学习小组结合事件营销所学内容，围绕网络情人节，自拟题目，策划“5·20”事件营销活动，并提交策划方案。
考核点：策划方案合理、可操作性强，有关于事件营销关键因素的分析与阐述</td></tr>
<tr><td>任务实操</td><td colspan="7">（任务呈现形式：□PPT 演示文稿□汇报视频 □能反映团队策划过程的图片）</td></tr>
</table>

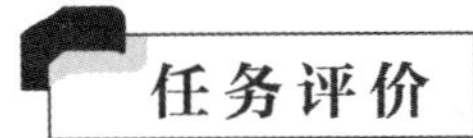

任务评价

本次任务完成后，由任课教师主导，采用学习过程评价与学习结果评价相结合的形式，综合运用自我评价、小组评价及教师评价 3 种方式，由教师确定 3 种评价方式的权重，计算出学生本次任务的考核评价得分。

任务完成考核评价表

<table>
<tr><td>班级</td><td></td><td>学生姓名</td><td></td></tr>
<tr><td>项目名称</td><td>项目十　新媒体营销</td><td>任务名称</td><td>任务一　认识新媒体营销</td></tr>
<tr><td colspan="4">自我评价</td></tr>
<tr><td rowspan="4">评价内容与分值</td><td>对知识技能的掌握程度（20 分）</td><td rowspan="4">成绩（分）</td><td></td></tr>
<tr><td>学习表单完成情况（20 分）</td><td></td></tr>
<tr><td>任务工单完成情况（40 分）</td><td></td></tr>
<tr><td>小组内工作胜任情况（20 分）</td><td></td></tr>
<tr><td colspan="2">合计</td><td colspan="2">分</td></tr>
<tr><td colspan="4">小组评价</td></tr>
<tr><td rowspan="4">评价内容与分值</td><td>本小组的本次任务完成质量（30 分）</td><td rowspan="4">成绩（分）</td><td></td></tr>
<tr><td>个人本次任务完成质量（30 分）</td><td></td></tr>
<tr><td>个人参与小组活动的态度（20 分）</td><td></td></tr>
<tr><td>个人的合作精神和沟通能力（20 分）</td><td></td></tr>
<tr><td colspan="2">合计</td><td colspan="2">分</td></tr>
<tr><td colspan="4">教师评价</td></tr>
<tr><td rowspan="4">评价内容与分值</td><td>本小组本次任务完成质量（30 分）</td><td rowspan="4">成绩（分）</td><td></td></tr>
<tr><td>个人本次任务完成质量（30 分）</td><td></td></tr>
<tr><td>个人小组活动参与度（20 分）</td><td></td></tr>
<tr><td>个人对本次任务的贡献度（20 分）</td><td></td></tr>
<tr><td colspan="2">合计</td><td colspan="2">分</td></tr>
<tr><td colspan="4">总成绩＝自我评价×20%+小组评价×30%+教师评价×50%＝　　　　分</td></tr>
</table>

任务二　选择新媒体营销平台

任务描述

<table>
<tr><td>项目名称</td><td>项目十　新媒体营销</td><td>任务名称</td><td>任务二　选择新媒体营销平台</td></tr>
<tr><td rowspan="3">学习目标</td><td>知识目标</td><td colspan="2">1. 理解新媒体用户定位，了解用户画像
2. 掌握主流的新媒体营销平台及其特点</td></tr>
<tr><td>能力目标</td><td colspan="2">能比较并选择合适的新媒体营销平台</td></tr>
<tr><td>思政目标</td><td colspan="2">培养刻苦精神，踏实肯干</td></tr>
<tr><td>任务内容</td><td colspan="3">本任务引导学生认识和了解国内主流的新媒体平台，深刻体会用户定位对于营销平台选择和营销效果最大化的关键意义。本任务将新媒体平台分为社交平台、音视频平台和自媒体平台三大类，并具体列举了每种类型的现实应用。
学习本任务，学生应能深刻理解国内主要新媒体平台的特点和优势，并能根据提供的材料，为目标活动选择适合的新媒体营销平台</td></tr>
<tr><td>任务准备</td><td colspan="3">在网络上搜索关于短视频平台的资料和数据，为分析报告作准备</td></tr>
</table>

任务知识

新媒体的快速发展使营销方式层出不穷，越来越多的企业和个人加入新媒体营销大军，而大量的市场需求和激烈的市场竞争使新媒体营销越来越难做。新媒体营销平台众多，不同平台有着不同的用户群体，筛选出最适合企业或品牌开展营销活动的平台，是使营销效果最大化的关键，而营销平台的选择又与产品的用户定位有着必然的联系。

一、新媒体用户定位

很多新媒体运营人员可能都有这样的困惑——为什么阅读量上不去？为什么粉丝关注后又迅速取关？类似这些都是因为营销前没有进行合理的定位，没有找到适合自己的用户群体，没有挖掘出用户真正的需求。营销定位与用户需求相悖，必然导致营销效果不稳定。由此可见，要想获得竞争优势，就要先做好新媒体用户定位，这样才能真正得到用户的认同，提升营销效果与自身影响力。

（一）进行用户定位

用户定位是指企业或产品给什么样的人提供什么样的服务。用户定位的目的是深入了解产品或品牌所面向用户的核心需求和消费偏好，投其所好地开展新媒体营销策划，从而稳定用户群体。

用户定位主要包括两个方面的内容：一是了解哪些是自己的目标用户；二是了解这些目标用户的主要特征。要清楚这些内容，需要从以下两个方面进行分析。

1. 用户属性

用户属性指用户的分类属性，包括性别、年龄、职业、住址等基本信息。这些属性信息的不同可导致用户收入水平、生活习惯和兴趣爱好不同，进而影响用户的消费行为。因此，在制订营销计划前要做好用户属性分析，找到符合自己产品和品牌定位的用户群体，这样才能针对这些用户群体更好地制订营销计划，刺激他们产生消费行为。

定位与企业调性相符的用户可以从两方面入手：一方面，可通过分析大规模消费人群的地理位置、消费水平、消费行为、年龄、收入等属性信息，将有类似消费行为的群体筛选出来，并与企业的产品和目标进行匹配，最终得到目标消费群体；另一方面，可以通过调查问卷、有奖问答、实地探访等方式进行调查研究，了解用户的实际想法，根据用户的行为有针对性地调整产品定位。

2. 用户行为

用户行为由用户意向决定，用户意向就是用户选择某种内容的主观倾向，表示用户愿意接受某种事物的可能性，是用户行为的一种潜在心理表现。一般来说，影响用户意向的因素主要有以下 3 个。

（1）环境因素

环境因素会影响用户意向，例如，冬季空气污染严重，防雾霾口罩在该时段就会比其他时段人气高很多。

（2）商品因素

商品因素主要是商品的价格、质量、性能、款式、服务、广告、购买便捷性等因素。例如，在淘宝直播平台中，用户可以在观看直播的同时直接购买商品，这比传统视频营销结束后告知用户通过何种渠道进行购买便利得多。

（3）用户个人及心理因素

用户自身经济能力（如购买能力）、接受程度、兴趣习惯（如颜色偏好、品牌偏好）等不同，会产生不同的购买意向，用户心理、感情和实际需求各不相同，购买动机也会不同。

通过以上因素分析，可以看出，用户行为是不断变化的，要想了解用户行为，就要重视用户信息的收集、分析，并善于发现用户的行为规律，研究用户产生购买行为的原因。

（二）构建用户画像

用户画像又称用户角色，是一种勾画目标用户、联系用户诉求与设计方向的有效工具。用户画像最初主要应用于电商领域，在大数据时代背景下，用户信息充斥在网络中，将用户的具体信息提炼成标签，利用这些标签将用户形象具体化，可以为用户提供定制化服务。

用户画像是表现用户行为、动机和个人喜好的一种图形表示，它能够将用户的各种数据信息以图形化的形式直观地展示出来，从而帮助营销人员更好地进行用户定位。用户画像展现的信息并非来自单个用户，而是具有相同特征的目标用户群体，以这种画像的方式为这些具有共性的用户贴标签，有利于实现数据的分类统计。

构建用户画像的方法：分析用户属性与用户行为，建立起基本的用户画像模型，然后按照相近性原则整理数据，将用户的重要特征提炼出来，形成用户画像框架，接着按照重要程度对用户特征进行先后排序，最后再丰富与完善信息，这样可完成用户画像的构建。

（三）提供用户服务

经过用户画像，已经可以基本确定企业面向的目标用户了，但这并不代表用户定位已经结束。企业要在用户心中树立其独特的形象，还要根据产品和用户的需求做好产品服务定位，即不仅要让企业选择目标用户，还要让目标用户主动选择企业。那么，怎样为目标用户服务呢？

一方面，要充分了解自己所在行业的情况，了解自身产品的特点，再根据这些内容有针对性地进行用户的产品服务定位，将服务定位在目标用户更加偏好的方面，让目标用户感受到企业的服务与他们的需求是一致的，从而提高用户的认同感和忠诚感。例如，因为老年用户视力和听力下降，一些手机就要突出音量大、按键大、可手写等服务；针对青少年手机用户，则要突出智能、高清、双卡、大容量等优势。

另一方面，要从目标用户需求的角度体现出服务的差异化，突出与竞争对手的差异，最终打造具有自身特色的服务，在用户心中形成独特的心理烙印，如在微信公众号中就可以根据企业或产品的特点设置个性化的功能菜单。

二、新媒体营销平台

对于任何企业来说，进行新媒体营销都是必要的，但是，不同的企业由于品牌定位、产品属性等有区别，需要选择适合自己的新媒体平台来开展营销活动。目前国内主流的新媒体营销平台如图 10-1 所示。

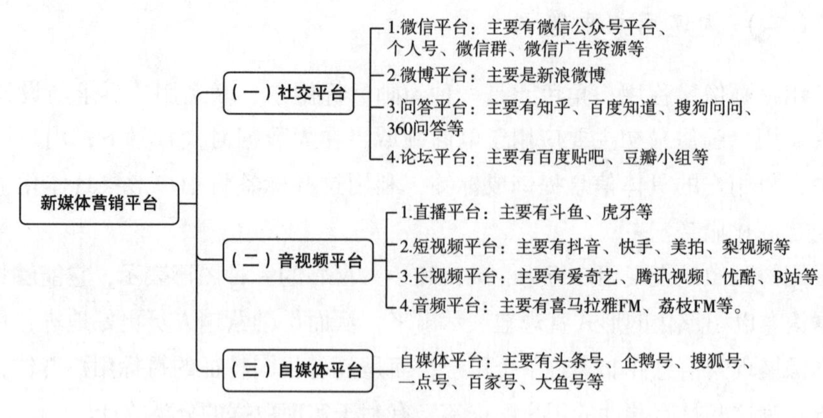

图 10-1　新媒体营销平台

当前，短视频平台已经形成了遍地开花的竞争局面。下面我们选取 3 个知名度较高的短视频、中视频平台来进行介绍，分别是抖音、快手和西瓜视频。

抖音是一个面向全年龄用户的短视频社区平台。抖音上线初期客户定位为年轻人群体，通过有趣的短视频内容吸引用户入驻，实现持续增长。目前，抖音支持各个行业的优质内容供给者（政府、媒体、社群媒体、个人、企业/机构/其他组织）免费入驻，各个行业也可以通过抖音媒体的影响力来提升自己在行业内容上的知名度。

抖音平台具有以下优势。

抖音是精准的年轻流量集中地。年轻化已成为品牌绕不开的一门必修课。企业产品及品牌要想得到快速推广，就必须获取精准的营销资源，抖音的出现恰恰给企业提供了一个绝佳的平台。抖音打造了一个面向年轻人的精准市场。

抖音内容年轻化。一方面，抖音视频拍摄时长有限制，“短”成了它的亮点，这让视频内容更加精致、质量更加精良。因为“短”，用户对于优质内容参与评论的热情也更高，记忆点也更鲜明。抖音短视频的“短”，是品牌营销的极大卖点。另一方面，为了增强内容的娱乐性，黏住更多用户，抖音做了很多产品和技术上的革新，比如竖屏全屏、高清视频的设置，让画面更有冲击力。

此外，抖音推出的特效滤镜、炫酷音乐、创意剪辑等，深得年轻人的欢心。总体来说，抖音的每一个功能都是站在年轻人角度设计的，为其得到自我满足提供了机会，给了他们留下来的理由。

抖音以音乐吸引用户，逐渐趋向全面发展。

抖音的技术和运算为精准营销“保驾护航”。依靠智能技术，抖音在内容推荐和分发上一直坚持“去中心化”的思路，为此，抖音在首页特别设置了一个“推荐”功能，对于品牌营销来说，这是品牌能够精细化覆盖目标用户群体的核心保障。

抖音平台在商业合作模式上越来越成熟，并且抖音的营销推广方式充满了创新性和趣味性。随着抖音内容生态的不断完善，抖音的商业变现方式也会越来越丰富，企业因此也可以通过投放抖音广告来实现良好的营销传播转化。

快手最初是一款用来制作、分享 GIF 图片的手机应用，2012 年，快手从纯粹的工具应用转型为短视频社区，成为用户记录和分享生活的平台。快手是一个面向普通大众的产品，其一直依靠短视频社区自身的用户和内容运营，聚焦于社区文化氛围的打造，并依靠社区内容的自发传播，保持用户的高黏度和高复用率。

快手平台具有以下优势。

快手曝光量大且用户黏性强。快手是基于社交+兴趣的内容推荐方式，先社交再兴趣，用户对于平台的信任度很高。在快手上，内容创作者可以通过直播或者“段子”，反复与粉丝进行“链接”，加深粉丝与所关注 KOL 的黏性。用户黏性大，对平台的信任度和忠诚度高，更有利于提升营销效果。

快手定向精准。快手起步比较早，平台积累了大量的用户数据，可以精准定向到企业或品牌需要的目标人群。快手可以根据用户的基本属性、兴趣爱好、用户环境和算法优化进行目标用户的定位。

快手提供多维度的分析报表，让企业能实时监控自己的广告推广详情，能清晰地看到投放广告的效果和转化跟进情况。此外，在快手，企业可以自由设置每日的广告预算，最大限度地控制广告成本。

西瓜视频通过人工智能帮助每个人发现自己喜欢的视频，并帮助视频创作者轻松地向全世界分享自己的视频作品。

西瓜视频鼓励多样化创作，涵盖音乐、财经、影视、Vlog、农人、游戏、美食、儿童、生活、体育、文化、时尚、科技等频道，提供给大家丰富的中视频内容。

西瓜视频平台具有以下优势。

西瓜视频长、短视频兼备，以短带长，以长助短。短视频优势：轻载、趣味、高效，用户观看没负担，适合碎片化情景，具备强大的吸引力，可占据用户的娱乐时间，打碎文字、图片和游戏等传统的休闲模式。长视频优势：内容更专业、丰富，传达的信息更体系，营销范围扩大，可操作性更强，容易“打捞”、推广优质内容，用户黏性高。

西瓜视频具有强大的算法。人工智能对用户的浏览量、观看记录、停留时长等进行算法分析，更“聪明”地为用户精准推荐合适的内容。

西瓜视频对创作者友好。西瓜平台建立了一套培训体系，以帮助用户快速成为专业生产者。利好的政策扶持，如平台分成升级（日常流量六倍的分成收入）、边看边买（商品卡片）、西瓜直播等，有助于视频创作者商业变现。

西瓜视频引入优质独家版权。内容是行业竞争的唯一壁垒，有了更专业的内容，在丰富内容矩阵的同时可以沉淀更多高质量的用户，极大地降低获取用户的成本。

学习表单

新媒体营销平台任务汇报

任务描述	任务汇报
以 iPhone 为产品进行用户定位分析（可从用户属性和用户行为的角度进行用户画像构建与说明）	

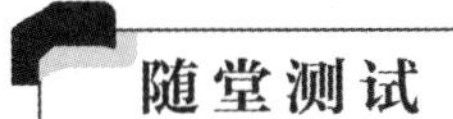

随堂测试

随堂测试

任务工单

<table>
<tr><td rowspan="2">第（ ）组</td><td>姓名</td><td></td><td></td><td></td><td></td><td></td><td></td></tr>
<tr><td>学号</td><td></td><td></td><td></td><td></td><td></td><td></td></tr>
<tr><td>任务名称</td><td colspan="7">分析比较短视频平台</td></tr>
<tr><td>任务目的</td><td colspan="7">能够根据任务背景和要求选择适合进行活动推广的短视频平台</td></tr>
<tr><td>任务描述</td><td colspan="7">各学习小组结合所学知识，进一步通过网络查找主流短视频平台的用户定位、适合投放广告类型、特色玩法等信息，进而为任务一中策划完成的“5·20”事件营销活动选择合适的营销推广平台，完成短视频平台比较分析及选用报告。
考核点：平台分析报告数据翔实、逻辑清楚、结论明确，包括“5·20”事件营销活动推广有效性的分析与阐述</td></tr>
<tr><td>任务实操</td><td colspan="7">（任务呈现形式：□PPT 演示文稿□汇报视频 □能反映团队策划过程的图片）</td></tr>
</table>

任务评价

本次任务完成后，由任课教师主导，采用学习过程评价与学习结果评价相结合的形式，综合运用自我评价、小组评价及教师评价 3 种方式，由教师确定 3 种评价方式的权重，计算出学生本次任务的考核评价得分。

任务完成考核评价表

<table>
<tr><td>班级</td><td></td><td>学生姓名</td><td></td></tr>
<tr><td>项目名称</td><td>项目十　新媒体营销</td><td>任务名称</td><td>任务二　选择新媒体营销平台</td></tr>
<tr><td colspan="4">自我评价</td></tr>
<tr><td rowspan="4">评价内容与分值</td><td>对知识技能的掌握程度（20 分）</td><td rowspan="4">成绩（分）</td><td></td></tr>
<tr><td>学习表单完成情况（20 分）</td><td></td></tr>
<tr><td>任务工单完成情况（40 分）</td><td></td></tr>
<tr><td>小组内工作胜任情况（20 分）</td><td></td></tr>
<tr><td colspan="2">合计</td><td colspan="2">分</td></tr>
<tr><td colspan="4">小组评价</td></tr>
<tr><td rowspan="4">评价内容与分值</td><td>本小组的本次任务完成质量（30 分）</td><td rowspan="4">成绩（分）</td><td></td></tr>
<tr><td>个人本次任务完成质量（30 分）</td><td></td></tr>
<tr><td>个人参与小组活动的态度（20 分）</td><td></td></tr>
<tr><td>个人的合作精神和沟通能力（20 分）</td><td></td></tr>
<tr><td colspan="2">合计</td><td colspan="2">分</td></tr>
<tr><td colspan="4">教师评价</td></tr>
<tr><td rowspan="4">评价内容与分值</td><td>本小组本次任务完成质量（30 分）</td><td rowspan="4">成绩（分）</td><td></td></tr>
<tr><td>个人本次任务完成质量（30 分）</td><td></td></tr>
<tr><td>个人小组活动参与度（20 分）</td><td></td></tr>
<tr><td>个人对本次任务的贡献度（20 分）</td><td></td></tr>
<tr><td colspan="2">合计</td><td colspan="2">分</td></tr>
<tr><td colspan="4">总成绩＝自我评价×20%＋小组评价×30%＋教师评价×50%＝　　分</td></tr>
</table>

任务三　运用新媒体营销技能

任务描述

<table>
<tr><td>项目名称</td><td>项目十　新媒体营销</td><td>任务名称</td><td>任务三　运用新媒体营销技能</td></tr>
<tr><td rowspan="3">学习目标</td><td>知识目标</td><td colspan="2">1. 掌握微信营销的优势和技能
2. 掌握短视频营销的优势和技能
3. 掌握直播营销的优势和技能</td></tr>
<tr><td>能力目标</td><td colspan="2">能运用新媒体营销技能，开展营销活动</td></tr>
<tr><td>思政目标</td><td colspan="2">感受真善美，传播正能量</td></tr>
<tr><td>任务内容</td><td colspan="3">本任务引导学生认知微信营销、短视频营销和直播营销的优势和特点，学习上述3个新媒体平台的营销策略与技巧，并通过实际任务的训练，促使学生理解和掌握新媒体营销技能。
学习本任务，学生应能够真实感受新媒体并实际开展营销活动</td></tr>
<tr><td>任务准备</td><td colspan="3">在短视频平台多观摩优质作品，为拍摄制作作准备</td></tr>
</table>

一、微信营销

（一）微信营销的优势

1. 信息投放更精准

由于微信的通信属性，投放到用户的信息一般能较高概率到达并准确传递。此外，借助微信提供的位置服务，还可以实现信息的分区域投放，微信平台特别适合开展基于地理位置服务的营销。

2. 利于口碑营销

微信用户数量的急剧增加，使其形成了规模庞大的交友圈。利用这一特点，营销人员在公众平台上给关注自己的用户提供足够有价值的资讯和服务，有利于形成良好的口碑，塑造良好的品牌形象。关注者会成为品牌忠实的粉丝，并在自己的朋友圈里向好友推荐品牌，助力品牌营销人员达成营销目的。

3. 较强的用户黏性

微信主要采用点对点的交流形式，这种形式的交流使商家可以和关注自己的用户建立更强、更有黏性的关系，如通过一对一的聊天等形式为用户提供单独的服务。

4. 营销方式灵活多变

得益于微信丰富的功能，微信营销方式灵活多变。

（二）微信营销的技巧

1. “内容为王”

要想在竞争中获胜，就一定要避免和强大的对手在同一领域做同样的事。在没有绝对优势的情况下，特点就是最大的筹码。

企业进行微信营销之前，首先应做好定位。只有有特点的企业才具有吸引精准客户群体的特质，针对这个用户群体所进行的营销才有可能成为有效营销。此外，内容定位应该既能够从企业的特点出发，又能够从用户的角度考虑。因为内容不是为企业服务的，而是为用户服务的。用户只有从内容中获得想要的东西，才会更加忠实于企业，企业营销目标才会在潜移默化中实现。向用户推荐有价值的内容，让每一次推送都能够被其欣然接受，这就是“内容为王”。

2. 避免频繁推送

（1）推送时间。推送时间要固定，这样用户才会形成阅读习惯。

（2）推送频率。以一周 4 次为宜，每日一推很难保证内容的高质量，而低质量的内容高频次地出现，很有可能使用户取消关注，推送次数过少，用户也会觉得无趣。把握好度很重要。

（3）推送形式。建议推送形式多样化，除了图文专题式的内容，也可以选择一些短小精悍的纯文本内容，与图文专题穿插推送。短文内容能够引发用户的思考或者共鸣，形成良好的互动效果。这样既能与用户互动，也能使企业更了解用户，有利于实现更好的内容策划。

3. 做好互动

微信是一个沟通平台，互动是必不可少的。例如，微信公众号要适时地与用户进行互动，而不是仅设置简单的自动回复。沟通是微信营销的灵魂。

4. 双线融合

线上活动与线下活动相结合可以培养粉丝的忠诚度，同时可以让微信营销平台更“接地气”，真实而富有亲和力。

二、短视频营销

（一）短视频营销的优势

1. 传播速度极快

从抖音、快手短视频运营平台不难看出，相对于传统营销，短视频营销的传播速度极快。短视频是大脑更喜欢的“语言”，比起图片和文字，短视频内容更具视觉冲击力；在生活节奏越来越快的时代，“短”的特点使其更容易为用户所青睐。

2. 低成本、简单营销

传统营销需要大量人力、物力、财力，短视频入驻门槛却低得多，营销成本也比较低。短视频不需要企业消耗太多成本，甚至是零成本，如此一来，商家的竞争力就出现了。比如，企业通过抖音等平台进行短视频制作，只需要以个人身份注册账号发布视频就可以实现销售宣传。效果方面，短视频平台庞大的客户量都是企业潜在的客户资源，宣传效果很好。

3. 数据效果可视化

与传统营销相比较，短视频营销还有一个明显的特点，即数据效果可视化。账号经营者可以看到视频内容有多少评论、浏览、转发等，这样就可以有效地针对账号数据和行业动向对账号进行及时调整，优化视频内容，从而达到理想的营销效果。

4. 强互动性

新媒体营销一大特点是强互动性，短视频营销很好地利用了这一点，几乎所有的短视频都可以进行单向、双向甚至多向的互动交流，比如，用户可以对短视频点赞、转发、评论，短视频博主可以及时对评论做出回复。这种形式可以较准确地获得用户反馈，有针对性地进行调整，进一步扩大营销范围和影响力。

5. 精准投放

做短视频营销推广前，企业或个人都需要做好账号定位，根据账号的垂直定位制作相关视频，以实现精准投放。

（二）短视频营销的策略

1. 短视频传播策略

短视频传播是短视频营销过程中非常重要的环节。短视频传播策略根据方向的不同，可以分为短视频整合传播策略与短视频连锁传播策略。

（1）短视频整合传播策略

短视频整合传播策略不仅体现在工具和手段的整合上，还体现在内容传播的整合上。其主旨是以用户为中心，以产品和服务为核心，以互联网为媒介，整合短视频运营和传播的多种形式和内容，以达到立体传播的效果。

不同的网络用户通常拥有不同的上网习惯和接触短视频的途径，这使单一的短视频传播途径很难取得良好的效果。因此，企业在开展短视频营销时，不仅需要借助自身力量吸引目标用户的关注，还应该与主流的门户、短视频网站合作，提升短视频的影响力。同时，可以整合线下活动和媒体，进行品牌传播，进一步增强推广效果。

除了渠道整合，短视频的模式和类型也可以整合。比如，将微电影、音乐视频、动画短视频、网络自制短剧等不同类型的网络短视频进行组合，以满足不同渠道、不同用户、不同营销目标的需要。

（2）短视频连锁传播策略

短视频连锁传播策略主要包括纵向连锁传播和横向连锁传播两个方面。

纵向连锁传播贯穿于短视频构思、制作、宣传、发布、传播的每一个环节，营销人员应精确抓住每一个环节的传播点，配合相应的渠道进行推广。

横向连锁传播贯穿于整个横向传播的过程。企业可以在每一个环节进行横向延伸，选择更多、更热门、更合适的传播平台，不局限于某一个媒体或网站，将社交平台、门户网站、短视频平台全部纳入横向连锁传播体系，提高传播深度和广度，进一步提高运营效果，实现立体化运营。

2. 短视频创意策略

短视频创意策略要求短视频的内容、形式等突破既有的思维定式。短视频的创意主要体现在内容和形式两个方面。

内容的创意主要体现在短视频制作过程中对内容的把控上。经典、有趣、轻松的短视频内容更容易吸引用户，在这些内容中加入创意，提升其趣味性、想象力，可以引发用户对短视频的传播，甚至形成病毒式扩散。故事性也是体现创意的一个方面，很多广为传播的短视频都具备鲜明的故事性特征。为短视频内容设计值得品味的开头、过程和结尾，或跌宕起伏的故事情节，有利于吸引用户的注意力，快速获得关注。

形式的创新也是短视频创意的重要组成部分。现在的短视频形式丰富多样，精彩的创意内容与恰当的短视频形式相搭配，能够获得更好的传播效果。这需要运营人员和制作人员根据内容设计更加合适的短视频形式。

3. 短视频互动体验策略

基于互联网进行的营销活动，实际上是一种关系营销。关系越牢固，营销效果就越好。短视频互动体验策略是指在短视频营销过程中，及时与用户互动和沟通，关注用户的体验，并根据他们的需求提供更多的体验方式。一般来说，用户体验效果越好，营销效果就越出众。

短视频互动体验的前提是有一个多样化的互动渠道来支持更多用户参与互动。常见的具有互动功能的短视频网站、社交平台都可以实现互动。同时，为了提升用户的体验，与其建立更牢固的关系，需要设计丰富的短视频用户体验方式。比如，运用专业的手法制作短视频，为用户提供美好的视觉体验；用日常生活中的素材，从贴近用户的角度制作短视频，优化用户的观看体验等。在保证短视频本身互动性的基础上，还需要通过平台与用户保持直接的互动，比如，引导用户评论、转发、分享和点赞等，让用户可以通过多元化的互动平台自由、便利地表达看法。

B站《后浪》重磅内容强势破圈

红地球短视频平台出圈，明星助力有“品”又有“效”

三、直播营销

广义的直播营销指企业以直播平台为载体进行营销活动，以达到品牌形象提升或销量增长的目的。

（一）直播营销的优势

1. 实时互动性强

直播，顾名思义就是现场发挥，会随着用户参与情况的不同而出现不同的结果。直播中营销人员能与观看直播的观众实时互动，用户能够以最快、最直接的方式了解产品和服务，企业也能第一时间解决用户对产品的疑虑，从而使产品在用户心中树立良好的形象。

2. 营销成本低且效果好

以产品发布会为例，传统的产品发布会，企业需要选址、租用场地等，花费巨大。现在，利用网络直播做发布会，则可以有效节省成本，观众通过直播平台观看发布会，企业省去了租用场地、招待媒体的费用，会场布置也可以简单化，如利用工厂的车间作为直播会场，体现真实感，这样既节省了时间，也节省了成本。

3. 既能实现即时交易，也能制造网络话题

直播能与观众实时互动，还可以在直播间挂上商品购买链接，通过气氛烘托促进观众购买。比如，巴黎欧莱雅的戛纳直播，就通过直播明星在后台使用欧莱雅产品化妆的全过程，使其天猫店里多款产品迅速售罄。同时，直播明星化妆这件事也成为当时的热门话题，欧莱雅的品牌形象进一步深入人心。

4. 不受地域限制，还能筛选精准客户

互联网时代，人们只要打开电脑或手机，进入直播频道，在家就能欣赏一场精彩的演出或活动。另外，真正能在活动开始的时候就进入直播间的人，都是对产品有兴趣或者对企业和品牌信任度较高的人，企业通过直播营销可以进一步锁定目标用户，使营销效果更好。

（二）直播营销的策略

1. 价值营销策略

一场直播活动可以策划多个营销事件，为用户带来更多的价值或利益。比如，销售服饰的直播间，除了讲解商品，还可以分享服装穿搭小技巧，让用户在购买优惠服装的同时学习到更多技巧。但是，无论是做什么样的价值设定，都一定要注意和直播的主题或者商品相结合，这样才能更加精准地击中用户的内心。

2. 互动营销策略

直播营销策划，最需要考虑的就是如何与用户互动。如果用户在直播营销中没有参与感、体验感，那企业要想进一步转化变现是非常困难的。直播互动营销最大的优势就是可以带给用户更直接、更亲近的使用体验，拉近与用户的距离。

3. 内容营销策略

在直播营销时代，没有内容是无法做直播的，内容是任何营销的核心和主体。如何通过内容来吸引用户呢？一方面，直播内容要与账号定位、用户需求相关。另一方面，直播营销策划一定要从长期规划的角度出发。当直播间持续输出高相关内容后，才会越来越吸引有精准需求的用户。

4. 热点营销策略

借势热点话题是快速获得流量的方法。直播营销同样可以考虑“蹭”事件的热点或人的热点。比如，邀请明星或者各行业的 KOL（达人）到场，利用他们的流量为直播间增加人气。

四、制作优质短视频

（一）优质短视频的要素

1. 价值趣味

价值趣味是短视频的基础。价值趣味是指短视频给用户提供的某种价值和趣味。一个短视频既可能让用户看完觉得很无聊，不知所云，也可能让用户深受启发，得到价值和趣味。

受欢迎的短视频必须具备一个特征，那就是真实，真实的人物、真实的故事、真实的情感可以为用户提供价值趣味，这是优质短视频的第一要素。

2. 清晰画质

清晰画质决定了短视频带给用户的体验。很多短视频传播不开，与其本身的画质有很大的关系。如果短视频拍摄得不清晰、画质不够优秀，即使内容很好，也不会吸引用户。现在很多短视频的画质都在向“大片”靠拢，画面清晰度也符合“消费升级”的要求。

播放介质不同，对短视频画质和短视频尺寸的要求也不同。例如，长视频在 PC 端播放，需要适应 PC 端显示器屏幕的大小；短视频在移动端播放，需要适应移动端屏幕的大小。

3. 优质标题

优质标题决定了短视频的点击率。要想增加短视频的点击率，标题是关键。平台主要通过算法对短视频内容进行推荐分发，人工智能会从标题中提取分类关键词进行推荐，随后，短视频的播放量、评论数、用户停留时间将决定短视频是否能够继续得到推荐。

4. 音乐节奏

音乐节奏决定了短视频的基调。短视频本身就是一种视听的表达方式，配乐作为短视频的重要组成部分，能够更好地表达短视频内容。

音乐节奏搭配有 3 个要点：一是尽量把短视频中人物的动作放在音乐节奏的重音上，使音乐和画面看起来更协调，也很有重点；二是要挑选和短视频内容相符的音乐类型；三是要学会模仿优秀作品，优秀作品的音乐节奏一般都把握得很好，值得短视频创作者好好分析和模仿，以积累更多经验。对于短视频创作者来说，音乐可以升华短视频的主题，帮助用户快速进入情境。

5. 多维胜出

多维胜出决定了短视频的综合价值。好的短视频在编剧、表演、拍摄、剪辑等多方面都精细打磨，这种能多维度胜出的短视频最终会成为优质的短视频。

（二）短视频制作流程

短视频制作流程可分为构思内容、剧本设计、角色选择、视频拍摄、剪辑制作、压缩上传 6 个步骤。

1. 构思内容

内容的好坏直接决定了短视频传播效果的好坏和影响力的大小。因为短视频通常较短，所以构思短视频内容时要确保在短时间内完成故事主题、情节或创意的叙述，且将产品和品牌信息完美地融入视频，不影响用户对短视频的观看和理解。

2. 剧本设计

不管是哪一种视频类型，都要提前设计一个完整的剧本。有情节、有逻辑、有观看价值的短视频才能够给用户留下深刻的印象。一般来说，可通过对人物、对白、动作、情节、背景、音乐等元素的设计，向用户传达短视频的视觉效果和情感信息，引起用户的好感和共鸣。

3. 角色选择

如果短视频需要通过角色传达信息，那么，角色一定要符合短视频和品牌的定位，能够体现产品或品牌的特质，以使短视频内容与推广内容自然贴合。

4. 视频拍摄

短视频拍摄可以使用手机等移动设备进行，具体拍摄器材的选择，需要根据短视频的性质而定。拍摄短视频时，要注意内景和外景的选择，场景风格以符合短视频内容需求为前提。

5. 剪辑制作

剪辑是指将所拍摄的短视频整理成一个完整的故事，剪除多余影像，进行声音、特效等的后期制作。在剪辑过程中，还需要考虑将产品和品牌的推广信息添加到短视频中，以制作出符合企业运营目的的营销短视频。

6. 压缩上传

完成短视频剪辑制作后，在保证短视频质量不受影响的前提下，需要将短视频压缩成合适的文件，转换成短视频平台支持的影音格式，再上传到相关短视频平台。

（三）短视频内容制作原则

1. 简短性

为了符合当今人们碎片化阅读的习惯，制作者应尽量将短视频时长控制在 1 分钟之内，短视频以精简为佳，否则用户很难或没有时间耐着性子看完。

2. 故事性

大众对于故事的兴趣要远远大于说教。在制作短视频时，无论长短都要尽量讲述一个完整而有趣的故事，这样才能最大限度地引发大家关注。

3. 完整性

不要一味地追求简短而将短视频制作得不够完整，这样容易引起用户的反感。短视频要讲述完整的故事或情节，这样才能最大化地激发用户观看的兴趣。

4. 娱乐性

这是一个全民娱乐的时代，人们更倾向于欣赏一些搞笑、好玩的内容。因此，适当加入一些娱乐性元素的短视频更容易被大众认可和接受，自然也更有利于推广和传播。

5. 普适性

短视频内容应尽量是大众认可和接受的，否则非但达不到推广的效果，还可能遭到用户厌恶，导致掉粉。

学习表单

运用新媒体营销技能任务汇报

序号	任务描述	任务汇报
1	推荐一个你最喜欢的微信公众号并分析其营销效果	
2	推荐一个你最喜欢的直播间并分析其营销效果	

随堂测试

随堂测试

任务工单

<table>
<tr><td rowspan="2">第（ ）组</td><td>姓名</td><td></td><td></td><td></td><td></td><td></td><td></td></tr>
<tr><td>学号</td><td></td><td></td><td></td><td></td><td></td><td></td></tr>
<tr><td>任务名称</td><td colspan="7">制作优质短视频</td></tr>
<tr><td>任务目的</td><td colspan="7">结合“5·20”事件营销活动，拍摄制作优质短视频</td></tr>
<tr><td>任务描述</td><td colspan="7">各学习小组结合任务一中策划的“5·20”事件营销方案，拍摄并制作一个时长在1分钟之内的优质短视频，发布在任务二选定的短视频营销平台上，开展营销活动。
考核点：满足优质短视频五要素，并提交短视频平台营销数据截图</td></tr>
<tr><td>任务实操</td><td colspan="7">（任务呈现形式：□短视频 □短视频平台营销数据截图 □能反映团队策划过程的图片）</td></tr>
</table>

任务评价

本次任务完成后，由任课教师主导，采用学习过程评价与学习结果评价相结合的形式，综合运用自我评价、小组评价及教师评价 3 种方式，由教师确定 3 种评价方式的权重，计算出学生本次任务的考核评价得分。

任务完成考核评价表

<table>
<tr><td>班级</td><td></td><td>学生姓名</td><td></td></tr>
<tr><td>项目名称</td><td>项目十　新媒体营销</td><td>任务名称</td><td>任务三　运用新媒体营销技能</td></tr>
<tr><td colspan="4">自我评价</td></tr>
<tr><td rowspan="4">评价内容与分值</td><td>对知识技能的掌握程度（20 分）</td><td rowspan="4">成绩（分）</td><td></td></tr>
<tr><td>学习表单完成情况（20 分）</td><td></td></tr>
<tr><td>任务工单完成情况（40 分）</td><td></td></tr>
<tr><td>小组内工作胜任情况（20 分）</td><td></td></tr>
<tr><td colspan="2">合计</td><td colspan="2">分</td></tr>
<tr><td colspan="4">小组评价</td></tr>
<tr><td rowspan="4">评价内容与分值</td><td>本小组的本次任务完成质量（30 分）</td><td rowspan="4">成绩（分）</td><td></td></tr>
<tr><td>个人本次任务完成质量（30 分）</td><td></td></tr>
<tr><td>个人参与小组活动的态度（20 分）</td><td></td></tr>
<tr><td>个人的合作精神和沟通能力（20 分）</td><td></td></tr>
<tr><td colspan="2">合计</td><td colspan="2">分</td></tr>
<tr><td colspan="4">教师评价</td></tr>
<tr><td rowspan="4">评价内容与分值</td><td>本小组本次任务完成质量（30 分）</td><td rowspan="4">成绩（分）</td><td></td></tr>
<tr><td>个人本次任务完成质量（30 分）</td><td></td></tr>
<tr><td>个人小组活动参与度（20 分）</td><td></td></tr>
<tr><td>个人对本次任务的贡献度（20 分）</td><td></td></tr>
<tr><td colspan="2">合计</td><td colspan="2">分</td></tr>
<tr><td colspan="4">总成绩 = 自我评价×20%+小组评价×30%+教师评价×50% =　　　　　　分</td></tr>
</table>

说明：本次任务以“5·20”网络情人节为主线进行设计，建议授课时结合当时的热点事件或节庆活动更换任务主题，以增强学生完成任务的主动性、提升任务完成质量。

思政园地

当下，消费者在购物时不只关注价格是否低廉，也会关注购物体验是否良好等。相对于常规营销手段而言，直播带货更直观、生动，也更具即时性和互动性，能带给用户全新的购物体验，因此颇受很多商家和消费者的欢迎，很多平台也纷纷对直播带货加码布局。

不过，从现实情况来看，一些直播平台在内容审核机制、监督管理上不够完善，让不少商家以及带货主播“直播带祸”，商品性能被夸大、价格不实、商品质量难保障、售后服务不到位等问题不时出现。特别是一些带货主播，利用不良手段诱导消费者购买商品，已明显超出必要限度，严重违背了社会公序良俗，有的甚至构成违法犯罪。

有关部门需要尽早完善、细化直播带货的规矩与制度，通过厘清各方责任，做到直播带货有据可依、有规可循，防止一些主播或平台打擦边球、钻空子。同时，市场监管部门应畅通投诉举报机制，对“直播带祸”加大执法力度，这样才能促进形成良好的网络营商环境，确保直播带货“不带祸、不脱轨”，最大程度保障消费者的合法权益，实现行业健康可持续发展。同时，广大从业者也要明白，直播带货是“信任经济”，其发展壮大的根基在于自身的诚信，只有合法经营才是正途。

资料来源于网络，有删改。

【讨论】

结合直播带货行业的现状，谈谈如何通过多方协同治理来推动直播带货行业的健康发展。

【思政融入】

通过案例分析直播带货行业中存在的虚假宣传、售后服务不到位等问题，讨论政府如何通过完善法律法规、加强执法力度来规范行业秩序，引导学生认识到法律对直播带货行业的约束作用，强调从业者应增强法治意识，自觉遵守相关法律法规。通过讨论直播带货行业的发展历程，引导学生认识到行业在促进消费、带动经济发展和乡村振兴中的积极作用，同时强调只有通过规范管理才能实现行业的可持续发展，让学生树立法治意识、社会责任感和正确的价值观，同时增强对行业规范和消费者权益保护的理解。

参考文献

[1] 科特勒，阿姆斯特朗. 市场营销：原理与实践 [M]. 北京：中国人民大学出版社，2020.

[2] 汪彤彤. 市场营销实训 [M]. 武汉：武汉理工大学出版社，2013.

[3] 杨佳利，肖华茂. 市场营销学 [M]. 北京：企业管理出版社，2023.

[4] 尹冬梅，张明韬. 市场营销实务 [M]. 西安：西安电子科技大学出版社，2019.

[5] 张黎明. 市场营销学（第6版）[M]. 成都：四川大学出版社，2018.

[6] 孙玲. 市场营销学项目化教程 [M]. 西安：西安电子科技大学出版社，2024.

[7] 马静. 市场营销学（第二版）[M]. 西安：西安电子科技大学出版社，2022.

[8] 李贺，崔庆哲，张祺. 市场营销 [M]. 上海：上海财经大学出版社，2020.

[9] 孙建，胡海婧. 市场营销基础与案例分析 [M]. 北京：中国轻工业出版社，2016.

[10] 谭蓓. 市场营销 [M]. 重庆：重庆大学出版社，2017.

[11] 颜青. 市场营销 [M]. 北京：对外经济贸易大学出版社，2018.

[12] 李凌宇，李丛伟. 新媒体营销 [M]. 北京：中国人民大学出版社，2021.